WERNER SCHNEIDERS

# Deutsche Philosophie im 20. Jahrhundert



VERLAG C. H. BECK

Die Deutsche Bibliothek – CIP-Einheitsaufnahme

*Schneiders, Werner:*
Deutsche Philosophie im 20. Jahrhundert / Werner Schneiders.
– Orig.-Ausg. – München : Beck, 1998
(Beck'sche Reihe ; 1259)
ISBN 3 406 42059 1

Originalausgabe
ISBN 3 406 42059 1

Umschlagentwurf: Uwe Göbel, München
Umschlagabbildungen (von links oben): Edmund Husserl (AKG, Berlin), Martin Heidegger, Theodor W. Adorno, Ludwig Wittgenstein (alle Süddeutscher Verlag, München)

Gesamtherstellung: C. H. Beck'sche Buchdruckerei, Nördlingen
Gedruckt auf säurefreiem, alterungsbeständigem Papier (hergestellt aus chlorfrei gebleichtem Zellstoff)
Printed in Germany

# Inhalt

# Vorwort

Die vorliegende Schrift versucht, die wichtigsten Anliegen der deutschen Philosophie im 20. Jahrhundert sichtbar zu machen – nicht nur einen unvermeidlich selektiven Überblick über diese oder jene Theorien zu geben, sondern einen Zugang zu den Grundfragen zu eröffnen. Sie fragt: *Was haben sich die Philosophen von ihrem Philosophieren versprochen?* Aber sie fragt natürlich auch: *Was haben die Philosophen mit ihrem Philosophieren erreicht?* Aus dieser Perspektive erklären sich die Schwerpunkte der vorliegenden Studie:

- Sie konzentriert sich auf das 20. Jahrhundert und dessen unmittelbare Vorgeschichte im 19. Jahrhundert, also, mit einem Rückblick auf die Entwicklung seit dem Deutschen Idealismus, auf die jüngste philosophische Vergangenheit – aus dem Bedürfnis, die eigene Gegenwart als geschichtlich gewordene besser zu verstehen.
- Sie konzentriert sich auf die Philosophie im deutschen Kulturraum, also auf die deutschsprachige oder wenigstens ursprünglich deutschsprachige Philosophie, kurz, auf die deutsche Philosophie – in der Absicht, die eigene geistige Situation in ihrem gesellschaftlichen Umfeld besser zu verstehen.
- Sie konzentriert sich auf das Selbstverständnis einiger bedeutender Philosophen, nämlich auf deren Verständnis der eigenen Philosophie sowie der Philosophie überhaupt, und insofern auf den Philosophiebegriff als Brennpunkt der Selbstreflexion – in der Hoffnung, den Sinn des Philosophierens, also das eigene Tun, besser zu verstehen.

Großen Dank schulde ich meinen Mitarbeitern in der Arbeitsstelle für Aufklärungsforschung am Philosophischen Seminar der Westfälischen Wilhelmsuniversität: Mirjam Reischert, Daniela Wakonigg und Kay Zenker. Ohne ihre tatkräftige Unterstützung hätte ich diese Studien nicht zum Druck bringen können.

*Werner Schneiders*

# I. Vollendung und Zusammenbruch des Idealismus

## Wendepunkte der Philosophie

Die unmittelbare Vorgeschichte der Philosophie des 20. Jahrhunderts beginnt um 1830 mit dem Ende des sogenannten Deutschen Idealismus. In dieser denkwürdigen Epoche war noch einmal ein umfassender und grundsätzlicher Versuch unternommen worden, angesichts der geistigen und gesellschaftlichen Auflösungserscheinungen, die mit der Aufklärung einhergingen, durch ein neues Denken die Substanz der abendländischen Überlieferung zu bewahren. Nach dem Siegeszug der modernen Wissenschaft und der sich auf die Wissenschaft berufenden Religions- und Gesellschaftskritik ging es zunächst vor allem darum, die Philosophie selbst vor dem Verfall und der Verachtung zu retten – das Verhältnis von Philosophie und Wissenschaft, seit den Anfängen der modernen Naturwissenschaft so prekär wie nie zuvor, mußte neu und grundsätzlich geklärt werden. Darüber hinaus ging es darum, aufgrund der Erfahrungen mit der Religionskritik und den politischen Revolutionen im 18. Jahrhundert, die Rolle der Religion und des Staates für das Leben des Menschen zu bestimmen und damit auch das Verhältnis von Religion und Politik einerseits und das Verhältnis von Philosophie und Wissenschaft zu Religion und Politik andererseits. Dies alles schien nicht ohne eine umfassende geistige Erneuerung möglich zu sein, und die Philosophie sollte die ‚wissenschaftlichen' Grundlagen dafür liefern.

Die Ursprünge der Diskussion über die Philosophie als Wissenschaft und der Weg zum Deutschen Idealismus sind im Prinzip bekannt. Seit ihren Anfängen in der Antike hatte sich die Philosophie nicht nur als Liebe zur Weisheit, insbesondere durch Sokrates (470–399 v. Chr.) und durch Platon (427–347

v. Chr.), sondern auch als Wissen oder Wissenschaft verstanden, insbesondere durch Aristoteles (384–322 v. Chr.). Philosophie wurde, nicht zuletzt im Hinblick auf das Streben nach einem guten und glücklichen Leben, als ein Sich-auf-etwas-Verstehen (*episteme*) aufgefaßt – womit sich dann auch schon früh die Frage nach ihrem Status als Wissenschaft (*scientia*) und Lehre (*doctrina*) stellte. Aber erst in der Neuzeit, mit dem Aufkommen der modernen Naturwissenschaft, bekam die Frage nach dem Wissenschaftscharakter der Philosophie wirkliche Aktualität. Jetzt versuchten auch die Philosophen, dem verschärften Anspruch auf eine gewisse Erkenntnis in der einen oder anderen Form durch eine Neubegründung der Philosophie nachzukommen. Gleichzeitig hielt die Philosophie jedoch an dem eigenen, alten Anspruch fest, eine *scientia universalis* zu sein; sie wollte und konnte keine Einzelwissenschaft als Wissenschaft unter anderen sein, sie wollte nach Möglichkeit die Wissenschaft aller Wissenschaften sein. Dadurch ergaben sich mehrere Optionen für ein ‚neues' Selbstverständnis, die keineswegs immer klar auseinandergehalten wurden. Entweder konnte die Philosophie sich damit begnügen, die Ergebnisse der Einzelwissenschaften zu sammeln und als nachträgliche Wissenschaftssynthese in eine gewisse Ordnung zu bringen – dieser Weg wurde aus verschiedenen Gründen so gut wie nie bzw. nur nebenbei und eher verdeckt beschritten. Oder die Philosophie konnte sich bemühen, als reflexive Erkenntnis- bzw. Wissenschaftstheorie die Prinzipien der (wissenschaftlichen) Erkenntnis herauszuarbeiten und so als eine übergeordnete Erkenntnis eigener Art, faktisch also als metaphänomenale oder transempirische Erkenntnis, nämlich Erkenntnis der Erkenntnis, wenigstens die Prinzipien der Erkenntnis zu klären – dieser Weg wurde vor allem in der britischen Philosophie beschritten. Oder die Philosophie konnte versuchen, als eine vorgängige Wissenschaft (Fundamentalwissenschaft) die empirischen und mathematischen Einzelwissenschaften, die sich weitgehend mit hypothetischen Phänomenerklärungen begnügen mußten, durch allgemeingültige und evidente Prinzipien auf ein sicheres Fundament zu stellen und insofern in ein System zu bringen – dieser Weg wurde vor allem in der kontinentalen Philosophie beschritten. So entstanden die ersten modernen Erkenntnistheorien einerseits und die ersten modernen Metaphysiksysteme andererseits. Im Grunde wollten die Philosophen auf beiden Wegen die Phänomenwissenschaften durch eine (reflexive oder fundierende) Prinzipienwissenschaft überbieten, ohne allerdings zu einem überzeugenden Ergebnis zu kommen, denn in der einen wie der anderen Denkrichtung ergaben sich bekanntlich neue Probleme.

Die Philosophie der Neuzeit wurde im wesentlichen durch Laien begründet, d.h. durch Nicht-Professionelle und Nicht-Theologen, die sich unter Bezug auf die neuen Wissenschaften gegen die Schullehrer (Scholastiker) auflehnten. Aber natürlich waren die Philosophen der neuen Zeit in vielen Punkten von den alten Theorien, die sie in der Schule kennengelernt hatten, abhängig. So versuchte in England der Lordkanzler Francis Bacon (1561–1626), im Ausgang von dem dort verbreiteten ‚Nominalismus' der Spätscholastik, schon um 1600 eine Art empiristische Forschungstheorie zu entwickeln, hielt aber auch noch an einer gewissen Prinzipienforschung als einer Art Restmetaphysik fest. Am Ende des 17. Jahrhunderts schuf dann der gelernte Mediziner John Locke (1632–1704) die erste umfassende Erkenntnistheorie, in der alle unsere Ideen – bis auf die der Mathematik und Moral – auf Sinneswahrnehmung zurückgeführt wurden; damit gab er der englischen Philosophie eine bis heute nachwirkende anthropologische und psychologische Wende. George Berkeley (1685–1753), Bischof und Missionar, und David Hume (1711–1776), Diplomat und Bibliothekar, entfalteten Lockes Ansatz in Richtung Phänomenalismus bzw. Positivismus, indem sie einerseits die theoretische Unbeweisbarkeit eines Wirklichkeitsbezugs unserer Vorstellungen, andererseits die praktische Notwendigkeit von Wirklichkeitsannahmen betonten. Dadurch bekam die ursprünglich empiristische Erkenntnistheorie, so wie sie in England entwickelt worden ist, schon früh einen skeptischen Einschlag, während die rationalistische (mathematisch orientierte) Metaphysik, die auf dem Kontinent vorherrschte, zunächst noch völlig von der Hoffnung auf evidente Erkenntnisse motiviert blieb. So glaubte René Descartes (1596–1650), der auch als Mathematiker und Physiker erfolgreich war, die Philosophie als universale Fundamentalwissenschaft, nämlich als durch reine Vernunft aus evidenten Prinzipien deduziertes System, im Grunde auf eine einzige Evidenz, und zwar die Selbstgewißheit des Selbstbewußtseins, aufbauen zu können. Indem er das Ich sogar gegen Gott als unbezweifelbar behauptete und es zugleich scharf von allen körperlichen Substanzen unterschied, wurde er zum Begründer der neuzeitlichen Metaphysik in der Form einer Bewußtseins- oder Subjektphilosophie. Allerdings wurde sein Ansatz, der viele Philosophien bis heute bestimmt, auch schon früh durch gegenläufige Metaphysikkonzeptionen in Frage gestellt. So z.B. durch Baruch de Spinoza (1632–1677) – ein zurückgezogen lebender Außenseiter, der, im Ausgang von der jüdischen Mystik, Gott oder die Natur zur einzigen und absoluten Substanz erklärte und alle übrige Wirklichkeit als Gottes Attribute und Modi deutete; oder durch Gottfried Wilhelm Leibniz (1646–1716) – ein verkannter Hofbeamter in Hannover, der, von der aristotelischen Schulphilosophie, eine unendliche Vielzahl einfacher Substanzen (Monaden) annahm, in deren Perzeptionen jeweils die ganze Welt als Phänomen enthalten sei. Auch Spinoza und Leibniz waren davon überzeugt, daß ihre Grundannahmen evident oder doch höchst wahrscheinlich seien und ihre Metaphysik folglich die wahre Grundwissenschaft sei. Um die Mitte des 18. Jahrhunderts standen sich daher, grob und schematisch gesprochen, zwei Denkweisen gegenüber: die britische, eher empiristische und skeptische Erkenntnistheorie und die kontinentale, eher rationalistische und dogmatische Metaphysik.

## 1. Hegel: Versöhnung durch absolutes Wissen

In dieser Situation stellte Immanuel Kant (1724–1804), mit dem die idealistische Universitätsphilosophie in Deutschland beginnt, am Ende des 18. Jahrhunderts noch einmal mit größter Eindringlichkeit die Frage nach der Möglichkeit einer Metaphysik als Wissenschaft. Er verstand seine eigene Philosophie, ungeachtet ihrer Entstehungsgeschichte, als eine Philosophie des dritten Weges zwischen Dogmatismus und Skeptizismus, Rationalismus und Empirismus. In seiner *Kritik der reinen Vernunft* verschärfte er, im Ausgang vom Selbstbewußtsein des Ich, die alte Unterscheidung von Sein und Erscheinen dahingehend, daß nicht nur unsere Wahrnehmung, sondern auch unser Denken das sogenannte Ding an sich grundsätzlich nicht erreichen könne, ja geradezu verstelle: Raum und Zeit sind von uns mitgebrachte Formen unserer sinnlichen Anschauung, Grundbegriffe wie Einheit oder Kausalität sind nur apriorische Denkformen oder Kategorien des menschlichen Verstandes. Daher verbirgt sich das Ding an sich für uns hinter einer wesentlich durch uns selbst, nämlich durch unsere eigenen Erkenntnisbedingungen erzeugten Erscheinung, die daher – da von uns selbst a priori konstituiert – allein Gegenstand der wissenschaftlichen Erkenntnis sein kann, während das Ding an sich, als sogenanntes *Noumenon* nur noch Gegenstand eines vorauszusetzenden göttlichen Intellekts, uns absolut unzugänglich bleibt. Damit war zwar die Möglichkeit der empirischen Wissenschaft erklärt, zugleich aber Metaphysik als Wissenschaft unmöglich geworden. Nur in der Erfahrung des Sollens, d.h. des Sittengesetzes, also in der praktischen Vernunft, haben wir nach Kant noch einen gewissen Zugang zum Absoluten – wir sind uns z.B. unserer Freiheit, aber auch unserer Unsterblichkeit und der Existenz Gottes moralisch gewiß, wobei sich die Religion allerdings im wesentlichen auf Moral reduziert. Die Philosophie ist für Kant dadurch, obwohl dem Ideal nach immer noch prinzipielles und systematisches Wissen, ja sogar synthetische Erkenntnis a priori, im wesentlichen zur Kritik geworden, die dann allerdings Wissenschaft in einem anderen, älteren und weiteren Sinn genannt werden kann. Soweit sie die allgemeinmenschlichen Interessen oder Zwecke betrifft, ist sie Philosophie der Welt, soweit sie sich professionell ausbildet, ist sie Philosophie der Schule.

Dieser Kantische Kritizismus wurde von vielen Zeitgenossen als unbefriedigend und widersprüchlich empfunden, vor allem der Begriff eines unerkennbaren und dennoch denknotwendigen Ding an sich galt allgemein als problematisch – das Bedürfnis nach einer ersten und absoluten Gewißheit, die nun vor allem im Ich oder Selbstbewußtsein gesucht wurde, war offensichtlich ungebrochen. Außerdem drangen die religiösen und politischen Interessen – nach der ‚Befreiung' des religiösen und politischen Denkens durch die Aufklärung und insbesondere durch die Französische Revolution – in neue geistige und gesellschaftliche Dimensionen vor. Betont nicht-christliches und betont republikanisches Denken nahm überall zu und damit auch die Frage nach den wahren Fundamenten dieser neuen Philosophie. So richtete sich das Denken der jüngeren Generation noch zu Kants Lebzeiten wieder auf eine höhere Erkenntnis, nämlich auf eine neue spekulative Metaphysik, die (letztlich als politische Theologie) auch das politische und religiöse Denken neu formieren sollte.

Johann Gottlieb Fichte (1762–1814) radikalisierte zunächst die Subjektphilosophie, indem er das Ding an sich als für die Selbsterkenntnis der Erkenntnis überflüssig strich. Das seiner selbst absolut gewisse Ich, von dem Fichte als einer Urevidenz ausging, ‚setze' sich selbst und alles andere, das Ich und das Nicht-Ich; die ganze Welt sei im Grunde eine Setzung des Ich, die durch das Sollen in mir gefordert werde. Später interpretierte Fichte dann – in einer Art religiöser ‚Kehre' – diese „Ichheit" bzw. das absolute Ich als Gott, folglich die Welt und den Menschen als dessen Schöpfung. Gott war für den späten Fichte nicht mehr primär (als transzendentales oder absolutes Ich) der Gott im Ich, sondern Gott als Gegenüber des Ich und direkter Weltschöpfer (nicht nur durch mich als Ichheit). Die Philosophie, ursprünglich als Selbsterkenntnis der Vernunft und insofern als reine intuitive Vernunftwissenschaft verstanden, wurde dadurch wieder zur Schau des Absoluten, d.h. eines ichtranszendenten Gottes, der Philosoph zugleich zum begnadeten „Wisser" und „Seher".

Friedrich Wilhelm Joseph Schelling (1785–1854) hingegen

ging schon früh – statt von einer reinen Bewußtseinsphilosophie – von einer quasi-göttlichen Natur als einer allumfassenden Wirklichkeit aus. Diese Natur entfalte sich von einer absoluten, zunächst noch leeren Identität oder Indifferenz in immer neuen Steigerungssprüngen (Potenzen) als Welt bis hin zur Entstehung des menschlichen Ich, in dem die Natur zum Selbstbewußtsein komme. Philosophie ist intellektuale Anschauung des Absoluten und Rekonstruktion des Relativen aus dem Absoluten, letztlich ein Organ der göttlichen Selbsterkenntnis mit Hilfe des Menschen – auch wenn beim späten Schelling das Wesen Gottes mehr im Willen als im Geist gesucht und die wahre Philosophie von der Erfahrung der Offenbarung Gottes in der Geschichte abhängig gemacht wird. Am Ende betrachtet Schelling die idealistische Geistphilosophie daher als eine bloß vorläufige, „negative" Philosophie, die durch eine „positive", von der metaempirischen Gegebenheit Gottes ausgehende ergänzt werden muß. Diese aber wird zunächst im Mythos erfahren, und der Philosoph ist dessen Interpret.

Fichte und Schelling begründen also, wenn auch weitgehend gegenläufig, eine neue Philosophie des Absoluten, über das nun wieder wie selbstverständlich spekuliert wird. Die Philosophie aber, die jetzt wieder als Wissenschaft in einem höheren Sinn gilt, nämlich als absolutes Wissen durch intellektuale Intuition bzw. Schau der Vernunft, wird als solche zugleich zur höheren Religion, die allerdings, obwohl angeblich aus reiner Vernunft, noch ganz und gar christlich geprägt bleibt. Die anthropologische Wende der Aufklärung, die in Kants Kritizismus kulminierte, ist damit zunächst wieder rückgängig gemacht, Philosophie ist wieder Metaphysik und als solche wesentlich Theologie.

Georg Wilhelm Friedrich Hegel (1770–1831), ein Stuttgarter Beamtensohn, der erst spät, nach einigen Umwegen, in Berlin seine große Karriere machte, versteht Philosophie von Anfang an wesentlich als spekulative Theologie oder als absolutes Wissen vom Absoluten. Die Philosophie soll sich als absolutes System vollenden, d.h. alle bisher systematisch wie geschichtlich entwickelten Prinzipien in einer endgültigen Synthese in sich begreifen. Dies ist aber nur dann möglich, wenn es der Philosophie gelingt, sich denkend und erkennend zum Absoluten zu erheben und die Welt sozusagen vom Standpunkt Gottes zu betrachten. Philosophie ist Konstruktion alles Relativen aus dem Absoluten oder vielmehr Wiederherstellung alles Relativen in das Absolute. Hegel möchte Gott und die Welt im Denken miteinander versöhnen, und dazu muß die Wirklichkeit als vernünftig und die Vernunft als wirklich erwiesen werden.

Am Anfang der Hegelschen Philosophie stehen anscheinend zwei komplementäre Grunderfahrungen: einerseits die Erfahrung von Zerissenheit (Einseitigkeit und Entfremdung), andererseits das Bedürfnis nach Einheit oder Vereinigung (Ganzheit des Lebens und Versöhnung mit der Wirklichkeit im Ganzen), und zwar mit den anderen Menschen wie mit Gott selbst. Die Philosophie hat daher die Totalität als Vermitteltheit von allem mit allem zu ihrem zentralen Thema, und daraus bestimmt sich nicht zuletzt ihre eigene Position im Ganzen der Wirklichkeit. Aus dieser Perspektive muß Hegel zwei neuen, z.T. sogar gegenläufigen Erfordernissen Genüge tun, wobei er sowohl in der Beantwortung der gestellten Fragen wie in der Kombination beider Problemlösungen auf bereits vorhandene Ansätze zurückgreifen kann. Erstens war durch die moderne Wissenschaft das Problem der Möglichkeit eines sicheren Wissens immer dringender geworden – und auch Hegel versucht, es durch eine Überbietung der hypothesenbedingten Einzelwissenschaft mittels einer neuen universalen Prinzipienwissenschaft zu lösen. Zweitens war durch das Anwachsen der historischen Kenntnisse und der damit fortschreitenden Relativierung aller Erkenntnis (außerhalb der sogenannten exakten Wissenschaften) eine Einholung der Geschichte in die Philosophie dringlich geworden – und auch Hegel versucht, dieses Problem durch eine Art säkularisierte Heilsgeschichte, nämlich eine Theodizee der Geschichte durch Aufweis der Vernunft in der Geschichte, zu lösen. Folglich fordert Hegel, daß die Philosophie endlich ihren Namen einer Liebe zur Weisheit ablegen und absolute Wissenschaft werden, daß dieses absolute System sich aber zugleich als Resultat eines weltgeschichtlichen Prozesses verstehen soll. Das absolute Wissen soll sozusagen gleichzeitig geschichtlich und übergeschichtlich sein.

Hegels Philosophie läßt sich, zu ihrem besseren Verständnis, auf drei Grundannahmen zurückführen: (1.) Hegel verwirft die Kantische Unterscheidung zwischen einer erkennbaren, wesentlich von uns selbst erzeugten Erscheinung und einem unerkennbaren, nur denknotwendigen Ding an sich. Die Annahme eines Seins an sich hinter der Erscheinung ist schon ein erster Anfang zu seiner Erkenntnis, irgendwie erscheint das Sein in der Erscheinung, die also nicht bloßer Schein ist. (2.) Die Möglichkeit der menschlichen Erkenntnis erklärt sich durch die prinzipielle Entsprechung von Sein und Denken. Alles, was ist, ist im Grunde gesetzmäßig geordnet, also vernünftig oder realer Geist, der durch den subjektiven Geist, den Menschen, erkannt werden kann; letztlich sind Sein und Denken im Absoluten eins. (3.) Das Absolute ist keine leere oder abstrakte, sondern eine in sich unterschiedene und lebendige Einheit, die sich in einem ewigen Werden befindet; es ist nicht nur Substanz, sondern Subjekt, nämlich der absolute Geist, der sozusagen ein Dialog mit sich selbst ist. Motor dieser produktiven Auseinandersetzung, der sogenannten Dialektik, ist der Widerspruch oder die Negation, denn jede These fordert eine Antithese, und beide zusammen fordern eine Synthese, die wieder eine neue These darstellt. So entsteht eine Dialektik des Absoluten, die sich in den unterschiedlichsten Formen auch auf der Ebene der Natur und der des Menschen, im Sein wie im Denken, logisch (systematisch) wie chronologisch (geschichtlich) reflektiert. Unter diesen Voraussetzungen macht Hegel eine Reihe von Anläufen, unser Wissen von Gott und der Welt systematisch und historisch zu entwickeln. Er versucht zu zeigen, wie sich das Erkennen von der einfachen Sinneswahrnehmung über die Kunst (Vorstellung) und die Religion (Gefühl) zur Philosophie (Begriff) und darin zur Wissenschaft vom Absoluten erheben müsse; und er versucht zu zeigen, wie dieses absolute Wissen dann in der Logik (Metaphysik), der Religions- und Naturphilosophie (Theologie und Realphilosophie) sowie in den Wissenschaften vom Menschen, wie der Ethik (Rechtsphilosophie) und Ästhetik (Kunstphilosophie), und vor allem in der Philosophie der Geschichte entfaltet werden könne.

Ausgangspunkt der Philosophie war für Hegel vor allem die Erfahrung der Zerrissenheit des Lebens, insbesondere der Zerfall der christlichen Religion im Widerspiel von Aufklärung und Pietismus. Aus dieser Entfremdung entsteht das Bedürfnis nach Philosophie, die das Ganze, d.h. die Totalität, welche die Zeit zerrissen hat, bewahrt, indem sie die falschen, weil abstrakten Gegensätze des Verstandes durch Vernunft negiert und deren Einheit im Absoluten setzt. Philosophie ist Versöhnung durch Vermittlung, Vermittlung zwischen endlichen Gegensätzen sowie zwischen dem Endlichen und Unendlichen; sie ist die „Befreiung des Geistes“ (XVI, 44) aus seiner Erniedrigung durch „Erhebung zu Gott“ (XVI, 84). Philosophie bedeutet daher für den Geist: „bei sich zu Hause sein“ (XVIII, 175; vgl. VII, 25) bzw. wieder zu sich selbst kommen. Diese Erhebung zum Absoluten ist ein Prozeß, der als geschichtlicher zwei Aspekte hat: einen individualgeschichtlichen oder psychologischen und einen allgemeinen oder gesamtgeschichtlichen. Individuell erfolgt die Erhebung zum absoluten Wissen als Befreiung von der Subjektivität, als Weg von der schlichten Wahrnehmung bis zum Erkennen in der Form des reinen Begriffs. In der Philosophie wird nämlich das Wissen, indem es alle Meinungen und Vorstellungen hinter sich läßt, zur objektiven Wissenschaft von der Wahrheit. Die Philosophie als absolute Wissenschaft ist die höchste Stufe des Geistes, auf der das Absolute in der ihm einzig angemessenen Form erkannt wird; in ihr sind die Stufen der Kunst und Religion aufgehoben, d.h. zugleich negiert und bewahrt und auf eine höhere Stufe gebracht. Dieser Aufstieg zu Gott ist zwar immer schon möglich, doch bisher noch nicht in der letztlich wahrhaften Weise wirklich geworden. Vor allem gesamtgeschichtlich gesehen war die Wahrheit ursprünglich nur in der Form der Kunst und der Religion gegeben; und auch die Philosophie hat, seit es sie gibt, im Zusammenhang mit der Weltgeschichte und der Vernunft in dieser Geschichte eine eigene Geschichte durchgemacht, in der sich der Gedanke des Absoluten folgerichtig zu seiner möglichen Vollendung entwickelt hat. Alle geschichtliche Relativität bekommt durch diese Zielstrebigkeit der Geschichte einen Sinn, der die Zufälligkeit des Seins und Denkens aufhebt und ihr zumindest eine relative Notwendigkeit verleiht – so wird das historische Werden und Vergehen im Absoluten als absolutes Werden aufgehoben. Faktisch ist die mögliche Vollendung allerdings erst mit Hegel selbst erreicht oder zumindest von ihm antizipiert.

Philosophie ist also Wissen vom Absoluten, und zwar „absolutes Wissen" (vgl. III, 575ff.), sie enthält „die höchsten *vernünftigen Gedanken über die wesentlichen Gegenstände*" (IV, 410). Nicht der Mensch ist Gegenstand der Philosophie oder die Natur, sondern „Gott und nichts als Gott" (XVI, 28; vgl. XI, 241), das Absolute als die oberste Einheit aller Gegensätze. Daher ist die Philosophie „wesentlich rationelle Theologie und [...] im Dienste der Wahrheit fortdauernder Gottesdienst" (XIII, 139), sozusagen der „Sonntag des Lebens" (XVIII, 114). Da die Philosophie jedoch im Unterschied zum Glauben in der „Anstrengung des Begriffs" (III, 56) besteht, ist ihre erste Aufgabe (im Ausgang vom Bewußtsein, das in Gegensätzen denkt) die Konstruktion des Absoluten für das Bewußtsein, d.h. die dialektische Vermittlung aller abstrakten und relativen Gegensätze. In diesem Sinn ist sie „denkende Erkenntnis der Idee" (VII, 369) – die absolute Idee ist „der einzige Gegenstand und Inhalt der Philosophie" (VI, 549). Mit anderen Worten: „Jede Philosophie ist wesentlich Idealismus" (V, 172); oder kurz, die Philosophie beschäftigt sich mit dem, was ist, sofern es ewig und vernünftig ist (vgl. XII, 114).

Die einzige dem Absoluten angemessene Erkenntnisweise ist das Wissen, wie es Gott von sich selbst hat. Die Philosophie ist daher, wenn sie wirklich absolutes Wissen geworden ist, die Enthüllung Gottes, wie er sich selbst weiß. Insbesondere die Logik (im Sinne einer formalen Ontologie) muß versuchen, sozusagen die Gedanken Gottes vor der Schöpfung nachzudenken (vgl. V, 44). Eine solche Erhebung auf den Standpunkt Gottes ist jedoch nur deshalb möglich, weil der Mensch und insbesondere der Philosoph, letztlich vor allem Hegel selbst, ein ausgezeichnetes Moment im Absoluten und im Prozeß des absoluten Werdens ist. Daß dieser Anspruch der Philosophie dem gesunden Menschenverstand, der an der Endlichkeit und ihrer Widersprüchlichkeit festhält, verrückt erscheinen muß, ist klar. Die Philosophie ist folglich (von außen gesehen) eine verkehrte Welt, aber in Wahrheit ist sie kein „Somnambulismus", sondern „vielmehr das wachste Bewußtsein" (XVIII, 58) überhaupt. Allerdings ist sie „etwas Esoterisches, für sich weder für den Pöbel gemacht noch einer Zubereitung für den Pöbel fähig" (II, 182). Dennoch will auch Hegel noch wenigstens die Möglichkeit offenhalten, daß sich das Volk zur Philosophie erhebe.

Die gleichzeitige Relativierung und Verabsolutierung der Philosophie, die Historisierung aller Erkenntnis bei gleichzeitigem Anspruch auf absolutes Wissen, führte zu einer ganzen Reihe von Problemen, die schon Hegels unmittelbare Anhänger irritiert haben. Seine Philosophie scheint sich nämlich, um nur die drei wichtigsten Punkte zu nennen, auf nachträgliche Reflexion zu reduzieren, konservative Affirmation zu propagieren und Selbstbehauptung der eigenen Vollendung zu implizieren. Als geschichtliche Denkbewegung ist die Philosophie zwar gewissermaßen das Innerste der Weltgeschichte, der Geist der Zeit als sich selbst denkender Geist, aber dieses Selbstbewußtsein einer Denkepoche kann eigentlich immer nur am Ende einer Epoche auftreten – Bewußtwerdung geschieht notwendigerweise *post festum*. So ist die Philosophie zwar ihre Zeit in Gedanken gefaßt, damit aber auch die Eule der Minerva, die erst in der Dämmerung fliegt; die Philosophie als Gedanke der Welt erscheint erst, wenn eine Gestalt der Wirklichkeit alt geworden ist und sich vollendet hat, und sie malt das Gewesene grau in grau (vgl. VII, 28; XVIII, 71). So kommt die Philosophie als Epochenreflexion zwar für das Handeln immer zu spät, aber indem sie das, was ist, bewußt macht, überschreitet sie es auch und leitet so ein neues Denken ein. Damit stellt sich dann die Frage nach ihrem Verhältnis zur Gesellschaft wie zur Praxis überhaupt. Philosophie kann nicht wirklich programmatisch sein, sie würde sich selbst mißverstehen, wenn sie Ideale (die für Hegel *eo ipso* wirklichkeitsfremd sind) aufstellen und so ein Sollen proklamieren würde. Philosophie kann nur sagen, was ist, d.h. das Wirkliche als vernünftig und das Vernünftige als wirklich erkennen. Insofern, als bloße Bestätigung der Wirklichkeit, scheint Philosophie von Natur wesentlich affirmativ, daher auch politisch konservativ sein zu müssen. Allerdings erkennt die Philosophie ihrem eigenen Anspruch nach nicht nur das, was sich als Wirklichkeit gibt (Erscheinung), sondern gerade das, was in Wahrheit wirklich ist (Wesen). Sie ist also zumindest potentiell kritisch, weil zwischen Sein und Schein unterscheidend, und insofern doch normativ – auch wenn Hegel das Kritikpotential seiner Philosophie weitgehend vernachlässigt hat. Hegel scheint zumindest zeitweise von der Übereinstimmung seiner Philosophie mit der Wirklichkeit seiner Zeit und von einer gewissen Vollendung der gesamten Philosophie durch die eigene Philosophie überzeugt gewesen zu sein – zumindest legt der Aufbau seiner Philosophie eine solche Konsequenz nahe. Der Anspruch der Philosophie auf absolutes Wissen kann sich nämlich angesichts der (gerade von Hegel betonten) geschichtlichen Relativität alles Wissens nur dann legitimieren bzw. sich selbst bestätigen, wenn diese Philosophie entweder bereits am Ende der Geschichte steht und ihre Vollendung auch ein Ende bedeutet oder wenn sie zumindest eine ausgewiesene Antizipation eines möglichen absoluten Wissens darstellt (was allerdings ihrem Charakter als nachträgliche Reflexion widersprechen würde). Philosophie als geschichtliche Reflexion auf geschichtliche Wirklichkeit kann, wenn sie zugleich Anspruch auf absolutes Wissen erhebt, den Überblick des absoluten Wissens eigentlich erst am Ende aller Zeiten erreichen. Hegels Philosophie darf daher eigentlich nur noch reflexives Resultat der Geschichte, aber keine geschichtliche Übergangsstufe mehr sein. Insofern war das von ihm behauptete System des absoluten Wissens aufs engste mit seiner Person verbunden, es stand und fiel mit Hegel.

Hegels Philosophie kann als Vollendung der idealistischen Philosophie und damit als Höhepunkt der (neuzeitlichen) idealistischen Metaphysik betrachtet werden. Zum sogenannten Deutschen Idealismus gehören jedoch höchst unterschiedliche und einander befehdende Positionen – der Unterschied zwischen Kants Erkenntniskritik und Hegels Geistspekulation ist immens. Dennoch ist der Oberbegriff *Idealismus* für die bisher bedeutendste Epoche der deutschen Philosophie sinnvoll. Alle Vertreter der philosophischen Entwicklung von Kant bis Hegel gehen noch wie selbstverständlich von der Existenz eines ideellen Seins aus; sie machen eine Unterscheidung zwischen Erscheinung und Wesen, Phänomen und Idee, und sie gehen noch wie selbstverständlich von der Existenz eines absoluten, mehr oder weniger personal gedachten Geistes als Urgrund aller Wirklichkeit aus. Mit anderen Worten, sie vertreten einen erkenntnistheoretischen und einen metaphysischen Idealismus. Insofern stellt der Idealismus von Kant bis Hegel auch die möglicherweise konsequenteste Vollendung der platonisch-christlichen Metaphysik dar, allerdings unter neuzeitlichen Bedingungen, d.h. angesichts der modernen Wissenschaft. In gewisser Weise versuchen alle seine Vertreter, die Theologie zu beerben und durch Philosophie zu ersetzen. Da jedoch die einzelnen Motivationen, Ausgangspunkte und Entwicklungen unterschiedlich waren, konnte diese Denkbewegung später auch – sehr schematisch – in einen kritischen Idealismus einerseits und einen spekulativen, nämlich subjektiven, objektiven und absoluten Idealismus andererseits unterschieden werden. So unzureichend diese Einteilung – historisch wie systematisch gesehen – auch sein mag, sie vermag immerhin im Umriß zu verdeutlichen, wie sich die Philosophie in Deutschland innerhalb weniger Jahrzehnte über diverse Umbrüche (unter denen der vom kritischen zum spekulativen Idealismus zweifelsfrei der größte war) von einer restriktiven Erkenntniskritik zur selbstbewußten Behauptung eines absoluten Wissens entwikkeln konnte und wie dies nicht nur zum Absturz des Idealismus, sondern sogar zu einer tiefreichenden Krise der Philosophie als solcher führen konnte, die dann auch zum Ausgangspunkt der modernen Philosophie werden konnte.

## 2. Neue Entfremdungsphilosophien

Hegel hatte gefordert, die menschliche Vernunft sollte sich in der Philosophie vermittels einer „Anstrengung des Begriffs" zur göttlichen Vernunft erheben, diese in der Welt erkennen und gegebenenfalls verwirklichen helfen. Die Philosophie des Deutschen Idealismus war insofern ihrer eigenen Absicht nach eine Philosophie der Vernunft (nicht zuletzt in Absetzung von der sogenannten Verstandesphilosophie der Aufklärung). Aber ihr Versuch, die Vernunft in der gesamten Wirklichkeit sicherzustellen, konnte die widerstrebenden Mächte der Zeit nicht miteinander versöhnen. Dies zeigte sich in politischer und religiöser Hinsicht, aber auch in Hinblick auf die moderne Wissenschaft.

Die Aufklärung hatte – obwohl ursprünglich nicht gegen das Christentum, sondern nur gegen die ‚Entartungen' des christlichen Glaubens (Konfessionalismus, Aberglauben) und gegen die diesen Glauben begleitende Philosophie (Scholastik) gerichtet – das Christentum am Ende auf einige wenige Postulate, wie die Existenz Gottes und die Unsterblichkeit der Seele, reduziert. Demgegenüber stellte der spekulative Idealismus, aufgrund des unbefriedigten religiösen Bedürfnisses, eine neue enthusiastische Hinwendung zu Gott dar – er war eine wesentlich religiöse Philosophie. Aber die Vernunftreligion der neuen Denker war noch elitärer als die aufklärerische Verstandesreligion, sie konnte die Volksreligion nicht ersetzen. Der Versuch einer Rettung der Religion durch die Philosophie (nämlich die Versöhnung von Gefühl und Verstand, von Wissenschaft und Offenbarung im philosophischen Begriff) mußte den einen als gotteslästerlicher Atheismus, den anderen aber als Mangel an Mut zur Kritik erscheinen.

Ähnlich inkonsequent war oder wirkte der Versuch, angesichts der Erfahrungen mit der Französischen Revolution und der deutschen Wirklichkeit, die Idee der Freiheit mit der Idee der Vernunft zu vermitteln und damit zugleich eine Perspektive für die weitere politische Entwicklung zu geben. Die Idee der politischen Freiheit war in der Aufklärung zu einem Hauptthema der politischen Philosophie und in einigen Fällen sogar zum Hauptziel politischer Revolutionen geworden, wobei die angelsächsische, eher individualistische oder liberalistische Konzeption und die französische, eher etatistische oder sozialistische Konzeption sozusagen die Pole des Freiheitsdenkens bildeten. Der Versuch der deutschen Philosophie, die Idee einer vernünftigen oder gesetzmäßigen, Individuum und Gesellschaft versöhnenden Freiheit mit der Realität der deutschen Verhältnisse in Einklang zu bringen, konnte hingegen weder der Forderung nach mehr Freiheit vom Staat bzw. im Staat genügen, noch den vorhandenen Staat als die wahre oder vernünftige Organisation der Freiheit rechtfertigen. Insbesondere die starke Orientierung des Deutschen Idealismus an Preußen mußte mit dem Fortschreiten der Restauration mehr und mehr als reaktionär erscheinen.

Ein dritter Kritikpunkt (neben den durch Religion und Politik aufgeworfenen Problemen) war das Verhältnis der idealistischen Philosophie zur modernen Wissenschaft. Wie seit dem Beginn der Neuzeit üblich, hatte auch der Deutsche Idealismus versucht, die Philosophie in Analogie zur modernen Naturwissenschaft als (kritische oder spekulative) Wissenschaft zu begründen und mit dieser (erkenntnistheoretischen oder metaphysischen) Prinzipienwissenschaft die bloße Phänomenwissenschaft zugleich im Gegenzug zu überbieten. Aber dieser Anspruch konnte nicht erfüllt werden, die Philosophie hinkte in Wirklichkeit hinter der immer schnelleren Entwicklung der Wissenschaft her. Sie hatte große Mühe, die neuen Erkenntnisse in ihre eigene Systematik zu integrieren, philosophische Spekulation und wissenschaftliche Forschung begannen folglich mehr denn je auseinanderzudriften. Für die positivistisch gestimmte Naturwissenschaft des 19. Jahrhunderts war die ganze Philosophie daher bald nur noch ein Hirngespinst.

Die unterschiedlich motivierte und folglich unterschiedlich ausgerichtete Kritik an der (idealistischen) Philosophie begann sich schon zu Hegels Lebzeiten zu formieren, brach aber erst nach seinem Tode geradezu explosionsartig los. Seine große

Anhängerschaft zerfiel in sogenannte Rechts- und Linkshegelianer, wobei die ‚Konservativen' an den Universitäten blieben, während die ‚Revolutionäre' freie Schriftsteller wurden. Die Philosophen des Idealismus waren nämlich, wie in Deutschland seit dem späten Mittelalter üblich, vor allem Universitätsprofessoren; ihre Philosophie war daher Fachphilosophie, wenn auch immer wieder mit dem Anspruch auf Weltgestaltung durch Prinzipienerkenntnis, also wie schon in der deutschen Aufklärung eine Art akademische Weltweisheit. Nach Hegels Tod begann jedoch auch in Deutschland eine Zeit der innovativen Außenseiter, und zwar am Rande des philosophischen Universitätsbetriebes. Ein Teil der neuen Generation, die ihren Weg in der Abgrenzung von Hegel suchte, geriet nämlich durch ihre Radikalität – weniger freiwillig als unfreiwillig – schnell ins akademische, vor allem aber ins politische und religiöse Abseits. Soweit sie überhaupt noch Beamtenkarrieren erstrebten, scheiterten die Anti-Idealisten meist schon in ihren Anfängen; ihre Kritik des Idealismus, insbesondere der idealistischen Metaphysik, ist daher immer auch Kritik der Universitätsphilosophie.

Der Kampf gegen Hegel war ein Kampf gegen den Idealismus in der Form des absoluten Idealismus. Die Versöhnung von Gott und Welt oder Vernunft und Wirklichkeit erschien seinen Gegnern als der Gipfel der Verstiegenheit eines deutschen Philosophieprofessors, als Flucht aus der Zerrissenheit. Sie beharrten – mit Hegel gesprochen – auf der Tatsache der Entfremdung und verweigerten vorerst alle Versöhnung, obwohl auch sie, allerdings mit unterschiedlichen Intentionen, immer noch auf ein fernes Heil hofften. Die drei Hauptattacken zielten auf die Ausbildung einer nicht-christlichen Gegenmetaphysik, die Ersetzung der Theologie durch Anthropologie, die Vorbereitung einer kommunistischen Weltrevolution und die existentielle Erneuerung des christlichen Glaubens. Aber alle Gegner Hegels standen in unterschiedlicher Weise auch noch im Banne Hegels, in offener Reaktion und verborgener Kontinuation; ihr Antiidealismus war idealistischer, als sie selbst ahnten.

### *a) Schopenhauer: Selbsterlösung durch Selbstverneinung*

Arthur Schopenhauer (1788–1860) stammte aus einer begüterten und gebildeten Danziger Kaufmannsfamilie; sein Vater war Bankier, seine Mutter, mit der er sich schon früh entzweite, Schriftstellerin. In Berlin, wo er studiert hatte und Privatdozent geworden war, versuchte er, ehrgeizig und menschenverachtend zugleich, gegen Hegel zu konkurrieren, ging dann aber, als in Berlin 1831 die Cholera ausbrach, nach Frankfurt, wo er für den Rest seines Lebens als Junggeselle eine Art Rentnerexistenz führte. Sein Hauptcharakterzug war ein aggressiver Pessimismus. Die Natur ist für ihn ein einziger Kampf ums Dasein – „wer lebt, lebt auf Kosten anderer". Das Leben selbst ist ein „fortgesetzter Betrug", Leiden und Langeweile; jede Lebensgeschichte ist eine Leidensgeschichte, und die sogenannte menschliche Gemeinschaft ist im Grunde die Hölle – „die Menschen sind einerseits die gequälten Seelen und andererseits die Teufel darin". Die Welt ist daher die schlechteste aller möglichen, etwas, was eigentlich nicht sein sollte; am besten wäre, es wäre überhaupt nichts. Aus dieser Sicht versucht Schopenhauer, der überlieferten Metaphysik und vor allem dem Idealismus eine grundsätzlich andere Philosophie entgegenzusetzen, die zugleich einen ersten Versuch darstellt, über eine entchristlichte Willensmetaphysik den Buddhismus in die europäische Philosophie zu integrieren. Doch bleibt sein Hauptwerk, *Die Welt als Wille und Vorstellung* (Bd. I 1819, Bd. II 1844), in mancherlei Hinsicht noch durch die Philosophie des Deutschen Idealismus bestimmt.

Schopenhauer geht mit Kant davon aus, daß wir zwischen unerkennbarem Ding an sich und erkennbarer Erscheinung unterscheiden müssen und daß die empirische Welt ein Produkt unserer Vorstellung sei. Dennoch spekuliert er mit Schelling, daß das wahre Wesen der Wirklichkeit Wille sei, und behauptet insofern deren Erkennbarkeit. Die Identifikation des Urwillens mit einem persönlichen Gott hält er hingegen für absurd und für eine bloße Konzession an die Staatsreligion. Faktisch zieht er aus Erscheinungen wie Drang und Trieb einen Analogieschluß auf einen metaphysischen Grundwillen, der sich in Ideen objektiviere und als individualisierter Wille auch in allem einzelnen Seienden wirksam sei. Alles Leiden der Welt stammt nach dieser sozusagen schwarzen Metaphysik aus einem ebenso universalen wie unglückbringenden Willen, und die Erlösung von diesem permanenten Wollen kann nur darin bestehen, nichts mehr zu wollen. Solche Selbstbefreiung kann partiell mit Hilfe der Kunst geschehen, nämlich durch die reine Anschauung des idealen Wesens und damit durch die Besänftigung der Schmerzen der realen Individualität, oder generell durch moralisches Verhalten, nämlich durch Mitleid als echtes Mitleiden, und damit als Überwindung von Konflikten als Folge der sich selbst behauptenden Individualität. Die prinzipielle Selbstbefreiung geschieht jedoch erst mit Hilfe der philosophischen Einsicht in die metaphysischen Verstrickungen durch den Willen. Dazu bedarf es allerdings einer ganz neuartigen Philosophie.

Schopenhauers besonderer Zorn richtete sich, außer auf die Frauen, auf die Philosophieprofessoren. In seinen *Parerga et Paralipomena* (1851) unterscheidet er scharf zwischen der „Philosophie als Profession" und der „Philosophie als freier Wahrheitsforschung", der „Philosophie im Auftrage der Regierung" und der „Philosophie im Auftrage der Natur und Menschheit" (IV, 159) – die Kathederphilosophie darf überall nur eine Paraphrase und Apologie der Landesreligion sein. Die deutsche Philosophie insbesondere ist eine bloße Beamtenliteratur, Professorenphilosophie für Philosophieprofessoren. Und der schlimmste dieser provinziellen Philosophiebürokraten, eine „*nervis alienis* mobile Kathederpuppe" (IV, 168), ist Hegel, ein geistloser Scharlatan, der mit beispielloser Frechheit Aberwitz und Unsinn zusammenschmierte (vgl. 187 ff.) – seine Philosophie ist „Afterweisheit" (IV, 164), „der hohlste sinnleerste Wortkram", eine „philosophische Hanswurstiade" (IV, 165), „absolute Unsinnsphilosophie" (IV, 188). Die wahre Philosophie hingegen versucht, „das Problem des Daseyns zu lösen" (V, 163). Dazu muß sich der Intellekt, wie auch immer, von den Befehlen des Willens befreien und damit vom

Blick auf die einzelnen Dinge – nur „das reine, willenlose Subjekt des Erkennens“ (V, 7) kann sich auf das Allgemeine oder die Ideen richten. Nur so ist die Philosophie als (an Anschauung gebundene) begriffliche oder abstrakte Erkenntnis möglich. In ihr gewinne ich dann durch Selbsterkenntnis und Selbstüberwindung eine neue Freiheit der Selbstbestimmung. Entsagung oder Askese bewirken eine Gelassenheit im Sinne von Willenlosigkeit und damit eine dauerhafte Heiterkeit des Gemüts.

Philosophie führt also bei Schopenhauer nicht mehr wie bei Hegel zur Versöhnung mit der Wirklichkeit, sondern zur Befreiung von ihr, nicht mehr zur Rechtfertigung Gottes (im Sinne einer christlichen Theodizee), sondern (unter buddhistischem Einfluß) zum Bejahen des reinen Nichts. Damit richtet sich Schopenhauers Negativität am Ende gegen sich selbst: Philosophie ist Einübung in den Verzicht, theoretische Vorbereitung auf das Nirwana. Insofern ist Philosophieren auch bei ihm – wie so oft in der abendländischen Tradition – Sterbenlernen, aber keine *abnegatio sui* als Liebe zu Gott, keine Abtötung des Sinnlichen im Hinblick auf das Geistige und Übersinnliche, sondern Verneinung des individualisierten metaphysischen Urwillens in mir selbst. Philosophieren bewirkt Selbsterlösung durch Selbstverneinung.

### *b) Feuerbach: Anthropologie statt Theologie*

Ludwig Feuerbach (1804–1872), als Sohn des berühmten Juristen Anselm Ritter von Feuerbach in Landshut geboren, hatte zunächst Theologie in Heidelberg und Philosophie bei Hegel in Berlin studiert; später ging er nach Erlangen, wo er promovierte und habilitierte. Möglicherweise aufgrund einer persönlichen Enttäuschung begann er sich nun von Hegel abzuwenden und ihn ab 1839 öffentlich zu kritisieren. Als er öffentlich radikale religionsfeindliche Thesen vertrat, wurde er entlassen und blieb für den Rest seines Lebens Privatgelehrter.

In seiner Schrift *Grundsätze der Philosophie der Zukunft* (1843) stellt Feuerbach sich bewußt statt auf den „Standpunkt

Gottes“ auf den „*Standpunkt des Menschen*“ (IX, 272), also auf den Standpunkt der Endlichkeit statt auf den Standpunkt des Absoluten. Feuerbach sieht jetzt statt im Menschen das Ebenbild Gottes in Gott nur noch das Ebenbild des Menschen – damit ist Hegel für ihn vom Kopf auf die Füße gestellt. Im Grunde verneint Feuerbach jedoch mit dieser Umkehr der Denkrichtung die gesamte bisherige religiöse Tradition, er reduziert sie auf ein Produkt menschlicher Phantasie; an die Stelle der Theologie tritt die Anthropologie, an die Stelle der Religion der Atheismus bzw. Materialismus. Gott ist nur eine Projektion des leiblichen Ich, ein idealisiertes Bild vom Menschen, und zwar vom Menschen im allgemeinen, also des Menschen als Gattungswesen. Die Anthropologie rückt auf diese Weise nicht nur, wie schon bei Kant, in das Zentrum der Philosophie; sie wird sogar zur Grundlage allen Denkens, insbesondere der Religionsphilosophie, die nun an die Stelle der Theologie tritt, und zwar als deren Entlarvung. Der Mensch ist das höchste Wesen, aber nicht als Individuum oder als transzendentales Ich, sondern als leibliches Ich und als Gattungswesen. Der Mensch ist nämlich ein sinnliches Lebewesen, daher muß die Sinnlichkeit gegen die bisherige Geistphilosophie in ihr Recht gesetzt werden.

Die Abschaffung des Absoluten führt bei Feuerbach nicht zu einer Selbstverabsolutierung des Ich, wie dann bei Max Stirner (1806–1856), sondern zur Forderung nach einer Solidarisierung mit allen Menschen. Der Mangel an liebender Gemeinschaft bzw. die noch nicht verwirklichte soziale Menschennatur ist der Grund der bisherigen Illusionsbedürftigkeit und des Verlangens nach einem Jenseits. Gott ist eigentlich nichts anderes als das vergötterte Wesen des Menschen, wie ihn dieser sich in seiner individualistischen Misere einbildet. In dem Maße, in dem sich der Mensch als Gemeinschaftswesen verwirklichen kann, wird diese falsche Transzendenz von selbst verschwinden. Daher muß nun an die Stelle der eingebildeten Gemeinschaft mit Gott die wirkliche Gemeinschaft mit den Menschen treten. „Der *natürliche Standpunkt* des Menschen, der Standpunkt der *Unterscheidung* in *Ich* und *Du*,

*Subjekt* und *Objekt* ist der *wahre*, der *absolute Standpunkt*, folglich auch der *Standpunkt der Philosophie*" (IX, 337).

Damit wird Feuerbachs Philosophie praktisch, nämlich programmatisch und pädagogisch, aber im Ansatz auch schon (abstrakt) politisch. Die wahre Philosophie, die zukünftige Philosophie oder „Philosophie der Zukunft", wird sich statt am Jenseits an der Zukunft des Menschen orientieren; sie übernimmt wieder einmal, nun allerdings unter materialistischen Voraussetzungen, die Bildung der zukünftigen Menschheit. Insofern ist der Standpunkt der Menschheit allerdings auch noch ein quasi-transzendenter, zumindest ein gegenwartsüberschreitender; an die Stelle der alten Jenseitshoffnungen treten diesseitige Zukunftshoffnungen. Die Erde soll endlich zur wahren Heimat des Menschen werden, der Mensch zum wahren Absolutum des Menschen – und zwar durch Destruktion der Theologie, durch „Kritik des Himmels". Feuerbach nennt diese Philosophie, die den neuen Menschen an die Stelle des alten Gottes setzen soll, in seiner Schrift *Vorläufige Thesen zur Reform der Philosophie* (1842) „Anthropotheismus" (IX, 256). Sie bleibt, da sie sich an der Norm eines sogenannten wahren Menschen orientiert, unwillkürlich noch metaphysisch und idealistisch. Faktisch konzentriert sich Feuerbach jedoch mehr auf die Entlarvung der alten christlichen Theologie als auf die Vorbereitung einer neuen Menschheit.

### *c) Marx: Revolution als philosophische Praxis*

Karl Marx (1818–1883), Sohn eines jüdischen, zum Protestantismus übergetretenen Trierer Rechtsanwalts, hatte in Bonn und Berlin Jura, Geschichtswissenschaft und Philosophie studiert. In Berlin hatte er im Kreis der Jung- oder Linkshegelianer verkehrt und war, nachdem sich seine Hoffnung auf eine Professur in Bonn zerschlagen hatte, zunächst Journalist in Köln geworden, bis er nach Paris, Brüssel und London fliehen mußte, wo er später seine ökonomischen Schriften verfaßte. In seinen philosophischen Jugendschriften, in denen er sich erst allmählich zum Kommunisten entwickelte, stand er noch ganz unter dem Einfluß der Junghegelianer. Aber seine Kritik an Hegel war schon früh politisch, sie spielte die Misere der Wirklichkeit gegen die Idealität des Systems aus. Damit wurde – aufgrund einer neu bestimmten Differenz von (normativer) Vernunft und (unvernünftiger) Wirklichkeit – Philosophie von vornherein programmatisch. An die Stelle der Hegelschen Metapher der Philosophie als Eule der Minerva, die erst in der Dämmerung fliegt, tritt bei den Junghegelianern der (gallische) Hahn, der das Morgenrot, d.h. die Revolution, verkündet.

Bei Marx findet diese ‚neue' Sicht ihren ersten Niederschlag in den Vorarbeiten und Anmerkungen zu seiner Dissertation (1837–41). Ähnlich wie viele andere Hegelianer nimmt er noch an, daß die „totale Philosophie Hegels" in einer einmaligen Anstrengung des Geistes alle geschichtlich gegebenen Prinzipien zu einer weltgeschichtlichen Synthese zusammengfaßt habe und nun als fertige Universaltheorie der unfertigen Welt gegenübertreten und zur praktischen Einsicht werden könne und müsse. Philosophie soll praktisch werden. „Allein die *Praxis* der Philosophie ist selbst *theoretisch*" (71; vgl. 103). Philosophie tritt daher zunächst nur als militante Kritik auf. Indem sie dann aber zur konkreten Aktion in der Wirklichkeit wird, befreit sie sich zugleich von sich selbst in ihrer bisherigen abstrakten Form. „So ergibt sich die Konsequenz, daß das Philosophisch-Werden der Welt zugleich ein Weltlich-Werden der Philosophie, daß ihre Verwirklichung zugleich ihr Verlust" ist (71). Damit entsteht bei Marx noch vor seiner Hinwendung zum Kommunismus die Idee einer Aufhebung der Philosophie, nämlich der Weltphilosophie in einer Weltrevolution; auch er erhofft, wenn auch anders als andere Philosophen, das Ende der Philosophie. Dabei nimmt er, wenn auch anders als Hegel, noch einen absoluten Standpunkt ein, insofern er glaubt, das Ende der Philosophie und der Geschichte antizipieren zu können.

Für die weitere Entwicklung von Marx' Philosophiekonzeption wurde dann die Hegel-Kritik von Feuerbach bestimmend. Marx begeisterte sich für Feuerbachs Anti-Idealismus, ging aber auch über dessen eher unpolitische Einstellung schnell hinaus. In seiner *Einleitung* zur *Kritik der Hegelschen Rechtsphilosophie* (1843/44) ist seine eigene Philosophie mitsamt dem zugehörigen Philosophiebegriff bereits völlig politisch geworden. „Es ist zunächst die *Aufgabe der Philosophie*, die im Dienste der Geschichte steht, nachdem die *Heiligengestalt* der menschlichen Selbstentfremdung entlarvt ist, die Selbstentfremdung in ihren *unheiligen Gestalten* zu entlarven. Die Kritik des Himmels verwandelt sich damit in die Kritik der Erde, die *Kritik der Religion* in die *Kritik des Rechts*, die *Kritik der Theologie* in eine *Kritik der Politik*" (489). Marx sieht jetzt in der Hegelschen Philosophie nur noch die Widerspiegelung der deutschen Zustände und mißt sie an dem für ihn normativen Vorbild der Französischen Revolution. Offensichtlich glaubt er, indem er sich selbst mit Luther vergleicht, durch seine Analyse der Gesellschaft – zumindest in Deutschland, letztlich aber für die ganze Welt – den geistigen Boden für eine gesellschaftliche Revolution vorbereiten zu können. „Wie damals der Mönch, so ist es jetzt der Philosoph, in dessen Herzen die Revolution beginnt" (497). Damit aber nicht nur der Gedanke zur Wirklichkeit, sondern auch die Wirklichkeit zum Gedanken drängt, so daß die geschichtlich aktuelle, philosophisch-politische Aktion auf breiter Basis beginnen kann, bedarf es noch der Bildung einer Klasse mit radikalen Ketten, „einer Klasse der bürgerlichen Gesellschaft, welche keine Klasse der bürgerlichen Gesellschaft ist, eines Standes, welcher die Auflösung aller Stände ist" (503). Dieser zukünftige allgemeine Stand *par excellence*, die sozusagen absolute und insofern normative Klasse, ist das Proletariat, und dieses ist nun der Wunschpartner des Philosophen. „Wie die Philosophie im Proletariat ihre materiellen, so findet das Proletariat in der Philosophie seine geistigen Waffen, und sobald der Blitz dieses Gedankens gründlich in den naiven Volksboden eingeschlagen ist, wird sich die Emanzipation der Deutschen zum Menschen vollziehen" (504). Philosophie wird zu einer neuen, jetzt primär politischen Aufklärung über die Wirklichkeit, und der Philosoph wird zum Herold und Inaugurator einer neuen Politik als Mittel zur Schaffung neuer Menschen, nämlich zu einer von Deutschland, faktisch von Marx, ausgehenden endgültigen Emanzipation. „Die *Emanzipation des Deutschen* ist die *Emanzipation des Menschen*. Der *Kopf* dieser Emanzipation ist die *Philosophie*, ihr *Herz* das *Proletariat*. Die Philosophie kann sich nicht verwirklichen ohne die Aufhebung des Proletariats, das Proletariat kann sich nicht aufheben ohne die Verwirklichung der Philosophie“ (505). Und selbstverständlich wird sich in dieser Emanzipation der Menschen als Menschen, wie Marx in seiner Schrift *Zur Judenfrage* (1843) schreibt, auch die Emanzipation des Juden zum Menschen vollziehen.

Der Standpunkt des Proletariats ist für Marx der einzige absolute Standpunkt in der Entwicklung der Menschheit, denn er steht im Prinzip am Ende der Geschichte, wie es der Philosoph antizipieren kann. Und Marx, obwohl selbst kein Proletarier, gehört jetzt schon als erster zu jenen wenigen Individuen, die es schaffen, sich in Krisenzeiten auf den Standpunkt des Proletariats zu stellen. Damit ist der Philosoph zum Vordenker und Vorbereiter einer prinzipiellen, der finalen und globalen Revolution geworden; er sagt nicht nur, was ist, sondern, was sein soll, und zwar als erster Urheber der letztmöglichen Weltverbesserung. „Die Philosophen“, so wird Marx 1845 in seiner 11. *These zu Feuerbach* schreiben, „haben die Welt nur verschieden *interpretiert*; es kömmt darauf an, sie zu *verändern*“ (4). Die Philosophie als praktische Vernunft steht einer unvernünftigen Wirklichkeit gegenüber, eben deshalb kann sie die programmatische Theorie der Veränderung durch eine Weltrevolution entwickeln, durch die sie dann selbst in philosophische Praxis übergeht und sich so aufhebt. Am Ende, nach ihrer Initiation der Revolution, wird die politisch verwirklichte Philosophie als solche verschwinden, es wird nur noch positive Wissenschaft geben. Nicht zuletzt unter dem Einfluß seines Freundes Friedrich Engels (1820–1895), Sohn eines Barmer Industriellen, scheint der späte Marx die Möglichkeit einer Philosophie jenseits der Wissenschaften völlig aufzugeben.

## *Exkurs*
## Kierkegaard: Verzweiflung als Hoffnung

Der Däne Sören Kierkegaard (1813–1855) gehört wesentlich in die deutsche Philosophiegeschichte, weil er bei seinem Studium in Berlin – gegen Hegels Philosophie, die er als Flucht in ein wirklichkeitsfernes Denken deutet – die ersten Grundzüge einer Philosophie der subjektiven Existenz entwickelt und dadurch dann zum Hauptbegründer der späteren Existenzphilosophie wird. Kierkegaard kam aus einem streng religiösen Elternhaus und studierte auf Wunsch seines Vaters Theologie, neigte jedoch zunächst zu einer freigeistigen Romantik und wurde erst nach seiner „Bekehrung" zum engagierten religiösen Schriftsteller, der das bürgerliche Schein- oder Sonntagschristentum bekämpfte. Nach einem langen Versteckspiel mit Pseudonymen, das auch als indirekter Appell dem Selbstdenken dienen sollte, wandte er sich zuletzt öffentlich gegen die Kirche und starb, nach einem Zusammenbruch auf der Straße, früh und völlig verarmt.

Kierkegaards Christsein ist vor allem durch sein Sündenbewußtsein gekennzeichnet. Gott ist für ihn kein Gegenstand philosophischer Spekulation, nicht das Absolute der Philosophie, ein denkbares erstes Prinzip, sondern „das absolute Paradox" (XVI, 209), das oder vielmehr der unbegreiflich Andere. Hegels dialektische Vermittlung zwischen dem Endlichen und dem Absoluten ist philosophischer Selbstbetrug. Gott ist der persönliche Gott der Bibel, der gebietet und straft, möglicherweise aber auch Gnade gewährt. Christsein heißt daher: angesichts eines unbegreiflichen Gottes existieren. Daher möchte sich Kierkegaard auch nicht als Philosoph, sondern als „religiöser Schriftsteller" verstehen.

Soweit Kierkegaard sein Philosophieverständnis überhaupt artikuliert hat, geschieht dies fast ausschließlich in der Form der Hegel-Kritik. Hegel ist für ihn der Paradefall eines idealistischen Philosophen, der nach seiner Ansicht die Wirklichkeit in Ideen und Wesenheiten aufzulösen versucht; er ist der

Hauptvertreter jener „Schreiberknechte im Dienste der Vielgeschäftigkeit des phantastischen Denkens“ (XVI, 188), die „weltgeschichtlich brüllen und systematisch krähen“ (XVI, 174), „welthistorisch und systematisch Gott auf der Nase herumtanzen“ wollen (XVI, 172). Man will sich in dem Totalen betrügen, keiner will ein einzelner existierender Mensch sein. Die philosophische Spekulation, in der der idealistische Philosoph sich selbst als ursprünglich subjektiver Denker in der Objektivität des Gedachten aufgibt und verliert (vgl. XVI, 53), sich vor sich selbst verschwinden läßt, ist nicht besser als die allgemeine Selbstentfremdung durch Wissenschaft, Gesellschaft und Kirche – ein Leben in Schein und Flucht vor sich selbst. Hegel, der, vom Standpunkt des Absoluten her, alles und sogar sich selbst in das absolute System integrieren wollte und seinerseits Kierkegaard vermutlich als ein bloßes „unglückliches Bewußtsein“, das nicht weiter denken kann oder will, betrachtet hätte, erscheint diesem wie einer, der einen großen Palast gebaut hat, selbst jedoch in einer Hütte daneben lebt (vgl. XXIV/XXV, 41).

Für Kierkegaard ist die sogenannte wissenschaftliche Objektivität ‚unendlich uninteressant‘, nur das eigene Ich ist sich selbst als Subjektivität Gegenstand eines ‚unendlichen Interesses‘; das existierende Subjekt ist ‚unendlich‘ um sich selbst besorgt oder bekümmert (vgl. XVI, 51ff., 119, 192). „Alles wesentliche Erkennen betrifft die Existenz, oder: nur das Erkennen, dessen Beziehung zur Existenz wesentlich ist, ist wesentliches Erkennen.“ (XVI 188) Das Wahre ist das Subjektive, und das Subjektive ist das Wahre (vgl. XVI, 194, 198). Damit verzichtet Kierkegaard als erster moderner Philosoph konsequent auf allen Wissenschaftsanspruch der Philosophie, er konzentriert sich ganz auf sich selbst als das „existierende Subjekt“ (vgl. XVI, 187ff.). Die Philosophie ist kein geistiges Handwerk, etwa im Stile der Naturwissenschaft; sie wird zu einem subjektiven Unternehmen, in dem es um die eigene Existenz geht, die sich jedem System entzieht. Allerdings definiert Kierkegaard, der sich selbst als Reflexion von Anfang bis Ende charakterisierte, das Ich zunächst noch auf der Ebene einer idealistischen Reflexionsphilosophie, und zwar, wenn auch schon unüberhörbar paradox, als Geist. Das Selbst ist nämlich „ein Verhältnis, das sich zu sich selbst verhält, oder ist das an dem Verhältnisse, daß das Verhältnis sich zu sich selbst verhält" (XXVI/XXV, 8). Aber das Ich ist kein freischwebendes Denken, sondern reale, ‚augenblickliche' Existenz, nämlich der Einzelne, der sich hier und jetzt selbst aufgegeben ist. Ich bin nicht nur theoretische Selbstreflexion, sondern existiere, da ich mich ständig entscheiden muß, in der Angst angesichts der Möglichkeit. Das Ich ist keine subjektive Vernunft, die die objektive Vernunft zu erkennen vermag, und sich darin zur absoluten Vernunft erhebt; das Ich ist auch kein zweifelndes Cogito, sondern ein verzweifelndes, wenn nicht verzweifeltes Ich. Am Ende bin ich sogar eine mir selbst unbegreifliche Existenz, nämlich eine lebende Paradoxie von Endlichkeit und Unendlichkeit, das Ich lebt in der Innerlichkeit der Einsamkeit vor Gott.

Kierkegaard versucht, als subjektiver und existierender Denker (vgl. XVI, 65, 72), sein Leben zu denken und sein Denken zu leben. Seine Philosophie besteht daher (aus seiner Sicht völlig legitim) zu einem guten Teil in der Verarbeitung persönlicher Krisen, insbesondere einer religiösen, aufgrund seiner problematischen Vaterbeziehung, und einer erotischen, aufgrund einer gescheiterten Liebesbeziehung. In seiner Beschreibung der sogenannten *Stadien auf dem Lebensweg* (1845) unterscheidet er im wesentlichen drei Stufen. Das ästhetische (erotische) Stadium ist das des sinnlichen Genusses, der reflexions- und gewissenlosen Unmittelbarkeit des bloßen Daseins – Paradigma ist Mozarts *Don Giovanni*. Das ethische (philosophische) Stadium ist das des Ernstes oder selbstverantwortlichen Denkens, der Reflexion und des Gewissens – Paradigma ist Sokrates. Das religiöse (christliche) Stadium ist das des Glaubens, der Gnade wie der Verzweiflung vor Gott – Paradigma ist Christus selbst. Als Philosoph befinde ich mich jedoch vorerst im ethischen Stadium, d.h. ich habe als unerlöste Existenz die Verantwortung für mich übernommen – insofern lebe ich im Stadium der Verzweiflung, der „Krankheit zum Tode". Aber das wahre Unglück besteht nicht darin, verzweifelt zu sein, sondern darin, scheinbar nicht oder nicht wahrhaftig verzweifelt zu sein. Denn Verzweiflung ist die Wahrheit der Existenz. Insofern ist der subjektiv wahr existierende oder wahrhaft verzweifelte Philosoph wenigstens auf dem Wege zum möglichen „Sprung" in den Glauben. Er besitzt einen ersten Begriff von Gott als einem Absoluten, bei ihm kann die „oberflächliche Reflexion" in eine „gottesfürchtige Reflexion" übergehen. So wird die Philosophie zur Stufe oder vielmehr zum Sprungbrett für den Glauben, für die Selbstvernichtung im Paradox – mit Hilfe der göttlichen Gnade.

Allerdings wird diese Bestimmung der Philosophie mehr indirekt als direkt ausgesprochen. Philosophie ist für Kierkegaard einerseits bloßer Übergang aus der sinnlichen Existenz in die übersinnliche Geborgenheit (wobei es streng genommen trotz gewisser Überschneidungen zwischen den Stadien keine Vermittlung, sondern nur Sprünge gibt). Andererseits enthält das ethisch-philosophische Stadium das ganze breite Feld des Lebens und Denkens, angesichts dessen die beiden anderen Möglichkeiten fast zu Grenzbegriffen herabsinken; denn das Stadium der unreflektierten Naivität ist für Kierkegaard schon verloren, das Stadium der reflektierten Geborgenheit aber offensichtlich noch nicht erreicht, nur denkend und hoffend antizipiert. Die Philosophie ist eigentlich ein Provisorium, sie kann im Grunde nur ihre Selbstaufhebung zugunsten der Religion vorbereiten. Philosophie wird so zur Propädeutik der Religion, die sie aber nur ahnen kann, und verkündet daher selbst ihr nahes Ende. Philosophie ist Vorbereitung auf den Glauben durch Selbstverneinung. Sie bleibt als solche noch unerlöst, weil ihr die Gewißheit des Glaubens ausbleibt, weil ihr der Sprung ins „Credo quia absurdum est" nicht gelingt. Obwohl also die ganze Philosophie von Kierkegaard in Hinblick auf das Christentum begriffen wird, werden Philosophie und Religion bei ihm letztlich unvereinbar. Während Hegel Philosophie und Religion versöhnen wollte, löst sich bei Kierkegaard die Philosophie angesichts der Religion als prinzipiell überflüssig auf, obwohl ihm selbst genau das nicht gelingt, was er mit Hilfe des Denkens erreichen möchte: nur noch gläubiger Christ zu sein. Er bleibt verzweifelt auf dem Sprung, aber die wahre Verzweiflung impliziert für ihn wenigstens eine gewisse Erlösungshoffnung.

## 3. Nietzsche: Spiel und Stiftung

Friedrich Nietzsche (1844–1900) war unter den philosophischen Außenseitern des 19. Jahrhunderts der letzte große Anti-Idealist. Als Sohn eines protestantischen Pfarrers in Röcken bei Lützen (Sachsen) geboren, studierte er in Bonn und Leipzig Altphilologie und wurde mit 25 Jahren, noch vor seiner Promotion, Professor in Basel – eine Stelle, die er jedoch nach zehn Jahren wegen Krankheit, insbesondere wegen anhaltender Depressionen, aufgab. Weitere zehn Jahre lebte er als „fugitivus errans“ auf Reisen, bis er 1889, vermutlich an den Folgen einer Syphilis erkrankt, in Turin zusammenbrach. Den Rest seines Lebens verbrachte er in geistiger Umnachtung. Aber in den 15 Jahren seiner philosophischen Produktivität hat er – z.T. auf höchstem Niveau – einen beispiellosen Kampf gegen die platonisch-christliche Metaphysik als Grundlage der abendländischen Tradition geführt. Indem er sie umzukehren versuchte, wurde er so etwas wie der letzte Metaphysiker und der Begründer der Moderne zugleich.

Nietzsche machte eine rasante, in ihren Einzelheiten keineswegs klare oder konsequente Entwicklung durch. Im Ausgang von einer umfassenden Kritik der Kultur seiner Zeit, der sogenannten „historischen Bildung“, entwickelt er eine Reihe von Grundgedanken, die zwar unter sich in Spannung stehen, in ihrer Verneinung der gesamten bisherigen abendländischen Philosophie aber eindeutig sind. Seine erste zentrale These – nach der Beschwörung einer „dionysischen“ Urkultur gegen die vorherrschende „apollinische“ – ist die vom „Tod Gottes“: Aus dem Verlust aller traditionellen Werte resultiert die faktische „Herrschaft des Nihilismus“. Daraus ergibt sich für ihn die Notwendigkeit einer „Umwertung aller Werte", nämlich die Forderung nach einem bewußt transzendenzlosen Schaffen neuer Werte; die Wahrheit wird dabei zu einer Art von Irrtum unter anderen, sie ist nur eine triebbestimmte, entweder schwächebedingte oder machtbewußte perspektivische Auslegung der Welt. Im Horizont dieser Relativierung aller Werte und Wahrheiten feiert Nietzsche (unter dem Einfluß von Schopenhauer, aber auch im Gegensatz zu ihm) den „Willen zur Macht" als eine Kraft „jenseits von gut und böse". Der „Übermensch" ist der personifizierte Inbegriff dieser amoralischen Wirkungsmacht – allerdings muß das höhere (betont sinnenhafte) Menschsein noch systematisch gezüchtet werden. Nur der neue Mensch wird im „amor fati" die „ewige Wiederkehr des Gleichen" ohne jegliche „Hinterwelt" ertragen.

Für Nietzsche ist Hegel kein nennenswerter Gegner mehr, seine Kritik richtet sich über die Gegenwart und jüngste Vergangenheit hinaus auf die Anfänge der idealistischen Philosophie des Abendlandes, insbesondere auf Sokrates, den „Pöbelmann", und Platon, den Sinnenfeind, nämlich gegen deren Moralismus und metaphysische Ideenlehre. Hier entdeckt er, unter romantischer Verklärung der Vorsokratiker, die als geistige Heroen gefeiert werden, die Anfänge aller gesellschaftlichen Gleichmacherei und aller Entwertung der Sinnlichkeit und damit den Ursprung der Tendenzen, die – verstärkt durch das Christentum – zur modernen Sklaven- und Pöbelherrschaft, nämlich zum Demokratismus und Sozialismus, geführt haben. In diesem Zusammenhang steht auch bei Nietzsche am Ausgangspunkt die Verachtung des deutschen Philosophieprofessors – dieser ist geradezu die Perversion des wahren Philosophen. Unter dem Einfluß von Schopenhauer kritisiert Nietzsche schon in seiner zweiten *Unzeitgemäßen Betrachtung*, *Vom Nutzen und Nachteil der Historie für das Leben* (1873/74), die Philosophie seiner Zeit als bloße Gelehrsamkeit bzw. als Pseudogelehrtheit, die dem Staat und der Kirche dient, aber nicht dem wahren Leben. An sich ist die Philosophie „die wahrhaftigste aller Wissenschaften"; die wahre Philosophie ist eine „ehrliche nackte Göttin", der der Philosoph in seiner

„einfachen Mannestreue" dient (240). Offensichtlich hält Nietzsche, obwohl schon hier eine gewisse Philosophieromantik und zeitbedingte Männlichkeitspoesie durchschlägt, zunächst noch an der Philosophie als Wissenschaft fest.

Auch in der dritten *Unzeitgemäßen Betrachtung*, *Schopenhauer als Erzieher* (1874), wird die wahre Philosophie wieder gegen die bloß historische Gelehrtheit und die politische Fügsamkeit der Universitätsphilosophie abgesetzt – die wahre Philosophie ist Lebenslehre. Der wahre Philosoph, d.h. der philosophische „Genius" (305), der nur gezwungenermaßen auch Gelehrter ist, besitzt einen „unermeßlichen Freiblick" (325); zum wahren Philosophen gehört „Freiheit und immer wieder Freiheit" (351, vgl. 325). Auch hier reflektiert Nietzsche vor allem auf die Person des Philosophen, den er mit dem Künstler vergleicht, weniger auf die Philosophie selbst, und findet ausgerechnet in Schopenhauer „das erste, was ein Philosoph braucht: unbeugsame und rauhe Männlichkeit" (349). Zugleich wird Nietzsches Neigung zur Selbststilisierung überdeutlich, es beginnt eine romantische Verklärung und Heroisierung des Philosophen und zugleich des Übermenschen als Supermann.

Gleichzeitig stellt Nietzsche den Philosophen in den Gesamtzusammenhang von Leben und Natur und deutet den Philosophen, indem er auf dessen metaphysische Stellung im Kosmos reflektiert, (wie den Künstler) als das Produkt einer experimentierenden Natur. „Die Natur schießt den Philosophen wie einen Pfeil in die Menschen hinein, sie zielt nicht, aber sie hofft, daß der Pfeil irgendwo hängen bleiben wird" (345). Der Philosoph ist also nicht mehr, wie so oft bei früheren Philosophen, Auserwählter und Gesandter Gottes, sondern nur noch das schwache Instrument einer mehr tentativen als teleologischen, im Grunde unerklärlichen Natur, die an sich selber leidet. Aber auch so bleibt er eine Ausnahmeerscheinung, und infolge des modernen Geniekultes mehr denn je. Der Philosoph versteht sich jetzt nämlich als leidenschaftlicher, tragischer Held, während die Philosophie zugleich den Charakter einer Wissenschaft in irgendeinem strengeren Sinne des

Wortes zu verlieren beginnt und zur „fröhlichen" Wissenschaft wird.

In der *Fröhlichen Wissenschaft* (1882/1886), die eine neue Form von Philosophie und Wissenschaft verkünden will, versucht Nietzsche, seine Reflexionen zur Natur der Philosophie grundsätzlich darzustellen. Unter der Überschrift *Warum wir keine Idealisten sind* erinnert er an die Sinnenfeindlichkeit vieler Philosophen, die sich Wachs in die Ohren gestopft hätten, um die „Musik des Lebens", die für sie „Sirenen-Musik" war, nicht zu hören. „Nun möchten wir heute geneigt sein, gerade umgekehrt zu urteilen (was an sich noch ebenso falsch sein könnte): nämlich daß die *Ideen* schlimmere Verführerinnen seien als die Sinne, mit allem ihrem kalten anämischen Anscheine und nicht einmal trotz diesem Anscheine – sie lebten immer vom ‚Blute' des Philosophen [...]. Philosophieren war immer eine Art Vampyrismus" (247). Der Philosoph ist ein Vampyr, der von seinem eigenen Blut lebt – jedenfalls bisher, vielleicht aber auch immer wieder. Denn die Denunziation des Idealismus als Masochismus ist auch hier nicht Nietzsches letztes Wort. „*In summa*: aller philosophische Idealismus war bisher etwas wie Krankheit, wo er nicht, wie im Falle Platos, die Vorsicht einer überreichen und gefährlichen Gesundheit, die Furcht vor *übermächtigen* Sinnen, die Klugheit eines klugen Sokratikers war" (248). So bleibt der Versuch einer psychologischen Analyse der Motive des Philosophen offensichtlich zweideutig.

Ähnlich problematisch bleibt die Bewertung der Philosophie im 1886 datierten *Vorwort* zur *Fröhlichen Wissenschaft*. Philosophie ist für Nietzsche auch hier Ausdruck einer Person, und zwar ein Zeichen von Gesundheit oder Krankheit – man kann aus Mangel oder aus Überfluß philosophieren, folglich sinnenfeindlich oder sinnenfreundlich, „und oft genug habe ich mich gefragt, ob nicht, im großen gerechnet, Philosophie bisher überhaupt nur eine Auslegung des Leibes und ein *Mißverständnis des Leibes* gewesen ist" (11, vgl. 10, 12). Nietzsches Leibphilosophie versteht konsequenterweise auch die Philosophie selbst als Ausdruck des Leibes (anscheinend jedoch ohne sich selbst relativistisch einzubeziehen). Philosophie wird so, als Therapie wie als Luxus, zur Sublimation oder zur „Transfiguration" der Sinnlichkeit, zur psycho-physischen Ideologie, die bisher und vielleicht auch in Zukunft vor allem aus Leiden entsteht. Der Philosoph ist nicht mehr wie bei Platon der große Liebende, sondern nur noch der große Leidende. „Erst der große Schmerz ist der letzte Befreier des Geistes, als der Lehrmeister des großen *Verdachtes.* [...] Erst der große Schmerz, jener lange langsame Schmerz, der sich Zeit nimmt, in dem wir gleichsam wie mit grünem Holze verbrannt werden, zwingt uns Philosophen, in unsre letzte Tiefe zu steigen und alles Vertrauen, alles Gutmütige, Verschleiernde, Milde, Mittlere, wohinein wir vielleicht vordem unsre Menschlichkeit gesetzt haben, von uns zu tun. Ich zweifle, ob ein solcher Schmerz ‚verbessert' –; aber ich weiß, daß er uns *vertieft*" (13). So scheint die Gesundheit des Philosophen letztlich darin zu bestehen, seine Krankheit aushalten zu können und darin vielleicht „ein neues Glück" zu finden (13). Zwar bleibt auch diese Einschätzung der Philosophie als Selbstopfer noch ambivalent, da dieses als unvermeidlich erscheinen kann, aber Nietzsche hofft nun auch schon, daß ein „philosophischer *Arzt*, [...] der dem Problem der Gesamt-Gesundheit von Volk, Zeit, Rasse, Menschheit nachzugehen hat", erscheinen wird (12). Der Philosoph, der sich wieder einmal, wie schon bei Platon und in der Aufklärung, als Arzt des Staates oder sogar der ganzen Menschheit versteht, strebt nicht mehr nach Wahrheit, er will nur noch Gesundheit, Leben und Macht ermöglichen.

Von da ist es nur noch ein kleiner Schritt zur Konzeption des Philosophen als Gesetzgeber, der die ihm gefällige ‚Wahrheit' stiftet und diese als Herrenmensch dem Pöbel mit Gewalt als Gesetz verordnet. In der Schrift *Jenseits von Gut und Böse* (1885/86), laut Untertitel *Vorspiel einer Philosophie der Zukunft*, wird der Philosoph als Weltgewissen zum Menschheitsrichter. Es kommt jetzt darauf an, die „Herren-Aufgabe und Herrschaftlichkeit der Philosophie" (665) wieder in den Vordergrund zu stellen – gegen die Universitätsphilosophie, in der die Begriffe wie Mumien gehandhabt werden. Aber der neue

Philosophenkönig ist nicht mehr wie bei Platon Inhaber der höchsten theoretischen Erkenntnis und daher auch Inkarnation der praktischen Vernunft, sondern ein Stifter *ex auctoritate sua*; der Gesetzgeber der Nichtphilosophen ist letztlich sogar ein cäsarischer Befehlshaber und Gewaltmensch. Mit anderen Worten, Philosophie ist auch nur eine Form des Willens zur Macht, und der Philosoph ist nicht *le roi philosophe*, sondern *la bête philosophe*. Der Philosoph wird zum Züchter eines neuen Menschen, und natürlich ist auch dies für Nietzsche reine Männersache, Sache von geborenen Aristokraten und zölibatären Priestern, von Herrenmenschen, die als Herren der Erde fungieren.

Gleichzeitig entwickelt Nietzsche aber auch noch eine ganz andere Konzeption von Philosophie. Nachdem er schon in der *Fröhlichen Wissenschaft* den Philosophen mit einem Tänzer verglichen und den Tanz als „Gottesdienst" gedeutet hatte (257), definiert er in *Jenseits von Gut und Böse* die Philosophie als „Spiel" und dieses als Versuch und Versuchung zugleich. Der Philosoph, der sein eigener Gesetzgeber ist, bewegt sich frei im Reich der denkbaren Möglichkeiten, mit denen er gleichsam spielerisch, ohne Halt und ohne Bindung, experimentiert. Er spielt sein Spiel und weiß, daß es nur Spiel ist. Diese Freiheit des zukünftigen freien Geistes ist allerdings auch für diesen selbst eine gefährliche Freiheit – der Philosoph muß sich ständig selber wagen und kann in die Irre laufen. Er weiß, daß er ein gefährliches Spiel spielt, er spielt mit seinem Leben und sozusagen *va banque* – „er spielt *das* schlimme Spiel" (666). Philosophie ist nun also weder Wissenschaft noch Arbeit, sondern Tanz und Spiel. Damit soll sicherlich die Freiheit des Denkens unterstrichen werden, aber die Philosophie ist auch ein schlimmes Spiel oder vielmehr das schlimme Spiel schlechthin – ein gefährliches und unheimliches Spiel, und zwar nicht zuletzt für den Philosophen selber, ein Spiel, in dem es möglicherweise um alles oder nichts geht.

So löst sich der traditionelle Philosophiebegriff, wonach Philosophie Suche nach einer vorgegebenen Wahrheit ist, bei Nietzsche in einer doppelten, aber komplementären Weise auf:

durch esoterische Ästhetisierung und exoterische Politisierung. Auf der einen Seite erscheint Philosophieren als ein quasigöttliches oder dämonisches Spiel eines Ausnahmemenschen, wenn nicht sogar als unverantwortliche oder zynische Spielerei; auf der anderen Seite ist der Philosoph Verkünder oder vielmehr Stifter von Gesetzen für das Volk, absoluter Herrscher, wenn nicht sogar Gewalthaber von eigenen Gnaden. Zumindest entzieht sich die sogenannte große Vernunft der neuen Herren der Erde allen herkömmlichen allgemeinmenschlichen Maßstäben. Was die unphilosophischen Sklavenmenschen ins Joch zwingt, ist für den philosophischen Herrenmenschen nur ein Spiel; sein Spiel ist die alles andere beherrschende Stiftung, und er selbst bleibt der freie, über alles und alle erhabene Genius. Damit hat sich im Selbstverständnis der Philosophie eine Art schwarze Romantik entwickelt, die zur bisher vorherrschenden neuzeitlichen Vorstellung der Philosophie als wissenschaftliche Arbeit im äußersten Gegensatz steht. Philosophieren ist freies und fröhliches Denken, aber auch Denken angesichts des Nihilismus und am Rande des Abgrunds. An das Denken, das sich im Absoluten aufgehoben wußte, gibt es keine Erinnerung mehr; an die Stelle des *amor Dei intellectualis* ist ein *amor fati* getreten, an die Stelle der Versöhnung mit Gott die Bejahung der Notwendigkeit als Aushalten der Entfremdung.

## 4. Idealismus und Antiidealismus

Für Hegel war alle Philosophie „wesentlich Idealismus"; ihr Gegenstand war das in den Erscheinungen enthaltene Wesen der Sache, d.h. die ideelle Struktur des Seins. Aufgabe der philosophischen Erkenntnis war es, die Vernünftigkeit der Wirklichkeit und damit die Wirklichkeit der Vernunft zu erkennen. So sollte sich der menschliche Geist zur Erkenntnis des göttlichen Geistes erheben – höchster Gegenstand der Philosophie war die absolute Idee. Insofern darf Hegels Philosophie mit Recht „Idealismus" genannt werden und zugleich als absoluter Idealismus vom kritischen, subjektiven und objektiven (also Kant, Fichte, Schelling) unterschieden werden. Außerdem ist sie, wenn man zwischen metaphysischem, erkenntnistheoretischem und praktischem Idealismus unterscheiden will, vor allem metaphysischer Idealismus, da sie die Identität von Wirklichkeit und Vernunft bzw. Sein und Denken am konsequentesten durchführt.

Hegels absoluter Idealismus wurde von seinen Gegnern als Selbstverabsolutierung bekämpft, und zwar aus ganz unterschiedlichen Gesichtspunkten. Um es kurz und plakativ zu sagen: Schopenhauer stellte sich auf den Standpunkt des desillusionierten Verstandes, Kierkegaard auf den Standpunkt einer paradoxen Christlichkeit, Feuerbach auf den Standpunkt einer idealen Menschheit, Marx auf den Standpunkt einer zukünftigen Gesellschaft. Sie alle erwarten noch (wie auch schon die idealistische Philosophie) das überfällige Ende der Philosophie durch irgendeine Art von Erlösung: Schopenhauer und Kierkegaard individuell durch resignative Willenlosigkeit bzw. christliche Gläubigkeit, Feuerbach und Marx generell durch eine utopisch-heile Gesellschaft. In dieser Hoffnung auf ein Ende der Entfremdung (durch das Nirwana oder Gott, die Menschheit oder die Gesellschaft bzw. Geschichte) halten sie noch an einer gewissen Metaphysik fest, sie haben, wenn man so will, noch eine gewisse *re-ligio*. Jedenfalls sehen Schopenhauer und Kierkegaard, Feuerbach und Marx, obwohl sie in ihrer Kritik an Hegel mit dem Idealismus zugleich die überlieferte Metaphysik bekämpfen, alle noch ihre jeweilige Existenz und ihre jeweilige Situation auch sozusagen von außerhalb: aus der Sicht des ewigen Nichts bzw. Willens, aus der Sicht eines übergeschichtlichen ewigen Gottes, aus der Sicht einer vollkommenen Menschheit oder aus der Sicht einer unabänderlichen Weltgeschichte. Aber während Schopenhauer der Wirklichkeit durch Verzicht entfliehen möchte, versuchen Kierkegaard, Feuerbach und Marx, sich der Gegenwart zu stellen: Kierkegaard durch das existentielle Bewußtsein des Augenblicks, Feuerbach durch Hinwendung zur Sinnlichkeit, Marx durch politisches Engagement. Dabei geht die Tendenz der Destruktion des Idealismus eindeutig von der Theologie zur Anthropologie. Schon Schopenhauers Metaphysik ist bewußt antitheologisch bzw. antitheistisch. Aber auch Kierkegaard beschränkt sich im Grunde, da er sich jegliche Spekulation über Gott verbietet, auf die menschliche Existenz (in ihrer Beziehung zum unbekannten Gott). Für Feuerbach ist die Theologie Hauptgegenstand der Kritik, für Marx ist dann Gott gar kein Thema mehr, ihm geht es nur noch um die politische Erlösung der Menschheit. Diese ‚anthropozentrische', z.T. sogar ‚egozentrische' Tendenz der nachidealistischen Philosophie wird sich weiter fortsetzen. Damit hat sich unter den innovativen Köpfen der jungen Generation nach Hegel innerhalb weniger Jahre ein radikaler geistiger Wandel vollzogen. Die alte Einheit von Philosophie, Religion und Wissenschaft hat sich wie von selbst aufgelöst. Zwar sind Schopenhauer und Kiekegaard, Feuerbach und Marx zunächst Außenseiter. Aber die Bedeutung ihrer Denkweise wird zum Teil noch vor dem Ende des 19. Jahrhunderts sichtbar werden und dann wie eine Spätzündung im 20. Jahrhundert große Wirkung entfalten. Hegel jedenfalls war am Ende des 19. Jahrhunderts so gut wie vergessen, der Deutsche Idealismus war zu einem Popanz verkommen.

Dennoch gibt es – trotz Metaphysikfeindlichkeit und Antiidealismus – überall noch Reste von Idealismus und Metaphysik, wenn auch meist unausgewiesen, verborgen und bis in die Fundamente verändert. Der Kampf gegen Hegel zielte auf eine Demontage der idealistischen Metaphysik. Schopenhauer ist zwar noch Metaphysiker, auch idealistischer Erkenntnistheoretiker und Moralphilosoph; aber der Urgrund aller Dinge ist für ihn nicht mehr das sich selbst denkende Denken (Vernunft, Geist) einer göttlichen Urperson, sondern, trotz seiner Annahme von Ideen, nur noch unvernünftiger, blinder Wille, ein irrationales Absolutes. Kierkegaard hingegen ist zwar noch von der Existenz Gottes, den er als Geist und Person anruft und als Bedrohung und Verheißung erfährt, überzeugt; aber er versagt sich alle metaphysische Spekulation über das Absolute und bekämpft vor allem Hegels Rückführung der Wirklichkeit auf Ideen bzw. eine absolute Idee. Feuerbach hingegen orientiert sich zwar noch an der Idee einer allgemeinen sozialen Menschennatur und setzt ein normatives Wesen des Menschen voraus, d.h. den Menschen als Sinneswesen und Ideal zugleich, aber sein Hauptinteresse gilt dem leiblichen Individuum, das er zum Zentrum der Philosophie machen möchte. Für Marx, der sich auf den Standpunkt einer materialistischen und atheistischen Anthropologie stellt, ist alles Geistige nur noch Epiphänomen; Reste von idealistischer Metaphysik gibt es bei ihm nur noch *malgré lui*, z.B. in seiner Konzeption einer Dialektik als oberstes Gesetz aller Wirklichkeit oder einer geschichtlich entfremdeten (normativen) Menschennatur sowie als gewisser, unvermittelter praktischer Idealismus in seinem Engagement für soziale Gerechtigkeit. Selbst Nietzsche, der mit der Metaphysik und dem Idealismus nun auch noch die Moral, ja sogar die Wahrheit als Ziel der Philosophie verwerfen möchte, kann sich, wenn er das Sein als Willen zur Macht und eine ewige Wiederkehr des Gleichen als höchstes Seinsgesetz denkt, nicht ganz und gar von der idealistischen Metaphysik oder einem gewissen metaphysischen Idealismus befreien. So kann es kaum verwundern, daß sich auch in der Philosophie des 20. Jahrhunderts, die weder den Radikalismus des jungen Marx noch den des späten Nietzsche auf ihr Banner geschrieben hat, immer noch und immer wieder Spielarten des einen oder anderen Idealismus, aber natürlich auch des Antiidealismus finden werden.

## II. Wissenschaft und Weltanschauung

### Rückbesinnung und Neuorientierung

Der Zusammenbruch des Deutschen Idealismus hatte nicht nur zu einer Desavouierung der idealistischen Metaphysik geführt, sondern auch zu einer allgemeinen Geringschätzung der Philosophie, von der diese sich nur allmählich erholte. Die Philosophie, die im Zeitalter der Aufklärung zu einer allgemeinen Leitwissenschaft aufgestiegen war und insofern die Theologie abgelöst hatte, geriet als Universitätsphilosophie mehr und mehr ins Abseits; sie wurde zu einer Fachdisziplin unter vielen, und zwar zu einer wissenschaftlich fragwürdigen, in der Universität wie in der Öffentlichkeit wenig respektierten und im Grunde resignierten. Das allgemeine Interesse galt jetzt primär den Naturwissenschaften, die eine anerkannte Exaktheit und Effektivität boten, sowie den ebenfalls aufblühenden historischen Wissenschaften und den mit ihnen verknüpften Problemen des Historismus, d.h. der historischen Relativierung aller nicht-mathematischen Wahrheit. Zwar hörte die Universitätsphilosophie nicht auf zu existieren – so wie es um 1800 neben dem epochalen spekulativen Idealismus immer auch eine andere, vielfach noch an Kant anknüpfende Fachphilosophie gegeben hatte, so entwickelte sich diese auch nach Hegels Tod in verschiedene Richtungen weiter, z.T. sogar unter dessen Einfluß, nämlich zum sogenannten Spätidealismus. Außerdem gab es auch eine breite gegenläufige Strömung materialistischer bzw. naturalistischer Theorien, die sich als Verlängerung der Naturwissenschaften verstanden oder interpretatorisch an die Erfolge der Naturwissenschaften anzuknüpfen und z.B. die Psychologie zu einer neuen Grundwissenschaft auszubilden versuchten. Die kritische Philosophie außerhalb der Universitätsphilosophie blieb hingegen zunächst weitgehend unbeachtet. Die Theorien von Außenseitern wie Schopenhauer, Feuerbach, Marx und Kierkegaard wurden erst gegen Ende des 19. Jahrhunderts wirklich zur Kenntnis genommen, als die vehementen Angriffe Nietzsches gegen alle traditionelle Philosophie und Bildung einer neuen Auffassung von Philosophie den Weg bereiteten.

Ihre ersten wirklich ‚neuen', philosophisch innovativen Denkanstöße bekam die professionelle Philosophie jedoch aus den Wissenschaften, nämlich aus den Grundsatzproblemen, die sowohl in der Mathematik und den Naturwissenschaften als auch in den neuen Geisteswissenschaften auftraten. Es war vor allem das Wesen der Wissenschaft selbst, das den nachdenklicheren Wissenschaftlern fraglich werden und das Philosophieren innerhalb der Wissenschaften in Gang bringen mußte. So entstand aus den Wissenschaften heraus die Frage nach der Gültigkeit, den Grundlagen und Formen des Wissens, die dann auch wieder das Problem der Wissenschaftlichkeit der Philosophie aufleben ließ; denn die Philosophie wollte immer wieder – unter dem Eindruck der Erfolge der modernen Wissenschaft – nicht nur Wissenschaftstheorie sein, sondern möglichst selber Wissenschaft werden, und zwar – unter dem Eindruck des absoluten Idealismus – Wissenschaft als System. Die Universitätsphilosophie des ausgehenden 19. und beginnenden 20. Jahrhunderts stand insofern noch – mehr als sie selber ahnte – unter dem Einfluß des Deutschen Idealismus bzw. der neuzeitlichen idealistischen Metaphysik als solcher. Sie suchte noch wie selbstverständlich nach Letztbegründungen und erstrebte Philosophie als Überwissenschaft; außerdem tendierte sie immer wieder dazu, vom Erkenntnissubjekt auszugehen und sich als Bewußtseinsphilosophie zu konstituieren.

Aus diesem Streben nach Verwissenschaftlichung der Philosophie ergab sich, angesichts der kognitiven Differenzen zwischen den Erkenntnissen der Einzelwissenschaften und der lebensweltlichen Interpretation der Gesamtwirklichkeit, die Frage nach dem wissenschaftlichen Status von globalen Weltdeutungen. Mußte die Philosophie (als System alles Wissens) nicht doch wieder den Anspruch auf absolutes Wissen erheben oder blieb die Gesamtinterpretation der Wirklichkeit als individuelle und geschichtliche Erkenntnisleistung nur eine subjektive Überzeugung, eine ‚Weltanschauung', wie es jetzt immer häufiger hieß? Jedenfalls mußte sich die Philosophie, die sich an der Wissenschaft orientierte und dabei ihre eigene Verwissenschaftlichung anstrebte, unter dem Eindruck der wachsenden Erkenntnis der Geschichtlichkeit des menschlichen Geistes mehr denn je dem Problem ihrer eigenen möglichen oder wirklichen Geschichtlichkeit stellen. Das Verhältnis von Wissenschaft und Weltanschauung wurde so zum aktuellen Problem der Philosophie. Darüber hinaus ergab sich schnell die allgemeine Frage nach dem, was in der Wissenschaft ausgeklammert blieb, die Frage nach dem sogenannten Leben und seinen Problemen („Lebensrätsel"). So stellte sich der Universitätsphilosophie, die Wissenschaft sein wollte, sozusagen vom anderen Ufer aus, die Frage, die auch den Außenseiter Nietzsche bewegte, nämlich die Frage nach dem Verhältnis von Wissenschaft und Leben. Von hier aus führen dann auch im Rahmen der Fachphilosophie wichtige Wege direkt ins 20. Jahrhundert.

## 1. Neukantianismus: Erkenntnisprobleme und Sinnfragen

Am Anfang und im Zentrum des Neukantianismus stand das Problem der (wissenschaftlichen) Erkenntnis. Ausgangspunkt war das sogenannte Faktum der Wissenschaft, historisch gesehen also das Aufblühen der Naturwissenschaften im 19. Jahrhundert und deren materialistisches oder naturalistisches Selbstverständnis, dem ein z.T. untergründiger Materialismus oder Naturalismus auch in der Philosophie entsprach. Das Ungenügen an einem solchen, zwar erfolgreichen, aber wenig reflektierten Objektivismus (Positivismus), z.T. sogar bei den Naturwissenschaftlern selber, führte in der zweiten Hälfte des 19. Jahrhunderts zur Erneuerung der Frage nach dem Wesen der Wissenschaft bzw. der Frage nach der Genese und Geltung der Erkenntnis überhaupt und in diesem Zusammenhang zu einem Rückgang auf Kant. Zwar wurde bei der Erneuerung der Frage nach den Bedingungen der Möglichkeit der Erkenntnis (im Subjekt) das Kantische Apriori zunächst als physiologischer Erkenntnisapparat mißverstanden und insofern verdinglicht, dann aber konsequent transzendentalphilosophisch vertieft, ja z.T. sogar im Sinne eines konsequenten transzendentalen Idealismus verabsolutiert. So wich die Forderung, auf Kant zurückzugehen, schon bald der Forderung, über ihn hinauszugehen.

Vor allem aber konnte die Orientierung an Kant, für den es neben dem Faktum der Wissenschaft z.B. auch das ganz andere Faktum des Sittengesetzes gegeben hatte, nicht bei der Erkenntnistheorie stehenbleiben; sie mußte sich, wenn auch selektiv, auch anderen von Kant behandelten Problembereichen, z.B. der Ethik und Ästhetik, z.T. sogar der Religions- und Staatsphilosophie, zuwenden – was dann gelegentlich zu Auseinandersetzungen mit der zeitgenössischen Politik, insbesondere mit dem an Wohlfahrt und Solidarität interessierten Sozialismus, führen konnte. Im wesentlichen orientierte der Neukantianismus sich jedoch an Kants drei Kritiken (unter Vernachlässigung der Kritik der teleologischen Urteilskraft) und verstand aus dieser Sicht die Philosophie als ein System von Disziplinen, nämlich Erkenntnistheorie, Ethik und Ästhetik. Hinzu kam, daß der Kantianismus die Wissenschaft schon bald als eine Objektivation des Geistes neben anderen (wie Moral oder Recht sowie Kunst, aber auch Religion) und damit als „Kulturprodukt“ zu begreifen versuchte. Damit entwickelte sich die Philosophie der Erkenntnis von einer Theorie der Entstehung der (wissenschaftlichen) Erkenntnis zu einer Theorie aller Erzeugungen des Geistes oder, wie dies damals hieß, zu einer Kulturtheorie, die im Grunde eine idealistische Geisttheorie war. Am Ende gipfelte der Neukantianismus in dem Versuch, auf neuidealistischer Basis wieder einmal die ganze Philosophie als System darzustellen – mit einem entsprechenden systemtheoretischen Philosophiebegriff.

Faktisch verbündete sich die Philosophie auf diese Weise mit dem emphatischen Kulturbegriff des 19. Jahrhunderts. Dieser hatte sich auf der Basis der allgemeinen Historisierung und Nationalisierung des Geisteslebens, vor allem aber auch als Komplement zur neuen naturwissenschaftlich bestimmten, technischen ‚Zivilisation' entwickelt. Der Begriff *Kultur* wurde zum Inbegriff aller geistigen Praxis – produktives Denken war Kultur, und Philosophie konnte als reflektiertes Zentrum aller Kultur, d.h. geistiger Gegenstandserzeugung, verstanden werden. Da aber Philosophie als Wissenschaft, auch wenn sie nun die Kultur integrierte bzw. sich als deren Zentrum begriff, nicht schon die ganze Wirklichkeit war, mußte die als Wissenschaft konzipierte Philosophie unvermeidlich auch auf das Andere ihrer selbst reflektieren, also auf das sogenannte Leben und die das Leben begleitenden Lebens- oder Weltanschauungen. Dadurch mußte gerade im fortschrittsbegeisterten 19. Jahrhundert die Frage nach demjenigen virulent werden, was bei aller Verwissenschaftlichung außen vor blieb, nach dem möglicherweise irrationalen Rest oder sogar nach dem unverfügbaren Grund von allem. So stieß auch der Neukantianismus wie schon zuvor die Lebensphilosophie Nietzsches auf das Problem des Lebens und der Lebenswelt und folglich auf das Problem der Lebens- oder Weltanschauung.

Der Neukantianismus bildete um 1900 eine große Schule, die fast alle deutschen Universitäten beherrschte. Er selbst zerfiel wieder in mehrere Richtungen, von denen die Marburger Schule und die Badische oder Südwestdeutsche Schule die herausragendsten waren. Die Marburger Schule vertrat eine Art logischen, nämlich primär wissenschaftstheoretischen Idealismus, d.h. sie versuchte, alle Erkenntnis als geistige Erzeugung aus Erkenntnisurteilen zu verstehen – die Rolle des Ding an sich und der Anschauung wurde weitgehend reduziert. Die Badische oder Südwestdeutsche Schule vertrat eine Art axiologischen, nämlich primär werttheoretischen Idealismus, d.h. sie betrachtete das Urteilen als Beurteilen, folglich als Werten – das Interesse verlagerte sich dadurch von der Genese auf die Geltung der Erkenntnis. Aus solchen und anderen Akzentunterschieden ergaben sich auch Konsequenzen für die zunächst allgemein als Wissenschaft und Wissenschaftstheorie verstandene Philosophie. Dabei vollzog sich der Übergang von Erkenntnisproblemen zu Sinnfragen in der Badischen oder Südwestdeutschen Schule (z.B. bei Windelband und Rickert) eher allmählich, in der Marburger Schule (z.B. bei Cohen und Natorp) ziemlich abrupt.

Schon Hermann Cohen (1842–1918), der Hauptbegründer des Marburger Neukantianismus, kehrte in seiner Spätphase gewissermaßen mit einem Salto aus der Transzendentalphilosophie in die eigene Geschichtlichkeit zurück. Cohen, als Sohn eines Lehrers der jüdischen Gemeinde in Coswig (Sachsen-Anhalt) geboren, ging vom Faktum der Wissenschaft aus und versuchte, im Sinne eines methodologischen Idealismus, deren Erzeugung – aus dem Nichts – im Subjekt zu ergründen; für ihn gibt es kein Ding an sich als Gegenstand rezeptiver Wahrnehmung. „Die Sterne befinden sich nicht am Himmel, sondern in den Lehrbüchern der Astronomie" – eine betont paradoxe Formulierung, die natürlich die Frage provoziert, wo sich die Lehrbücher befinden. Nach der Ausarbeitung seiner Erkenntnistheorie geht Cohen dann zur Ethik und Ästhetik über – alles zunächst in Form von Kant-Darstellungen, dann aber als eigenes System (Logik der reinen Erkenntnis, Ethik des reinen Willens, Ästhetik des reinen Gefühls). Wissenschaft, Moral und Kunst sind für ihn die Kulturprodukte eines einzigen konstitutiven Bewußtseins. Demgemäß versteht Cohen in der *Logik der reinen Erkenntnis* (1902), dem ersten Teil seines *Systems der Philosophie*, Philosophie nicht nur als Wissenschaft von der Wissenschaft, sondern als Wissenschaft in ihrem Ursprung – mit Hilfe einer „Logik des Ursprungs" (601) soll sie als System zu ihrem Begriff kommen. Da die Philosophie ferner im Zentrum aller geistigen Objektivationen steht, ist sie, wie Cohen in seinem Aufsatz *Die Geisteswissenschaften und die Philosophie* (1913) formuliert, in diesem Sinn auch eine Geisteswissenschaft (vgl. 520ff.), ja sogar der „Einheitsgrund der Geisteswissenschaften" (521). Allerdings ist die Philosophie für Cohen nicht nur theoretische, sondern auch und vor allem praktische Philosophie. In diesem Sinne versucht er, aus der Kantischen Ethik einen ethischen Sozialismus zu entwikkeln, der auf der Gottesidee basiert. Denn wie die Philosophie, „die Wissenschaft der Vernunft", so heißt es in seiner 1911 verfaßten *Religion der Vernunft aus den Quellen des Judentums*, so entspringt auch die Religion, sofern sie „in Begriffen besteht und auf Begriffen beruht" (6), aus der Vernunft selbst. „Ein gerader Weg führt uns von dem geschichtlichen Begriffe des Judentums zur Philosophie der Religion." (6) Auf diese Weise geht für Cohen die Philosophie unvermittelt in Vernunftreligion qua alttestamentliche Religion über und damit auch in eine religiöse, ethisch-politische Praxis.

Auf eine ganz andere, aber nicht weniger überraschende Weise findet Paul Natorp (1854–1924), der zweite Hauptvertreter der Marburger Schule, von der Erkenntnistheorie zu geschichtlichen und metaphysischen Sinnfragen. Natorp entstammte einem Düsseldorfer Pfarrhaus und hoffte schon früh auf eine moralische Erneuerung der Gesellschaft; zu diesem Zweck entwickelte er eine „Sozialpädagogik" und einen „Sozialidealismus", nämlich einen Sozialismus auf der Basis der Kantischen Ethik. Zunächst tritt er jedoch als Erkenntnistheoretiker in Erscheinung, der nach den Bedingungen der Möglichkeit von Erkenntnis und insbesondere nach deren Geltungsbedingungen fragt. Obwohl er anders als Cohen die bewußtseinstranszendente Existenz des Gegenstandes der Erkenntnis voraussetzt, liegt der Akzent seiner Untersuchung faktisch auf dem Problem der methodischen Erzeugung einer gesetzmäßigen Erkenntnis; er fragt nicht nach der Erkennbarkeit des Objekts, sondern (ähnlich wie der frühe Fichte) nach der produktiven Struktur des Subjekts, der „Ureinheit des Bewußtseins", und er findet diese in der Unmittelbarkeit des Selbsterlebens. Daher ist Philosophie für Natorp einerseits erkenntnistheoretischer Idealismus („Panmethodismus"), andererseits auch, obwohl er den Psychologismus, nämlich die Fundierung der Philosophie in der Psychologie als Einzelwissenschaft ablehnt, „allgemeine Psychologie". Doch geht er über diese Position schon bald hinaus und versucht, in einer „allgemeinen Logik" die Kategorien des Seins selbst zu erörtern, ja nach einem Subjekt und Objekt umgreifenden Sein und dessen Strukturen zu fragen, letztlich sogar nach dem „Ursinn von Sein". Diesen gemeinsamen Ursprung von Denken und Sein, den „Sinn des Seins selbst", nennt er u.a. das „Wort" oder das „Urlicht" und nähert sich so (ähnlich wie der späte Fichte) am Ende der Mystik. Damit entfällt dann die strenge Orientierung am Faktum der Wissenschaft, und folglich ändert sich auch sein Philosophieverständnis.

Natorp beginnt seine *Philosophische Propädeutik* (1903) mit einer vorläufigen Begriffsbestimmung der Philosophie, die er für historisch gesichert hält. „Philosophie ist nach ihrem historischen Begriff die Grundwissenschaft, d.h. diejenige Wissenschaft, welche die Einheit der menschlichen Erkenntnisse durch den Nachweis des gemeinsamen letzten Fundaments, auf dem sie alle ruhen, sicherstellen soll" (1). Philosophie ist also Erkenntnistheorie als Fundamentalwissenschaft. Da dieser Begriff von Philosophie jedoch noch zahlreiche „Sonderauffassungen" zuläßt, ergänzt Natorp ihn durch die von ihm selbst aufgestellte Norm, „daß diejenige die wahre Philosophie sein wird, die sich einerseits selbst der unangreifbarsten Gedanken rühmen kann, andererseits ihren Standpunkt hoch genug nimmt, um wirklich für die Gesamtheit der Gegenstände, die in den Bereich menschlicher Erkenntnis fallen, als Fundament auszureichen" (1). Diesem Ideal entspricht nach Natorps Ansicht letztlich nur eine „kritische" Philosophie, in der die Einheit der Erkenntnis in deren eigener Gesetzlichkeit, nämlich im Bewußtsein, durch „Verständigung der Erkenntnis mit sich selbst über ihr eigenes letztes Gesetz" (9) gegeben ist. Die Grunddisziplinen dieser Philosophie sind Erkenntnistheorie im engeren Sinne oder Logik sowie Ethik und Ästhetik, denen dann noch Religionsphilosophie und Psychologie beigegliedert werden.

Philosophie ist also für Natorp wesentlich Erkenntnistheorie, sie ist Philosophie der Wissenschaften und darin selber wissenschaftliche Philosophie, und zwar als Grundwissenschaft. Aus dieser Perspektive muß Natorp, wie seine *Philosophie* (1911) zeigt, alle sogenannte Weltanschauungsphilosophie ablehnen. Er konzediert dieser zwar, daß sie – wie die Philosophie – aus einem unbedingten Bedürfnis nach Wissen entstanden sei; in der Tat gehe es heute sogar um das Einswerden von Wissenschaft und Leben bzw. Kultur. Das aber sei nur mit Hilfe der Philosophie als Grundwissenschaft möglich. „Denn Philosophie will allerdings Wissenschaft sein, nicht aber eine besondere eines besonderen Gegenstandes; vielmehr eben, was allen Sonderungen der vielen Wissenschaften gegenüber die Einheit der Wissenschaft ausmacht und begründet, das ist ihre eigentümliche Frage und Aufgabe. Hieraus ergibt sich nun die Forderung einer sehr engen Einheit von Philosophie und Wissenschaft, einer Einheit durch Wechselbeziehung, welche die Verschiedenheit nicht aufhebt, sondern gerade zur Voraussetzung hat.“ (3) Eine solche Konzentration auf die Wissenschaften bedeutet nach Natorp jedoch keine Verengung der Philosophie, da diese durch die Wissenschaften hindurch auf das ganze Leben bezogen bleibe (wobei offensichtlich vorausgesetzt wird, daß die Einzelwissenschaften alle Aspekte des Lebens abdecken). Philosophie wird also nicht durch Wissenschaft in ihren Gebietsansprüchen eingeschränkt und entmachtet; „es wird, je mehr Wissenschaft, nicht desto weniger, sondern nur desto mehr auch immer Philosophie geben“ (7). Philosophie wird so allerdings zu einem bloß indirekten Wissen, obwohl sie als Grundwissenschaft eigentlich eine direkte Erkenntnis sein müßte.

Nur wenige Jahre nach seiner Ablehnung aller Weltanschauungsphilosophie geriet Natorp, nicht zuletzt durch die politischen Ereignisse und die sogenannten „Ideen von 1914“ herausgefordert, selbst in den Sog der Lebens- und Weltanschauungsphilosophien. 1918 erschien seine Abhandlung *Die Seele des Deutschen* als zweiter Band einer Schrift mit dem erstaunlichen Titel *Deutscher Weltberuf, Geschichtsphilosophische Richtlinien.* Darin wird Philosophie als Kultur und Weltanschauung zu einer nationalen Eigenart: Der Deutsche „philosophiert eigentlich in allem“, so wie er auch in allem religiös ist (110). Der gegenwärtige Krieg ist daher im Grunde ein Kampf der Deutschheit und Freiheit (die jetzt wie schon bei Fichte aufs engste miteinander verknüpft werden) gegen die Bosheit und das Unverständnis der Welt. „Aus solcher heiligen Not muß und wird der Deutsche auch ferner philosophieren, so wie er aus der gleichen sein religiöses Leben vertiefen mußte und weiter zu vertiefen immer aufgefordert bleiben wird, bis aus letzten Tiefen er die Kraft gewonnen haben wird, die Welt innerlich zu besiegen und zum Frieden mit ihr zu kommen in der Einheit der befreienden Wahrheit und des in ihr allein sicher begründeten Heils." (111) Denn der Deutsche hat den „Trieb zu tieferem Besinnen", den „Beruf zur Philosophie" (111). Solche Vorstellungen vom „deutschen Wesen" werden sich in der Philosophie bis zum nächsten Weltkrieg durchhalten und sich nicht immer mit innerlichen Siegen bescheiden.

Auch Natorps *Philosophische Systematik*, wenige Jahre vor seinem Tod entstanden und 1958 aus dem Nachlaß herausgegeben, zeigt die Veränderung seiner Philosophie und seines Philosophieverständnisses bis in die Sprache hinein. Philosophie wird zwar immer noch als „Streben nach Einheitswissen, nach Grundwissen" verstanden, aber der Akzent liegt jetzt auf dem Streben, nicht auf dem System selbst. Philosophie ist „nicht System, aber Frage nach dem System", daher nur Systematik bzw. nur das „System der Kritik" (vgl. 1f.). Im Vordergrund des Interesses steht bei Natorp jetzt jedoch „die Stellung der Philosophie zu dem Größeren, dem Leben" (2). Wissenschaft ist nicht Leben, jedenfalls nicht das ganze Leben, auch die Philosophie ist es nicht. „Philosophie will sein radikales, bis zur Wurzel, zum erreichbar Letzten zurückfragendes Besinnen. Sie will also nicht abziehen vom Leben, als ob man nur leblos sich besinnen, nur besinnungslos leben könnte; sondern sie zielt auf das Leben gerade in seiner Ganzheit. Ganzes Leben will doch sein: Leben in und aus der Wahrheit. So ist philosophisches Besinnen selbst Leben, ein wesentlicher Grundzug echten Lebens." (2) Das reflektierte Leben wird jetzt zum Inbegriff und Quell von Wahrheit, aus dem die Philosophie als Ausdruck des Wahrheitswillens entspringt. Die letzte wahre Wirklichkeit ist das „Leben", und die Philosophie versteht sich nun als das Selbstverständnis dieses Lebens.

„Philosophie also ist Besinnung, und zwar Besinnung des Lebens selbst auf nichts anderes als es selbst, das Leben." (2f.) Damit entspricht die Philosophie der Sinnsuche, die das Leben selbst ist. „Denn Leben ist als Ganzes zuletzt nur eine einzige, die einzige große Frage." (4) Die Transzendentalphilosophie, an der Natorp formal festhält, ist im Grunde metaphysische Lebensphilosophie. Leben wird Philosophieren, und Philosophieren wird Leben, denn beide sind Frage und Besinnung. Die Wissenschaftsphilosophie schlägt in Heilsphilosophie um.

Während die Marburger durch einen Sprung zur Lebenswelt und Metaphysik zurückfinden, scheint im Südwestdeutschen Kantianismus der Übergang von einer von vornherein als Wertung verstandenen Erkenntnis zur geschichtlichen Existenz an sich leichter möglich zu sein. Faktisch versucht aber gerade die Badische Schule, die als Wertwissenschaft verstandene Philosophie nachdrücklich von allen Lebens- und Weltanschauungsfragen frei zu halten. Der Begründer dieser Richtung, Wilhelm Windelband (1848–1915), Sohn eines Potsdamer Beamten und u.a. in Freiburg und Heidelberg tätig, sieht hierin noch kein Problem. Windelband, der den Rückgang auf Kant von Anfang an als Weiterbildung des Kritizismus verstand, ist vor allem als Philosophiehistoriker bekannt geworden. In seinen systematischen Arbeiten hebt er die Unterscheidung von Sein und Sollen (Geltung, Wert) hervor. Während die Wissenschaften als Naturwissenschaften (nomothetisch) Gesetzmäßigkeiten erforschen und als Kultur- oder Geisteswissenschaften (ideographisch) auf das Individuum oder das einmalige Ereignis gerichtet sind, hat es die Philosophie mit logischen, ethischen und ästhetischen Beurteilungen zu tun, die eine Norm implizieren und einem sogenannten „Normalbewußtsein" entspringen. Logik z.B. ist nach dieser normativistischen Erkenntnistheorie eigentlich eine „Ethik des Denkens". Philosophie ist daher Wissenschaft von den Normen des Denkens, Wollens und Fühlens – sie ist kritische Wertwissenschaft. Im Grunde ist sie Bewertung von Wertungen.

In seinem Aufsatz *Was ist Philosophie?* (1884) entwickelt Windelband das Problem der Philosophiedefinition zunächst historisch. Philosophie ist keine Wissenschaft unter anderen, denn sie ist immer mehr als irgendeine Einzelwissenschaft. Damit wird die Philosophie von vornherein durch ihre Stellung zur Wissenschaft definiert. „Erst die Wissenschaft selbst und ganz, ist die Philosophie nachher entweder das Ergebnis aller einzelnen Wissenschaften oder die Lehre davon, wozu die Wissenschaft da sei, oder endlich die Theorie der Wissenschaft selbst." (21) An diese letzte Bedeutung hat Kant angeknüpft und damit die Philosophie zur Kritik erhoben, d.h. er hat die Geltung der Ansprüche der Wissenschaft zum Thema der Philosophie gemacht und diese Fragestellung auf ethische und ästhetische Fragen ausgeweitet. Philosophie wird so zur allgemeinen *quaestio iuris* oder, wie Windelband die Geltungsfrage jetzt interpretiert, zur Wertfrage schlechthin, zur „Wissenschaft von den notwendigen und allgemeinen Wertbestimmungen" (26). Philosophie ist „kritische Wissenschaft von den allgemeingiltigen Werten" (29). Damit ist sie für Windelband nach Gegenstand und Methode definiert. Eine Weltanschauung ist diese Wertwissenschaft natürlich nicht.

Der letzte Hauptvertreter dieses Kantianismus, Heinrich Rickert (1863–1936), Sohn eines nationalliberalen Reichstagsabgeordneten aus Danzig, hat sich dem Problem des Verhältnisses von Philosophie und Weltanschauung sehr viel detaillierter gewidmet. Von Windelband übernimmt er die Interpretation des Erkennens als Werten sowie dessen Unterscheidung von Natur- und Geisteswissenschaften. Nach seiner Ansicht ist die Geisteswissenschaft allerdings die eigentliche Wirklichkeitswissenschaft, denn die Naturwissenschaft muß vom individuellen, empirischen Gegenstand zugunsten der reinen Gesetzmäßigkeit abstrahieren – damit verliert die Naturwissenschaft inmitten des Neukantianismus ihren ursprünglich maßgeblichen Charakter. Doch ist die Wirklichkeit für Rickert kein irgendwie gegebenes bewußtseinstranszendentes Objekt, für ihn ist das sogenannte Erkenntnisobjekt nur der Bewußtseinsinhalt eines vorausgesetzten überindividuellen Bewußtseins überhaupt, der dem individuellen Bewußtsein vorgegeben ist. Das Urteil des individuellen Erkenntnissubjekts unterliegt daher einer gewissen Notwendigkeit, die von ihm als ein Sollen anerkannt wird – insofern gibt es einen von mir unabhängigen Wahrheitswert.

Aus dieser Perspektive erstrebt Rickert, wie er gleich zu Beginn des ersten Bandes seines Hauptwerkes *System der Philosophie*, in der *Allgemeinen Grundlegung der Philosophie* (1921), erklärt, ein „System der Begriffe" (6), und zwar mit deutlicher Wendung gegen alle Lebens- und Weltanschauungsphilosophie. „Hier stellen wir uns mit bewußter Einseitigkeit in den Dienst der *Wahrheit*, die durch theoretisches Nachdenken zu erreichen ist [...]. Fiat veritas, pereat vita!" (2f.). Zwar kann Philosophie keine „abgeschlossene Erkenntnis der *Wirklichkeitstotalität*" (5) liefern, der Wille zum System bleibt dadurch jedoch unberührt; faktisch können wir gar nicht auf das System verzichten, sonst bliebe der Kosmos für uns ein Chaos. Die Philosophie, „die *universale* Weltbetrachtung sein will" (10), muß nicht nur davon ausgehen, „daß irgendein geordnetes Ganzes von Begriffen und Urteilen, also ein System für das All der Welt gültig ist", sondern auch davon, „daß wir auch imstande sind, den Gehalt dieses Ganzen immer mehr zu erfassen und in sinnvollen Sätzen niederzulegen" (14). Ohne diese Voraussetzung kann es keine wissenschaftliche Philosophie geben. „Die Philosophie ist die Wissenschaft, die sich die denkbar umfassendste Erkenntnisaufgabe zu stellen hat. Es muß irgendeine Wissenschaft geben, die das tut, und sie allein kann Philosophie heißen." (15) Ihr Gegenstand ist daher das Ganze der Wirklichkeit, die Welt oder das All. „Im Weltall besitzt die Philosophie also den ihr eigentümlichen und den einzigen ihr allein zugehörigen Gegenstand." (17) Allerdings läßt sich dieser Gegenstand nicht in demselben Sinn bestimmen wie die Gegenstände der Einzelwissenschaften, aus der Perspektive der Einzelwissenschaften hat die Philosophie daher gar keinen Gegenstand. Ihr Gegenstand ist zugleich ihr Problem, denn sie fragt nach dem Inbegriff der Teile, der „Welteinheit" oder „Welttotalität". Nur so ist sie „die Krönung der Wissenschaft oder bleibt die Königin, die sich selbst die Krone aufs Haupt setzt" (18). Mit Weltanschauung hat eine solche ‚wissenschaftliche' Philosophie nach ihrem eigenen Selbstverständnis nichts zu tun.

In seiner Schrift *Grundprobleme der Philosophie* (1934) geht Rickert vom Gegensatz zwischen Weltanschauung und Philosophie als Wissenschaft aus. „Eine für alle denkenden Menschen gültige Festlegung auch nur der philosophischen *Fragen* ist dann allein möglich, wenn man die Philosophie, d.h. die Lehre vom Ganzen der Welt, für eine *Wissenschaft* hält, deren Sätze sich logisch oder theoretisch begründen lassen." (1) Eine Weltanschauung hingegen kann niemals allgemeingültig sein, weil sie ein Inbegriff von praxismotivierten Ansichten ist, „die sich auf den *Sinn* oder die *Bedeutung* des gesamten menschlichen Daseins im Weltganzen beziehen, und die zugleich für das ‚praktische' Verhalten der Menschen, die an sie glauben, maßgebend werden können, ja eventuell müssen" (2). Daher muß die radikale Trennung von Wissenschaft und Weltanschauung und folglich von Philosophie und Weltanschauung von beiden Seiten her gefordert werden. Der Philosoph vermag zwar laut Rickert „über das Gesamtleben nachzudenken" (6), aber indem er sich als Intellekt theoretisch über das Leben erhebt, macht er sich selbst von allen Lebensinteressen frei und überschreitet seine individuelle Lebenswelt in Richtung auf das Weltganze. „Der Philosoph wird erst dadurch fähig, seine universale Aufgabe in Angriff zu nehmen, daß es ihm gelingt, von der eigenen ‚Existenz' abzusehen und sich damit zugleich über das Sein im Ganzen denkend zu erheben." (7) Offensichtlich sind diese Ausführungen bereits gegen die gerade aufkommende Existenzphilosophie gerichtet.

„Ohne daß wir das weiter ausführen, muß klar sein: Allseitigkeit der Weltbetrachtung erreicht der Mensch erst, wenn er sich zur Welt einseitig theoretisch verhält." (8) Allerdings kann die Philosophie als theoretische Wissenschaft am Ende auch Weltanschauung oder Weltanschauungslehre werden. Die Bestimmung der Philosophie als Wissenschaft ist nämlich zunächst nur eine formale Bestimmung, die durch die Angabe des Gegenstandes der Philosophie ergänzt werden muß; inhaltlich gesehen ist die Philosophie „Ganzheitswissenschaft" oder

„Weltallswissenschaft". Insofern muß sie auch nach der Welt im Unterschied zum Menschen fragen und damit nach der Beziehung zwischen Subjekt und Objekt. Aus dieser Perspektive wird sich die Philosophie dann u.a. mit der Menschenwelt und den ihr zugehörigen Weltanschauungen befassen und „eine umfassende *Theorie der Weltanschauungen* anstreben oder [...] eine wissenschaftliche Weltanschauungs*lehre* zu geben suchen" (15). Philosophie ist keine Weltanschauung, diese ist nur ein Thema der Philosophie. Aber Rickert geht noch einen Schritt weiter. Wenn die Philosophie die Stellung des Menschen in der Welt und zur Welt erkennt, was bedeutet dann die Weltanschauungslehre für das (praktische) Leben des Menschen? Als Wissenschaftler muß der Philosoph von der eigenen Person absehen und sich rein theoretisch zu ihr verhalten – aber das ist nur eine erste Stufe. „Es braucht bei der zuerst notwendigen Trennung von Gesamtleben und der ‚Existenz' des Menschen nicht in jeder Hinsicht zu bleiben." (17) Die Philosophie dient nämlich auch dem Leben – allerdings nur dem Leben, das dem Menschen zukommt und aus dem auch die Philosophie stammt, nämlich dem „*Kulturleben*" (17). Mit diesem Ausdruck verknüpft Rickert nun die zunächst transzendentalphilosophisch als Ursprung aller geistigen Tätigkeit gedeutete Kultur mit dem in der Lebensphilosophie als Urprozeß oder Urtätigkeit gedeuteten Leben. Offensichtlich handelt es sich hier schon um Rückzugsgefechte eines Philosophieverständnisses, das es nicht leicht hatte, sich aus seiner transzendentalphilosophischen Starre und terminologischen Selbstblockade zu lösen.

## 2. Dilthey: Geisteswissenschaft und Weltanschauung

Im Laufe des 18. Jahrhunderts hatte sich auf der Basis der christlichen Geschichtstheologie – mit der Aufklärung und gegen die Aufklärung – eine profane Geschichtsphilosophie entwickelt, die je nach ihrem Ursprung teils fortschrittsoptimistisch, teils fortschrittskritisch oder -pessimistisch war. Kant hatte sich schon bemüht, die prinzipiellen Implikationen einer solchen Philosophie der Geschichte zu klären; Hegel hatte versucht, sie in die Systematik der Philosophie zu integrieren und dabei Vernunft und Geschichte zu versöhnen. Das Scheitern dieses Versuches führte zu einem Triumph des bereits vorhandenen historischen Relativismus. Gleichzeitig begannen, wie im Gegenzug zum Fortschritt der Naturwissenschaften, die historischen Wissenschaften zu erblühen; die historische Betrachtungsweise zentraler Kulturphänomene, z.B. des Rechts in der Historischen Rechtsschule, wurde allgemein und trat in den sich nun etablierenden Geisteswissenschaften unvermittelt neben die naturwissenschaftliche Betrachtungsweise der körperlichen Welt. Aus dieser Problemsituation heraus kam es zu einem bedeutenden Versuch, auch die Philosophie als eine Wissenschaft eigener Art zu erneuern, nämlich als Geisteswissenschaft.

Wilhelm Dilthey (1833–1911), als Sohn eines protestantischen Pfarrers in Biebrich am Rhein geboren, studierte in Heidelberg Theologie, Geschichte und Philosophie und wurde zunächst Gymnasiallehrer in Berlin; von der „metaphysischen Kathederphilosophie“ hielt er, wie fast alle seine Zeitgenossen, gar nichts. Durch Zufall wurde er Herausgeber des Briefwechsels von Friedrich Schleiermacher (1768–1834), habilitierte sich und wurde Professor u.a. in Basel und Berlin, sowie Mitglied der Preußischen Akademie, wo er die Kant-Ausgabe initiierte. Im wesentlichen war er ein Historiker der Philosophie, aber auch der deutschen Literatur, der sich bemühte, seine eigene Arbeit theoretisch zu begreifen und deshalb auch die wirkliche Geschichtlichkeit des Menschen – ohne Rückgriff auf eine idealistische Geschichtsphilosophie (Entwicklungstheorie) – zu verstehen. Allerdings bleiben seine Überlegungen oftmals fragmentarisch und unscharf. Erst nach seinem Tode begannen seine Ideen ihre große Wirkung zu entfalten, sie wurden zum Ausgangspunkt einer als Hermeneutik definierten Philosophie, auch hermeneutische Philosophie oder Philosophie der Hermeneutik genannt, die sich vor allem in der Literaturwissenschaft und Pädagogik weit verbreitete.

Diltheys ursprüngliches Anliegen war es, die historischen Wissenschaften, die jetzt – nicht zuletzt durch ihn – Geisteswissenschaften genannt werden, in Analogie zu den Naturwissenschaften auf ein sicheres methodisches Fundament zu stellen; er erstrebt, unter Bezug auf Kant, eine erkenntnistheoretische „Kritik der historischen Vernunft". Aber im Unterschied zum Neukantianismus will er das Ich bzw. den Menschen nicht als bloßes Denksubjekt betrachten, er fragt nach einer unverstümmelten, nämlich historischen Erfahrung der Totalität des Lebens bzw. Geistes. Der Mensch soll sich als geschichtliche Ganzheit im Ganzen der Geschichte verstehen. Dabei hofft Dilthey zunächst, die Geisteswissenschaften mit Hilfe einer neuen Psychologie als exakte Wissenschaft begründen zu können, doch hat er diesen Gedanken mehr und mehr fallengelassen; die beschreibende oder zergliedernde Psychologie führte nicht zu allgemeingültigen Ergebnissen. Dilthey unterscheidet daher in einem weiteren Anlauf zwei grundsätzlich verschiedene Erkenntnisarten und folglich methodisch verschiedene Wissenschaften. Die Naturwissenschaften beruhen auf dem Gegensatz von Subjekt und Objekt, wobei das Objekt dem Subjekt im Prinzip fremd oder äußerlich bleibt – der Forscher kann es nur (mit Hilfe von Hypothesen und Theorien) als gesetzmäßig erklären. In den Geisteswissenschaften hingegen geht es darum, lebendige Wesen gleicher Art, und zwar durch deren geschichtliche Ausdrucksformen hindurch, sozusagen innerlich zu verstehen – insofern versteht sich hier der menschliche Geist selbst, nämlich ein Mensch den anderen, aber auch jeweils sich selbst, vermittels der Objektivationen des Geistes in der Welt, also nicht durch Introspektion. Der Mensch erkennt sich in seiner und durch seine Geschichte. Verstehen ist Verstehen von geistigem, geschichtlichem Sinn, und dieser erweist sich als ein unabsehbar komplexer Bedeutungszusammenhang, in dem das Einzelne seinen Sinn durch das Ganze und das Ganze seinen Sinn durch das Einzelne erhält. Dieses Verstehen bzw. Selbstverstehen des Geistes bzw. Lebens geht immer weiter und dreht sich in gewisser Weise sogar im Kreise. Denn jeder Versuch, irgendeine geschichtliche

Geistesobjektivation zu verstehen, steht selbst in einer unübersehbaren Geschichte und ist folglich selbst unvermeidlich geschichtlich; im Fortgang des Verstehens wird der Ausgangspunkt fraglich, wodurch ein Rückgang auf den rückwirkend neu verstandenen Anfang und eine abgewandelte Wiederholung des Weges nötig wird. So tut sich überall (in unterschiedlichen Formen) der sogenannte hermeneutische Zirkel auf. Auch die Philosophie als „begriffliche Darstellung einer Welt- und Lebensanschauung", d.h. als Rationalisierung einer letztlich irrationalen Weltanschauung, ist durch und durch geschichtlich; auch für sie gibt es keinen archimedischen Standpunkt außerhalb, sie ist ‚nur' universale Hermeneutik. Allerdings hat Dilthey offenbar bis zuletzt gehofft, durch alle geschichtliche Weltanschauungen hindurch, z.B. mit einer Typologie der Weltanschauungen, auf eine invariante anthropologische Grundlage allen Verstehens zurückgehen zu können.

Mit der Philosophie des Geistes verbindet sich bei Dilthey aufs engste eine Philosophie des Lebens, denn Leben ist für ihn wesentlich seelisches oder geistiges Leben, d.h. sich erlebendes Leben. Das Leben ist sozusagen das Urphänomen, hinter das nicht mehr zurückgegangen werden kann; es muß aus sich selbst, verstanden werden, d.h. ohne Rückgang auf irgendeine Transzendenz im christlichen Sinne. Damit nähert sich die Lebensphilosophie des ehemaligen Theologen Dilthey einem metaphysischen Pantheismus. Denn Leben ist nicht nur individuelles Leben, das Ich ist nur ein winziges Moment in einem allumfassenden Lebenszusammenhang, der zugleich ein geistiger Sinnzusammenhang ist. Dieses Leben wird von uns ausgelegt und legt sich so selber aus – Leben erfaßt Leben, in jedem alltäglichen Verstehen und insbesondere in den Geisteswissenschaften. Auch die Philosophie ist im Grunde nur eine Selbstbesinnung des Lebens.

In seiner Abhandlung *Das Wesen der Philosophie* (1907) fragt Dilthey nach dem allgemeinen Wesen der Philosophie – anscheinend immer noch von der Hoffnung beseelt, einen überzeitlichen Begriff von Philosophie entwickeln zu können.

„Um nun zu entscheiden, wiefern von einem Wesen der Philosophie zu sprechen ist, müssen wir uns von den Begriffsbestimmungen der einzelnen Philosophen zu dem geschichtlichen Tatbestand der Philosophie selbst wenden: dieser gibt das Material für die Erkenntnis dessen, was Philosophie ist; das Ergebnis dieses induktiven Verfahrens kann dann tiefer in seiner Gesetzmäßigkeit verstanden werden." (340) Offenbar denkt Dilthey immer noch an eine Art historische oder geisteswissenschaftliche Induktion in Analogie zur Naturwissenschaft. Aber der Versuch, geisteswissenschaftlich (im historischen Nacherleben und Auslegen) auf die einzelnen Philosophien und die Individuen als die letzten Lebenseinheiten zurückzugehen, führt trotz aller Aufdeckung von Regelmäßigkeiten und notwendigen Wesensstrukturen in einen „Zirkel", wie nun deutlich gesehen wird. „Der Begriff der Philosophie kann ganz so wie der der Kunst oder der Religiosität oder des Rechts nur gefunden werden, indem aus den Tatbeständen, welche sie bilden, die Beziehungen der Merkmale abgeleitet werden, welche den Begriff konstituieren. Hierbei wird schon eine Entscheidung darüber vorausgesetzt, welche psychischen Tatbestände als Philosophie zu bezeichnen sind. Diese Entscheidung kann aber von dem Denken doch nur vollzogen werden, wenn es bereits im Besitz von Merkmalen war, die zureichen, um an den Tatbeständen den Charakter der Philosophie festzustellen. So scheint man schon wissen zu müssen, was Philosophie sei, wenn man mit der Bildung dieses Begriffes aus Tatsachen anfängt." (343) Dieser Zirkel ist unvermeidlich. Dilthey reflektiert hier zwar nicht darüber, wie sehr seine Definition der Philosophie als „psychischer Tatbestand" selbst schon eine Vorentscheidung ist und wieweit man überhaupt von theoriefrei zu erfassenden Tatbeständen ausgehen kann. Aber er sieht, daß auch ein historisches Verfahren „nach empirischer Methode" schon die Voraussetzung machen muß, „daß hinter der Namensbezeichnung, die es vorfindet, ein einheitlicher Sachverhalt steckt" (344). Allerdings scheint er wider besseres Wissen noch zu hoffen, daß die „Unsicherheit" in der Grenzbestimmung dessen, was Philosophie heißen soll, überwunden werden könne: „wenn man zunächst sichere, wenn auch unzureichende Bestimmungen der Philosophie feststellt und von diesen aus durch neue Verfahrungsweisen zu weiteren Feststellungen gelangt, welche allmählich den Gehalt des Begriffs der Philosophie ausschöpfen" (344). Dilthey glaubt, trotz des erkannten hermeneutischen Zirkels in der Begriffsbestimmung der Philosophie, diesen Begriff allmählich präzisieren zu können, die Stellung der so gewonnenen Wesenszüge der Philosophie im Strukturzusammenhang des Individuums und der Gesellschaft untersuchen zu können und so „Philosophie als eine lebendige Funktion im Individuum und der Gesellschaft zu erfassen" (345).

Wie geschichtlich Diltheys eigene Vorstellung vom Wesen der Philosophie ist, zeigen schon seine eigenen Vorgriffe auf das Wesen der Philosophie. Philosophie ist für ihn nicht nur ein „psychischer Tatbestand", sondern auch ein „System" (im Sinne der neuzeitlichen Philosophie), das formal den Charakter der Universalität hat und die Forderung nach allgemeingültigem Wissen in sich enthält; außerdem ist die Philosophie für ihn (aus der Perspektive des späten 19. Jahrhunderts) inhaltlich gesehen hauptsächlich „ein Kampf mit dem Rätsel des Lebens und der Welt" (346). Im übrigen setzt Dilthey, wenn auch nicht mehr so streng wie Hegel, voraus, daß zwischen den verschiedenen Philosophien ein klarer historischer Zusammenhang besteht, eine Entwicklung, die eine Art Fortschritt hin zu seiner eigenen Position darstellt. So geht der Weg der Philosophie für ihn von der direkten Zuwendung zu den Welt- und Lebensrätseln bei den Vorsokratikern über die Selbstbesinnung des Geistes in der Form begrifflichen Denkens bei Platon und der universalen Wissenschaft bei Aristoteles zur sogenannten Lebensphilosophie der Spätantike und dann hin zu den neuzeitlichen metaphysischen und erkenntniskritischen Philosophiekonzeptionen, die aufgrund einer inneren Dialektik letztlich zur Auffassung der Philosophie als „Geisteswissenschaft oder Wissenschaft von der inneren Erfahrung" (362) führen, an die Dilthey selber anknüpfen möchte (vgl. 362, 345 ff.).

Philosophie ist also universale Geisteswissenschaft, und zwar empirisch-psychologisch orientierte Geisteswissenschaft. Dilthey glaubt, durch diese ‚historische' Betrachtung die „Illusionen" der bisherigen systematischen Philosophie überwunden und so einen höheren geschichtlichen oder sogar übergeschichtlichen Standpunkt erreicht zu haben. „Und eben dadurch, daß die Selbstgewißheit, mit welcher die einzelnen Systeme in ihrer Eigenart auftreten und über Philosophie sich aussprechen, auf diesem historischen Standpunkt in ihrer Notwendigkeit verstanden wird, erweist sich die Überlegenheit dieses Standpunktes." (364, vgl. 363) Der Überblick über die (bisherige) Geschichte der Philosophie gibt ihm daher den Mut, erste Schlüsse auf das überzeitliche Wesen der Philosophie zu wagen. Philosophie ist zwar durch und durch geschichtlich. „Immer aber sahen wir in ihr dieselbe Tendenz zur Universalität, zur Begründung, dieselbe Richtung des Geistes auf das Ganze der gegebenen Welt wirken. Und stets ringt in ihr der metaphysische Zug, in den Kern dieses Ganzen einzudringen, mit der positivistischen Forderung der Allgemeingültigkeit ihres Wissens [...]. Im Unterschied von den Einzelwissenschaften sucht sie die Auflösung des Welt- und Lebensrätsels selbst. Und im Unterschied von Kunst und Religion will sie diese Lösung in allgemeingültiger Weise geben." (365) Außerdem muß die Philosophie als ein Bedürfnis der Kultur, als „eine Funktion im Zweckzusammenhang der Gesellschaft" verstanden werden (365f.). Philosophie ist der Absicht nach universale und allgemeingültige Wissenschaft, aber geschichtlich aufgrund ihrer existenziellen und metaphysischen Motivation und zugleich gesellschaftlich bedingt.

Mit seinem „Zusammenfassen aller Zeiten" hofft Dilthey, „das eigenste still getragene Leiden der gegenwärtigen Philosophie" (364), nämlich den Widerspruch zwischen systematischem Schaffen und historischem Bewußtsein, überwunden zu haben, und versucht nun, in einem zweiten systematischen Teil seiner Schrift, auf der Basis seiner Lebensphilosophie eine systematische Definition der Philosophie aus dem Leben selbst zu schöpfen. Diese seine Lebensphilosophie, die das Leben aus sich selbst deuten will, soll nun jedoch wieder „auf der Grundlage der beschreibenden und zergliedernden Psychologie, welche von der Struktur des Seelenlebens ausgeht", die Philosophie als eine „Funktion" des Lebens selbst bestimmen und daher „auf den Lebenszusammenhang im Individuum und in der Gesellschaft zurückgehen und ihm die Philosophie einordnen" (371). Leben wird hier zu einem allumfassenden Basisbegriff – es bedeutet nicht mehr nur „die innere Beziehung der psychischen Leistungen im Zusammenhang der Person" (408), sondern auch so etwas wie die Totalität der gesellschaftlichen Prozesse, wenn nicht sogar das Sein überhaupt als ein lebendiges sich selbst verstehendes Sein. Was aber die Funktion der Philosophie in diesem Leben betrifft, die von der Philosophie (bzw. vom Leben selbst vermittels der Philosophie) erkannt werden soll, so findet Dilthey in der Seele ein teleologisches Streben nach allgemeingültigem Wissen, das er als Vollendung der Selbstbesinnung deutet; „jede menschliche Leistung tendiert, zur philosophischen Besinnung zu gelangen" (375, vgl. 357, 363, 405). Und da aus dem Zweckzusammenhang des individuellen Seelenlebens ein Zweckzusammenhang der Gesellschaft entsteht und mit ihm die sogenannten Systeme der Kultur, kann die Philosophie jetzt – wie Kunst und Religion – auch als ein „Kultursystem im Haushalt der Gesellschaft" (376) definiert werden. Gemeinsam ist allen diesen Kultursystemen, daß sie in sich Ausdruck einer Tendenz zur Weltanschauung sind, die im Geiste des Menschen angelegt ist und nach einer Interpretation der Wirklichkeit sucht. In diesen Weltanschauungen verknüpfen sich Lebenserfahrungen und Lebensideale zu einer bestimmten Einstellung gegenüber den Welt- und Lebensrätseln. Es gibt daher Typen der Weltanschauung, die in einer Weltanschauungslehre klassifiziert werden können – dazu muß der Philosoph „das betrachtende Bewußtsein selber, das sich die Gegenstände unterwirft, geschichtlich-vergleichend auffassen und sonach über ihnen allen seinen Standpunkt einnehmen. Dann vollendet sich in ihm die Geschichtlichkeit des Bewußtseins" (380). Insofern ist die Philosophie letztlich „philosophische Weltanschauung", sie ist

„das Unternehmen, die Weltanschauung zur Allgemeingültigkeit zu erheben" (399, vgl. 416), gewissermaßen übergeschichtlich durch (geschichtlich) vollendete Geschichtlichkeit.

Für Dilthey ist die Philosophie System und psychischer Tatbestand, Geisteswissenschaft und Weltanschauung, nämlich *idealiter* System und Geisteswissenschaft, *de facto* psychischer Tatbestand und geschichtliche Weltanschauung – eine vieldeutige und daher nicht leicht faßbare Mischung alter und neuer Perspektiven. Grundlegend bleibt dabei der Widerspruch zwischen Diltheys historischem Bewußtsein und seiner Forderung nach einer überzeitlichen Wissenschaft, sowie der daraus resultierende, immer wieder scheiternde Versuch, beides zu vermitteln. Einerseits vollzieht Dilthey aufgrund seines neuen historischen Bewußtseins mit großer Konsequenz die historische Relativierung aller geistigen Leistungen unter Einschluß der Philosophie, andererseits strebt er angesichts der Ergebnisse der Naturwissenschaften immer noch nach einer allgemeingültigen ‚wissenschaftlichen' Philosophie. Und dies, obwohl seine universale Hermeneutik im Endeffekt dahin tendiert, statt die Naturwissenschaften durch eine Geisteswissenschaft zu ergänzen, die Naturwissenschaft als eine nur äußerliche und partikulare Erkenntnis in eine allgemeine Geisteswissenschaft einzugliedern. Diesen Widerspruch hat er nicht aufheben können, sondern nur weitergegeben, wobei seine Ausarbeitung der Geschichtlichkeit des Geistes und des auslegenden Verstehens von Geist zweifellos folgenreicher war als sein Bemühen um eine psychologische oder typologische Fundierung der Philosophie als Geisteswissenschaft.

## 3. Husserl: Strenge Wissenschaft und menschheitliche Selbstbesinnung

Edmund Husserl (1859–1938) stammte aus Proßnitz in Mähren und war Sohn eines zum Protestantismus konvertierten Juden. Er studierte Mathematik und Physik und erst später auch Philosophie. Äußerlich ein eher unscheinbarer Gelehrtentyp, versuchte er, mit geradezu missionarischem Selbstbewußtsein, aus der Philosophie eine strenge Wissenschaft zu machen, und wurde dabei zum Hauptbegründer der modernen Phänomenologie. In einem Leben voll asketischer Arbeit schrieb er – zumal er anscheinend die Angewohnheit hatte, schreibend zu denken – zahlreiche detaillierte Untersuchungen. Im Grunde blieb die Phänomenologie jedoch weitgehend Programmphilosophie, in immer neuen Begründungsversuchen entworfen. Immerhin konnte Husserl zu Beginn des 20. Jahrhunderts eine große Schule begründen, während seine Spätschriften, z.T. durch die philosophische Entwicklung überholt, kaum noch Anklang fanden. Seit 1933 wurde er politisch verfolgt, doch konnte sein umfangreicher Nachlaß rechtzeitig gerettet werden.

Husserl kam zur Philosophie, als er nach den Grundlagen der Mathematik fragte. Diese waren schon vor ihm von dem Mathematiker Gottlob Frege (1848–1925) thematisiert worden, der versucht hatte, eine sogenannte *Begriffsschrift* (1879) als eine „Formelsprache des reinen Denkens", d.h. ein Zeichensystem für Logik und Mathematik zu entwickeln; damit legte er in Deutschland, ähnlich wie wenig später Bertrand Russell (1872–1970) in England, die Grundlagen für die moderne mathematische Logik, die als Logistik Mathematik und Logik aufs engste verbindet. Darüber hinaus widmete sich Frege Problemen der Semantik, wobei er die Frage nach dem Sinn eines Begriffs und dessen Sinnbeziehungen zu anderen Begriffen scharf von der Frage nach der Bedeutung oder dem Gegenstandsbezug unterschied. Husserl hingegen versuchte in seiner *Philosophie der Arithmetik* (1891) zunächst noch, die Mathematik psychologisch zu begründen, und ging erst in seinen *Logischen Untersuchungen* (1900/1901), vermutlich unter dem Einfluß einer Rezension von Frege, zu einer Theorie der Intentionalität über, die er allerdings im Anschluß an seinen Lehrer Franz Brentano (1838–1917) zuerst noch deskriptive Psychologie nannte. Jetzt entwickelte er in zwei Schritten *Die Idee der Phänomenologie* (1907) und *Ideen zu einer reinen Phänomenologie* (1913). Indem er – im Ausgang vom Bewußtsein als Bewußtsein von etwas – zwischen Bewußtseinsakten und deren Gegenständen, Intentionalität und Sinnobjekt, Noesis und Noema, unterschied, entdeckte er den Gegenstand als Phänomen, der sich nach seiner Ansicht unter Ausschaltung aller Vormeinungen und sprachinvariant beschreiben läßt. Diese phänomenologische Reduktion kann sich zu einer eidetischen weiterentwickeln, wenn sie sich auf das Allgemeine oder das Wesen der Sache richtet, also wieder Ideenschau wird. Vor allem mit diesen kurz vor dem Zweiten Weltkrieg erschienenen programmatischen Schriften, die zu unbefangener Sachforschung und Wesenserkenntnis aufforderten („Zu den Sachen selbst"), gewann er viele Anhänger, doch waren auch diese sich schon uneinig, ob die Phänomenologie nur eine Methode oder auch ein philosophisches System sein sollte. Husserl selbst hingegen, der seine Philosophie ständig umschrieb, ging in seiner Suche nach einem letzten Grund aller Gewißheit ständig weiter und versuchte, eine Transzendentalphilosophie auszubilden, die er in den *Ideen* bereits angedeutet hatte, aber erst in den späten Schriften *Formale und transzendentale Logik* (1929) und *Cartesianische Meditationen* (frz. 1931, dt. 1950) ansatzweise darstellte. Jetzt forderte er eine Ausschaltung der sogenannten Generalthesis der natürlichen Einstellung („Epochè") und eine Selbstbesinnung auf die transzendentale Subjektivität, in der sich das Bewußtsein als das absolute phänomenale Residuum erweisen soll. Eine Art transzendentale Reduktion soll vom Phänomen, das nun als durch das Subjekt konstituiert gedacht wird, auf das sich selbst denkende Bewußtsein zurückführen. Als solches Selbstbewußtsein bin ich reiner Zuschauer meiner selbst. Aber in seiner letzten Schrift *Die Krisis der europäischen Wissenschaften und die transzendentale Phänomenologie*, die damals (1936) nur zum Teil erscheinen konnte, bricht Husserl auch noch mit dieser Bewußtseinsphilosophie und vollzieht eine Wendung zur Geschichts- und Lebensphilosophie. Die Wissenschaft, die als endgültige Fundamentalwissenschaft letztlich auch der Verwissenschaftlichung der Lebenspraxis dienen sollte, wird nun selbst zum Produkt einer geschichtlichen Entwicklung. Der Traum von einer Philosophie als Wissenschaft, so scheint er selbst noch begriffen zu haben, war ausgeträumt. Aufs Ganze gesehen bewegt sich seine Philosophiekonzeption also zwischen dem Anspruch auf evidente Erkenntnis und der geschichtlichen Selbstrelativierung dieses Anspruchs, zwischen einer streng theoretisch ausgerichteten frühen Philosophiekonzeption und einer mehr lebensweltlich ausgerichteten späten Philosophiekonzeption.

Husserls früher Aufsatz *Philosophie als strenge Wissenschaft* (1911) knüpft bewußt an das alte Selbstverständnis der Philosophie als Wissenschaft an – nicht nur in theoretischer, sondern auch in praktischer Hinsicht. „Seit den ersten Anfängen hat die Philosophie den Anspruch erhoben, strenge Wissenschaft zu sein, und zwar die Wissenschaft, die den höchsten theoretischen Bedürfnissen Genüge leiste und in ethisch-religiöser Hinsicht ein von reinen Vernunftnormen geregeltes Leben ermögliche." (3) Husserl selbst kommt es allerdings zunächst nur auf die reine Theorie an, wobei er ständig voraussetzt, daß nur die exakte theoretische Philosophie zu einer wissenschaftlich geordneten Praxis, nämlich zu einem reinen und absoluten „Werten und Wollen" (4) führen könne. Die Philosophie ist für Husserl in diesem Sinne „Lehrmeisterin am ewigen Werke der Humanität" (4). Allerdings ist der Anspruch, den Husserl der Philosophie zuschreibt, bisher unerfüllt geblieben. „Dem Anspruch, strenge Wissenschaft zu sein, hat die Philosophie in keiner Epoche ihrer Entwicklung zu genügen vermocht" (3); Philosophie, „ihrem historischen Absehen nach die höchste und strengste aller Wissenschaften" (4), ist keine unvollkommene oder werdende Wissenschaft, sie ist noch schlechthin unwissenschaftlich. Husserl meint sogar, „daß nicht einmal der eigentliche Sinn der philosophischen Probleme zu wissenschaftlicher Klärung gekommen ist" (4). Als Beweis und Maßstab dient ihm die Tatsache, daß die Philosophie im Unterschied zur Mathematik und den exakten Wissenschaften über kein wissenschaftliches „Lehrsystem" verfügt, nicht einmal über ein „wenn auch kleines Stück eines objektiv begründeten theoretischen Lehrinhalts" (4). Es geht also von vornherein um ein System „mit zweifelssicherem Fundament" (6) bzw. um den „Neubau eines philosophischen Lehrgebäudes" (6). Für dieses System, „das wir ersehnen, das uns als Ideal vorleuchten soll" (6), ist aus der bisherigen Philosophie so gut wie nichts zu gebrauchen.

Im Grunde behauptet Husserl damit, daß es vor ihm überhaupt noch keine Philosophie gegeben habe, die diesen Namen verdiene. Gleichzeitig glaubt er aber auch, daß für die Begründung einer zukünftigen wissenschaftlichen Philosophie nun endlich die Zeit gekommen sei; er glaubt, daß eine neue Reflexionsstufe der Philosophie erreicht sei, und fühlt sich von einem allgemeinen Bedürfnis nach einer „Umwendung" der Philosophie getragen (vgl. 6). Darüber hinaus versucht er, die Notwendigkeit einer Philosophie als strenge Wissenschaft aus einem höchsten Trieb oder höchsten Interesse der Menschheit zu begründen. Während die Philosophie ursprünglich dem philosophischen Trieb nur naiv gefolgt sei, habe in der Neuzeit endlich eine kritische Diskussion über die Methode begonnen, wie sich die Philosophie als strenge Wissenschaft konstituieren könne. Zwar kam es nach Kant und Hegel zu einer „Schwächung des philosophischen Wissenschaftstriebes" (7), der Glaube an eine absolute Philosophie als Wissenschaft, deren Thema die „wahren Anfänge" (6) sind, ging verloren; doch scheint nun die Zeit gekommen, daß aus dem naiven oder doch kaum reflektierten Wissenschaftstrieb „der vollbewußte Wille [zu] strenger Wissenschaft" (6) wird, d.h. es gilt, eine radikale Neubegründung der Philosophie zu versuchen. Dieser Trieb bzw. Wille, der hier merkwürdig unreflektiert immer wieder als letztes Motiv für Philosophie und Wissenschaft angesetzt wird, fällt nämlich mit den wahren Interessen der Menschheit zusammen, die jedoch von Husserl auch nur behauptet werden. „Die nachfolgenden Ausführungen sind von dem Gedanken getragen, daß die höchsten Interessen menschlicher Kultur die Ausbildung einer streng wissenschaftlichen Philosophie fordern; daß somit, wenn eine philosophische Umwendung in unserer Zeit Recht haben soll, sie jedenfalls von der Intention auf eine Neubegründung der Philosophie im Sinne strenger Wissenschaft beseelt sein muß." (7)

Aus dieser Perspektive bekämpft Husserl nachdrücklich zwei Haupttendenzen der Philosophie seiner Zeit, den sogenannten Naturalismus, d.h. die naturwissenschaftliche oder positivistische Auffassung der Philosophie, und die sogenannte bloße Weltanschauungsphilosophie, die sich mit dem Historizismus verknüpft und zu einem Relativismus führt. Gemeinsam ist beiden, daß sie nur „Aberglaube der Tatsache" sind (56). Der Naturalismus, dem Husserl immerhin die Intention auf eine wissenschaftliche Reform der Philosophie zubilligen muß, verfälscht die Idee der Wissenschaft durch deren empiristische Umdeutung; vor allem aber mißversteht er, da er überall nur Natur sieht, das Bewußtsein als Psyche und die Seele als Natur. Bewußtsein aber ist für Husserl von vornherein etwas Metaempirisches oder Transzendentales. Naturalismus bedeutet daher für ihn „einerseits die *Naturalisierung des Bewußtseins*, einschließlich aller intentional-immanenten Bewußtseinsgegebenheiten; andererseits die *Naturalisierung der Ideen* und damit aller absoluten Ideale und Normen" (9). Gegen eine solche, aus seiner Sicht naive Betrachtungsweise setzt er „eine wissenschaftliche Wesenserkenntnis des Bewußtseins" (15) einschließlich dessen, was das reine Bewußtsein bedeutet oder gegenständlich meint. Mit der Betrachtung dessen, was das Bewußtsein als gegenständlich meint oder meinen kann, wendet sich die neue Philosophie wieder den Sachen selbst zu; sie gewinnt sozusagen die ganze Welt wieder – allerdings ohne als Bewußtseinsphilosophie über deren Existenz ein Urteil abgeben zu können (vgl. 24f., 38f.). An die Stelle der reflexiven Konstruktionen der Transzendentalphilosophie im Neukantianismus tritt – unter dem Vorbehalt des Verzichts auf eine Existenzbehauptung – eine phänomenologische Beschreibung der gesamten Wirklichkeit oder sogar aller möglichen Dinge. Unter diesen Voraussetzungen führt die phänomenologische Philosophie nach ihrem Selbstverständnis zu absolut sicheren Ergebnissen. Hingegen ist der Historizismus, der sich in der Tatsachensphäre des empirischen Geisteslebens bewegt und sich mit der Weltanschauungsphilosophie verbindet, tendenziell relativistisch – eine „erkenntnistheoretische Verirrung" (46), da die Historie als solche nach Husserls Meinung „gegen die Möglichkeit einer absoluten, d.i. wissenschaftlichen Metaphysik und sonstigen Philosophie nichts Relevantes vorbringen" (45) kann. Weltanschauung ist eigentlich nur praktische Lebensweisheit, nach der allerdings immer ein natürliches Bedürfnis besteht. Im Grunde ist jeder Mensch in diesem Sinn Philosoph, nämlich weisheitsliebend, daher ist jede große Philosophie auch Weisheit oder Weltanschaung. „Die historischen Philosophien waren sicherlich Weltanschauungsphilosophien, insofern als der Weisheitstrieb ihre Schöpfer beherrschte; aber sie waren genau ebensosehr wissenschaftliche Philosophien, insofern auch das Ziel strenger Wissenschaft in ihnen lebendig war." (51f.) Erst jetzt treten Weltanschauungsphilosophie und wissenschaftliche Philosophie deutlich auseinander, doch werden sich, wenn die Philosophie endlich Wissenschaft geworden ist, beide Ideen im Unendlichen wieder nähern.

Philosophie soll also wie schon die Mathematik und die Naturwissenschaften Wissenschaft werden und insofern Weisheit und Weltanschauung überflüssig machen, an die Stelle der Weltanschauung soll eine „Weltwissenschaft" (48) treten – die Weisheit soll nun von der Wissenschaft lernen. „Andererseits können wir leider auch hier nicht warten. Die philosophische Not als Weltanschauungsnot bezwingt uns. Sie wird nur immer größer, je weiter der Umkreis positiver Wissenschaften sich dehnt." (55) Letztlich soll aber die Philosophie uns „die Welt- und Lebensrätsel enthüllen" (56). Husserl gerät hier in ein Dilemma zwischen seinem Wissenschaftsideal und den Zwängen der geschichtlichen Lebenswelt, zumal er die „geistige Not unserer Zeit", „die radikalste Lebensnot, an der wir leiden" (56), auf eine Sinnentleerung des Lebens durch die bisherige Wissenschaft zurückführt. „Alles Leben ist Stellungnehmen, alles Stellungnehmen steht unter einem Sollen, einer Rechtssprechung über Gültigkeit oder Ungültigkeit, nach prätendierten Normen von absoluter Geltung." (56) Diese Normen sind verlorengegangen, neue noch nicht ausgewiesen, aber wir können auch nicht warten. Hier bieten die Weltanschauungen ihre Hilfe an, und dies führt dann zu Kurzschlüssen, die an sich vermeidbar sind. „Um der Zeit willen dürfen wir die Ewigkeit nicht preisgeben [...]. Die Not stammt hier von der Wissenschaft. Aber nur Wissenschaft kann die Not, die von Wissenschaft stammt, endgültig überwinden." (57) Letzlich gibt es für alles nur ein „Heilmittel", nämlich eine streng wissenschaftliche Philosophie (57). Philosophie als strenge Wissenschaft wird alle Weltanschauung überflüssig machen, denn am Ende wird sie auch alle Lebensprobleme wissenschaftlich klären.

In seinem späten Wiener Vortrag *Die Krisis des europäischen Menschentums und die Philosophie* (1935) sucht Husserl nach dem Grund des Versagens der Philosophie angesichts ihrer Aufgabe, Europa geistig zu führen. Aus dieser Perspektive entwickelt er „die geschichtsphilosophische Idee (oder den teleologischen Sinn) des europäischen Menschentums" (314) und findet die geistige Aufgabe Europas in der (europäischen) Idee der Vernunftautonomie oder Philosophie. „Richtig übersetzt, in dem ursprünglichen Sinn, besagt das nichts anderes als universale Wissenschaft, Wissenschaft vom Weltall, von der Alleinheit alles Seienden." (321) Eine solche Einstellung gegenüber der Welt ist im Grunde eine Umstellung vom praktischen zum theoretischen Leben bzw. von der natürlichen zur theoretischen Einstellung. Eine willentliche Epochè vom natürlichen Leben führt zu einem Leben für die Theorie und nichts als die Theorie – „der Mensch wird zum unbeteiligten Zuschauer, Überschauer der Welt, er wird zum Philosophen" (vgl. 325ff., 331). Philosophie ist interesselose Theorie.

Durch diese Philosophie, als universale Wissenschaft oder Wissenschaft vom Universum, ist dann auch eine neue Art von Gemeinschaft im Hinblick auf höchste gemeinsame Ideen und folglich unendliche Aufgaben möglich geworden – mit dem Philosophen als einer europäischen „Kulturgestalt" (321) entsteht eine Gemeinschaft rein idealer Interessen. Die Philosophie erkennt im „Geist freier Kritik und Normierung auf unendliche Aufgaben hin" ihre menschheitliche Funktion, nämlich „ihre Funktion als die archontische der ganzen Menschheit" (336); sie erkennt das Universum aller Normen und damit auch die Bedingungen wahrer Praxis. Der Philosoph wird in diesem Sinne auch bei Husserl zum Lehrer und Führer der Menschheit. Allerdings muß, wenn man den Begriff der Philosophie so hoch ansetzt, scharf zwischen Idee und Wirklichkeit der Philosophie unterschieden werden. „Die jeweils historisch wirkliche Philosophie ist der mehr oder minder gelungene Versuch, die leitende Idee der Unendlichkeit und dabei sogar Allheit der Wahrheiten zu verwirklichen." (338) An sich ist Philosophie jedoch universale Erkenntnis des Seins und Sollens und insofern auch höchste Selbstbesinnung – nicht primär individuelle Selbstbesinnung, sondern stellvertretende allgemeine, menschheitliche Selbstbesinnung, und nicht relative oder historische, sondern wissenschaftlich systematische Selbstbesinnung.

Zu dieser Selbstbesinnung gehört laut Husserl jetzt vor allem die Erkenntnis der Einseitigkeiten des Objektivismus, der das Wesen des Geistes mißversteht; auch Diltheys „dualistische Weltauffassung, in welcher Natur und Geist als Realitäten gleichartigen Sinnes zu gelten haben", ist in diesem Sinne für Husserl Objektivismus (345). Eine ‚objektive' Geisteswissenschaft kann es überhaupt nicht geben, weil der Geist nie wirklich Objekt sein kann. Husserl erhofft immer noch eine „wirklich universale und wirklich radikale Selbstverständigung des Geistes in Form universaler verantwortlicher Wissenschaft" (346), die alle Fragen, auch die der Normen und der geschichtlichen Lebenswelt, klären wird. „Die Universalität des absoluten Geistes umspannt alles Seiende in einer absoluten Historizität, welcher sich die Natur als Geistesgebilde einordnet." (347) Die absolute Historizität des absoluten Geistes, was immer das hier bedeuten mag, umgreift den Gegensatz von ungeschichtlicher Natur und geschichtlichem Geist und versteht insofern auch noch – wie einst der Deutsche Idealismus – die Natur als Geistesgebilde; als Wissen des absoluten Geistes ist Philosophie mehr als universale Geisteswissenschaft im Sinne der hermeneutischen Philosophie, sie ist absolute Geisteswissenschaft.

Aus dieser Perspektive einer neuen absoluten Philosophie, die sich selbst systematisch und historisch als solche zu legitimieren versucht, glaubt Husserl auch die Krise Europas, die er seit langem sieht, besser verstehen zu können. Die Teleologie der europäischen Geschichte beruht auf dem Begriff Europas als Teleologie unendlicher Vernunftziele, die Krise dieser geistigen Weltmacht ist im Grunde eine Krise, die sich aus dem Selbstmißverständnis eines naiv nach außen gewendeten Rationalismus ergibt. Damit wird Husserls Phänomenologie zur Retterin Europas und der Menschheit. „Die Krise des europäischen Daseins hat nur zwei Auswege: Den Untergang Europas in der Entfremdung gegen seinen eigenen rationalen Lebenssinn, den Verfall in Geistfeindschaft und Barbarei, oder die Wiedergeburt Europas aus dem Geist der Philosophie durch einen den Naturalismus endgültig überwindenden Heroismus der Vernunft" (347f.).

Die Philosophen sind, wie es in Husserls Spätwerk *Die Krisis der europäischen Wissenschaften und die transzendentale Phänomenologie* (1936) heißt, die „Funktionäre der Menschheit" (15). Allerdings konnte diese umfangreiche Darstellung erst nach dem Kriege erscheinen. Während Husserl noch von der Führung der Menschheit durch die eigene Philosophie träumte, hatten die politischen Führer und Funktionäre bereits anders über Deutschland und Europa entschieden. Husserl erhielt Publikationsverbot, später die schriftliche Mitteilung, daß er wegen seiner jüdischen Abstammung das philosophische Seminar nicht mehr betreten dürfe. Husserl drehte das Schreiben unbeirrt um und benutzte es als Konzeptpapier. So großartig diese Unbekümmertheit gegenüber der politischen Wirklichkeit auch erscheinen mag, sie zeigt auch, wie weltfremd Husserl und wie abgehoben die Phänomenologie mit ihrem Führungsanspruch im Grunde war. Während die europäischen Nationen, insbesondere Deutschland, für den Krieg rüsteten, träumte Husserl von der Führung Europas oder gar der Menschheit durch die eigene Philosophie. Dieser politische bzw. geistig-moralische Anspruch der Phänomenologie blieb jedoch abstrakt – nicht zuletzt deshalb, weil Husserl zwar immer von der Entwicklung vernunftgegründeter Normen sprach, faktisch aber keine praktische Philosophie entwickelt hat, sondern letztlich nur eine mehr oder weniger transzendentale Subjektphilosophie, die sich irgendwann als System von Prinzipien dem Leben oder der Geschichte konfrontiert sah.

## *Exkurs*
## Scheler: Wesensschau und Gottesliebe

Husserls Forderung nach einer Rückkehr zu den Sachen selbst stand noch unter dem Vorbehalt einer Suspension von Existentialurteilen, doch ihre Weiterentwicklung zur Frage nach der wahren Wirklichkeit außerhalb des Subjekts war kaum zu vermeiden. Seine Fortbildung der deskriptiven Phänomenologie zu einer methodisch auf allgemeine Wesenheiten gerichteten eidetischen Phänomenologie konnte leicht in traditionelle Denkbahnen, also zur klassischen Theorie der Ideenschau, zurückführen. Wenn dann die nun als existierende Wesenheiten aufgefaßten Bewußtseinsgegenstände als in einem gemeinsamen Absoluten gründend gedacht wurden, und zwar in einem Absoluten, das dem Ich gegenübersteht bzw. dieses umgreift, mußte die Philososophie sich konsequenterweise wieder als Gottesschau verstehen. So konnte die Phänomenologie nicht selten zur Vorstufe eines neuen Platonismus und einer neuen Scholastik werden, zumal wenn die Theorie der Erkenntnis von praktischen Voraussetzungen, also die ‚Wissenschaft' der Phänomenologie von moralischen Bedingungen, abhängig gemacht würde. Philosophieren wird dann als personaler Akt verstanden, der auf einem Aufschwung des ganzen Menschen beruht oder gar darin besteht.

Das beste Beispiel für eine solche Entwicklung bietet Max Scheler (1874–1928), der allerdings nur kurzfristig unter dem Einfluß Husserls stand. Scheler, Sohn einer jüdischen Mutter und eines protestantischen Vaters, konvertierte schon früh zum Katholizismus; seine Universitätskarriere war von Skandalen, insbesondere Liebesaffären, begleitet, die zeitweise zum Verlust der *venia legendi* führten. Er hat sich vor allem Fragen der Anthropologie und der praktischen Philosophie gewidmet. Mit

Hilfe der Phänomenologie versuchte er, eine der klassischen Güter- und Tugendethik verwandte materiale Wertethik zu entwickeln und so gegen Kant die traditionelle Ethik wiederherzustellen (*Der Formalismus in der Ethik und die materiale Wertethik* 1913/16).

In seiner wechselvollen Entwicklung, die ihn letztlich zum Pantheismus führte, erörterte Scheler vor allem die personale Struktur des Menschen, die er wesentlich durch die Liebe bestimmt sah. Aus dieser Perspektive werden die Werte zu Formen des Liebenswerten (*amabilia*), das richtige Denken aber von der richtigen Liebe (*caritas ordinata*) abhängig, insofern also die Phänomenologie als strenge Wissenschaft von der persönlichen Tugend des Philosophen. Philosophieren zielt zwar auf „die sachlich möglichst voraussetzungslose Erkenntnis" (63), beruht aber für Scheler – in der Schrift *Vom Ewigen im Menschen* (1921), wo er von „der moralischen Bedingung des philosophischen Erkennens" (62) handelt – auf einer „gesamtmenschlichen, an erster Stelle geistigen *Grundhaltung* zu den Dingen" (65). Philosophieren ist ein „*Aufschwung* zur Welt des Wesenhaften" (67) oder ein „*liebesbestimmter Aktus der Teilnahme des Kernes einer endlichen Menschenperson am Wesenhaften aller möglichen Dinge*" (68). Kurz, Philosophieren meint einen durch Liebe bestimmten „*formalen* Intellektualismus" (69), letztlich eine apriorische Erkenntnis des absolut Seienden, also Gottesschau (vgl. 98f.). Damit kehrt Scheler ausdrücklich zu klassischen, antiken wie christlichen Vorstellungen vom Verhältnis zwischen Eros und Erkennen zurück, aber auch zur scholastischen Wesensmetaphysik, sowie – anscheinend unreflektiert – zur Konzeption der Philosophie als absolutes Wissen im Deutschen Idealismus und auf diese Weise sogar zur Bestimmung der Philosophie als Wissenschaft alles Möglichen oder Wissenschaft vom Grund des Möglichen bei dem Aufklärungsphilosophen Christian Wolff (1679–1754). Philosophieren ist Teilnahme am Sein durch Erkenntnis, und zwar durch eine Erkenntnis, die durch Liebe zum Sein, daher auch durch Demut und Askese, bestimmt ist. Damit tritt an die Stelle der geschichts- und gesellschaftstheoretischen Erklärung des Verfalls der Philosophie zur Ideologie im Marxismus eine moralisch-anthropologische Deutung und so zugleich die (gefährliche) Möglichkeit, wahres Denken positiv von richtiger Gesinnung abhängig zu machen. Modernes Denken z.B. kann auf diese Weise als Verfallsform einer (verklärten) mittelalterlichen Werteordnung erscheinen. Gleichzeitig bleibt die Philosophie für Scheler jedoch eine ‚Wissenschaft', nämlich eine Art apriorische Theologie. „Philosophie ist ihrem Wesen nach streng evidente, durch Induktion unvermehrbare und unvernichtbare, für alles zufällig Daseiende ‚a priori' gültige Einsicht in alle uns an Beispielen zugänglichen Wesenheiten und Wesenszusammenhänge des Seienden, und zwar in der Ordnung und dem Stufenreich, in denen sie sich im Verhältnis zum absolut Seienden und seinem Wesen befinden." (98)

In Schelers pantheistischer Spätphase wird diese theologische Ausrichtung der Philosophie sogar noch deutlicher. In seiner Abhandlung *Philosophische Weltanschauung* (1928) reduziert sich die durch die Phänomenologie ermöglichte Wiederentdeckung des „Wesenswissens" zu einer bloßen Stufe auf dem Wege zum „Erlösungswissen" (vgl. 77). Scheler unterscheidet nun drei Arten oder Stufen des Wissens: das Herrschafts- oder Leistungswissen, das Wesens- oder Bildungswissen, das metaphysische oder Erlösungswissen. Die zweite Stufe des Wissens, schon von Aristoteles erkannt und von Husserl wiederentdeckt, setzt zwar schon ein liebendes Verhalten voraus, bildet aber noch nicht das Zentrum der Philosophie; die höchste Stufe der Philosophie ist erst mit dem Denken des Absoluten selbst erreicht. Die Wesensmetaphysik eröffnet, wie Scheler nun mit Hegel sagt, nur „Fenster ins Absolute" (80); oberstes Ziel der Philosophie – und das heißt für Scheler: der durch Metaphysik bestimmten Weltanschauung – ist es, „das absolut durch sich selbst Seiende" zu denken und anzuschauen (81, vgl. 77ff.). Hier wird das Seinswissen zum Heilswissen. Dem „Mikrotheos" Mensch eröffnet sich „der erste Zugang zu Gott", er ist daher „*Mit*bildner, *Mit*stifter und *Mit*vollzieher" im absoluten Weltprozeß (83). So endet die Phänomenologie ähnlich wie der Deutsche Idealismus – über Liebesethik und

Wesensmetaphysik – faktisch beim Absoluten, das sich im Menschen selber weiß.

Wie das Beispiel Scheler zeigt, hat die Phänomenologie ungeahnte philosophische Entwicklungen anregen können. Die Parole „Zu den Sachen selbst“ konnte als Befreiung von der die Universitäten beherrschenden Kant-Scholastik empfunden werden und wieder Mut zu eigenem Denken machen. Dabei mußte sich allerdings nicht nur das Thema der Philosophie wandeln, sondern auch die Konzeption der Philosophie als solche.

## 4. Wissenschaft und Leben

Neukantianismus, hermeneutische Philosophie und Phänomenologie waren nicht die einzigen, wohl aber die bekanntesten philosophischen Richtungen, die das Denken zu Beginn des 20. Jahrhunderts bestimmten und z.T. bis heute nachwirken. Der Neukantianismus bildete die größte Schule, aber mit dem Aufkommen der Existenzphilosophie und des Nationalsozialismus verlor er (trotz des Überlebens in einzelnen Gestalten) schon in den dreißiger Jahren schnell an Bedeutung; er ist heute fast nur noch Gegenstand historischer Untersuchungen. Die hermeneutische Philosophie Diltheys wurde nur allmählich bekannt und entwickelte sich nur langsam zu einer eigenen Schule, die dann nach dem Kriege, z.T. durch die Existenzphilosophie inspiriert, noch einmal eine größere Anhängerschaft gewann. Die Phänomenologie wurde zu Beginn des Jahrhunderts von vielen als Befreiung empfunden und fand viele Anhänger, wurde dann aber in Deutschland durch die politischen Ereignisse gewissermaßen verschüttet und erlebte erst nach dem Krieg eine gewisse Renaissance, wobei sie teils in Verbindung mit der Existenzphilosophie erörtert, teils aber auch schon rein historisch erforscht wurde.

Die Philosophie um 1900 war vor allem bemüht, sich dem Faktum der Wissenschaft zu stellen, genauer dem Faktum der Naturwissenschaft, deren Erfolge das Denken der Menschen bewegten. Die Versuche der Verwissenschaftlichung der Philosophie, insbesondere im Neukantianismus und in der Phänomenologie, fanden auf z.T. sehr hohem intellektuellen und technischen Niveau statt – umso deutlicher mußte sich später ihre Lebensferne zeigen. Beide Richtungen neigten dazu, sich terminologisch abzuschotten und Schulen zu bilden, in denen die eigenen Probleme quasi esoterisch behandelt wurden – das Streben nach einer neuen wissenschaftlichen Philosophie führte nicht zu einer allgemeingültigen Wissenschaft, sondern nur wieder zu einer philosophischen Überzeugungsgemeinschaft. Faktisch ist das ursprüngliche Programm der Verwissenschaftlichung der Philosophie in allen drei Strömungen der damaligen Universitätsphilosophie gescheitert, am deutlichsten und frühesten schon in der hermeneutischen Philosophie. Nicht nur, weil es nirgendwo wirklich gelang, die Philosophie mehr als äußerlich zu einem wissenschaftlichen System zu entwickeln, sondern vor allem auch deshalb, weil es nicht gelang, die Philosophie von den verdrängten Problemen wirklich zu befreien. Das Problem des Lebens und der darin gründenden geschichtlichen Weltanschauung blieb teils in der eigenen Philosophie virulent, teils durch den Kampf gegen die Lebens- und Weltanschauungsphilosophie aktuell. Die Versuche der Verwissenschaftlichung der Philosophie tendierten unvermeidlich dazu, ihre eigene weltanschauliche Gebundenheit zu übersehen, aber die Einsicht, daß es mehr als wissenschaftliche Probleme gebe, meldete sich so oder so, wenn auch oft erst am Ende eines Denkweges.

Der Rückgang des Interesses an Neukantianismus, Hermeneutik und Phänomenologie war allerdings nicht nur eine Folge der inneren Entwicklung dieser Richtungen, er war wesentlich überhaupt kein innerphilosophisches Phänomen, sondern eine Folge äußerer Ereignisse. Das Aufkommen der Existenzphilosophie nach dem Ersten Weltkrieg und ihre Konjunktur nach dem Zweiten Weltkrieg wurden zum Indiz für eine grundsätzlich neue Geisteshaltung. Zwar wurden die unter dem Stichwort *Wissenschaft und Leben* bzw. *Wissenschaft und Weltanschauung* verhandelten Probleme durch die Katastrophen der Zeit nicht obsolet – im Gegenteil, sie wurden sogar verschärft. Aber der Zugang zur Philosophie war ein grundsätzlich anderer geworden, und damit hatte sich auch die Gewichtung der philosophischen Probleme durch und durch verändert. Der neuen Geisteshaltung mußte das aus dem vorigen Jahrhundert stammende Denken – trotz aller ungeleugneten Anregung – altmodisch erscheinen; es war ein Denken wie aus einer heilen Welt, die Erörterung philosophischer Probleme war hier – aus der neuen Sicht – noch im Stil der Gartenlaube geschehen. Die jetzt aufkommende Katastrophenphilosophie war dem ausgehenden 19. und beginnenden 20. Jahrhundert, trotz aller Rede von Lebensnot, im Grunde genommen noch fremd.

# III. Suche nach der wahren Wirklichkeit

## Existenz- und transzendenzorientierte Philosophie

Das erste Drittel des Jahrhunderts wurde innerhalb der Fachphilosophie noch weitgehend durch den Neukantianismus, zunehmend aber auch durch die Phänomenologie bestimmt; die Idee einer hermeneutischen Philosophie hingegen fand erst allmählich größeren Anklang. In der außeruniversitären philosophischen Diskussion herrschten die Ideen Nietzsches vor, der mit gutem Grund als der modernste Denker angesehen wurde, weil er sich als erster rückhaltlos und mit radikaler Offenheit dringenden Fragen der Zeit gestellt hatte. Als echtes Novum wurde dann jedoch fast von Anfang an die sogenannte Existenzphilosophie empfunden, deren öffentliche Anfänge in die zwanziger Jahre zurückgehen. Sie galt als die erste wahre Philosophie des 20. Jahrhunderts, nämlich als eine Krisenphilosophie, die alte Probleme unter aktuellen Bedingungen neu zu stellen und auf hohem Niveau zu erörtern vermochte. Neben den individuellen und allgemeinen gesellschaftlichen Anlässen und Motivationen wurde sie vor allem durch Kierkegaard und Nietzsche angeregt. Erkenntnistheoretisch ging sie teils von Kant bzw. dem Neukantianismus aus, teils wurde sie auch von der Phänomenologie Husserls und der Hermeneutik Diltheys geprägt. Allerdings wurde die Aufnahme der Existenzphilosophie auch schon bald durch die politischen Ereignisse, die „Machtergreifung" des Nationalsozialismus mit allen ihren Folgen, gebremst. Ihren eigentlichen, öffentlichen wie akademischen Siegeszug konnte sie daher erst nach dem Ende des Zweiten Weltkrieges antreten, nun schon zusammen mit dem französischen Existentialismus, dessen Hauptvertreter Jean-Paul Sartre (1905–1980) jedoch vor allem das außeruniversitäre Denken beeinflußte. Sie stand bis in die sechziger Jahre hinein im Mittelpunkt des philosophischen Interesses.

Der Ausdruck *Existenzphilosophie*, der sich auf die Rolle des Existenzbegriffs in sonst ganz unterschiedlichen Philosophien bezieht, geht anscheinend auf Schelling zurück, der damit in seiner Spätphase schon die angeblich nur an Ideen oder Wesenheiten interessierte Philosophie Hegels als Ideenphilosophie kritisieren wollte. Die moderne Existenzphilosophie knüpfte jedoch mit ihrem Existenzbegriff an die Betonung der subjektiven Existenz des Menschen bei Kierkegaard an. Zwar wurde der Sammelbegriff *Existenzphilosophie* – wie der spätere Ausdruck *Existentialismus*, der zunächst nur polemisch für die französische Version der Existenzphilosophie geprägt wurde – von den Vertretern dieses neuen Denkens gelegentlich selbst benutzt, z.T. aber auch später als falsche Etikettierung fallengelassen oder von vornherein abgelehnt. In der Tat ist er fast nur für die erste Phase dieser Denkrichtung geeignet, die allerdings für die weitere Entwicklung der Existenzphilosophien grundlegend blieb.

Die Existenzphilosophie ist eine Philosophie der Subjektivität, die als Freiheit und Faktizität verstanden wurde. Sie war wesentlich eine Antwort auf die Krisensituation nach dem Ersten Weltkrieg, die im besiegten und politisch zerrissenen, geistig erschütterten und hungernden Deutschland besonders lebhaft erfahren wurde. Fast alle Traditionen, die bisher wie selbstverständlich galten und nur von philosophischen Außenseitern in Frage gestellt worden waren, erwiesen sich nun als brüchig. Im Zusammenbruch der Gesellschaft wie im Niedergang der bisher tragenden Kirchenreligionen verlor das Individuum mit einem Schlage seinen Halt – es wurde auf sich selbst zurückgeworfen, auf seine eigene einmalige Existenz in ihrer jeweiligen geschichtlichen Situation. So entstand ein verschärftes Endlichkeitsbewußtsein, insbesondere ein radikalisiertes Todesbewußtsein, und dieses Kontingenz- und Katastrophenbewußtsein mußte zu der Grundfrage nach der Möglichkeit einer sinnvollen, wahren oder ‚eigentlichen' Existenz unter den gegebenen geschichtlichen Bedingungen führen. Die Existenzphilosophie ist insofern – mehr noch als die vorkantische Glücksphilosophie – Heilsphilosophie und Unheilsphilosophie zugleich. Die neue Suche nach dem Heil der Seele führt zur Kritik der heillosen Welt, wie umgekehrt die Kritik der modernen Welt zur Frage nach dem Sinn des Lebens. Die Kritik der Uneigentlichkeit, also der Oberflächlichkeit und Unwahrhaftigkeit der meisten Menschen ist indirekter Appell zur Eigentlichkeit – die Existenzphilosophie versucht, den Menschen vor sich selbst und zu sich selbst zu bringen.

Allerdings ist die deutsche Existenzphilosophie noch sehr viel idealistischer als der spätere atheistische Existentialismus in Frankreich. Nicht nur wird hier die Existenz wie dort als im Grunde absolute Freiheit gedacht, sie bleibt hier auch in der einen oder anderen Form auf ein Transzendentes oder Absolutes als eine höhere metaphysische Instanz bezogen. Diese Transzendenz, das Sein oder das Umgreifende, ist nicht nur transzendent im Sinne von bewußtseinstranszendent oder schlechthin universal; sie ist auch eine absolute Macht, von der die Existenz sich abhängig weiß, weil sie sich durch die Transzendenz als eigentliche Existenz gegeben weiß und auf deren Anspruch so oder so antworten muß. Insofern ist die Existenzphilosophie Transzendenzphilosophie, wenn auch ohne eine deutliche Artikulation der Transzendenz, zumal die Unfaßbarkeit des Absoluten immer wieder betont wird. Die trotz des Abschieds von der Religionstradition verbliebene Religiosität reduziert sich so im Grunde auf ein vertieftes Abhängigkeitsbewußtsein, die Transzendenz selbst ist *per definitionem* unverständlich. Insofern bleibt die Existenzphilosophie vergleichsweise traditionsverbunden und daher z.T. auch zu einer kritischen Aneignung der Tradition bereit.

Sehr viel bestimmter als zur Religion ist das Verhältnis der Existenzphilosophie zur Wissenschaft und zur bisherigen Wissenschaftsphilosophie. Zwar hält sie, jedenfalls zunächst, noch in der einen oder anderen Form an dem Anspruch auf Wissenschaftlichkeit fest, gelegentlich spielt auch die Vorstellung von der Philosophie als Grundwissenschaft eine Rolle. Maßgeblich wird nun aber, aufgrund des außer- oder vorwissenschaftlichen

Ansatzes bei den existenziellen Grundfragen, das kritische Verhältnis zu den Wissenschaften. Deren Anspruch, den allein wahren Zugang zur Wirklichkeit zu haben, wird von vornherein zurückgewiesen; die wissenschaftliche Erkenntnis wird als eine von Hypothesen oder sogar ontologischen Vorgriffen abhängige, also sekundäre Phänomenerkenntnis begriffen, die kein Maßstab für philosophisches Denken sein kann. So folgt aus der Konzentration auf die Frage der Existenz eine Relativierung der Wissenschaft, insbesondere eine Zurückweisung ihrer faktischen Dogmatisierungen und eine prinzipielle Begrenzung ihrer Erkenntnismöglichkeiten. Gleichzeitig rücken auch stärker als bisher die möglichen negativen Folgen der Wissenschaft bzw. Technik für das Menschsein in den Blick – der Fortschritt von Wissenschaft und Technik ist kein Garant für wahres Menschsein, er bedeutet sogar eine neue Gefahr.

## 1. Jaspers: Existenzerhellung und Innewerden des Umgreifenden

Karl Jaspers (1883–1969) entstammte einer wohlhabenden und konservativen Familie in Oldenburg, sein Vater war Bankdirektor und Amthauptmann. Seit seiner Kindheit herz- und lungenkrank, hatte sich Jaspers schon früh mit Philosophie beschäftigt, zur Philosophie als Profession kam er jedoch auf dem Umweg über die Medizin, Psychopathologie und Psychologie. Sein erstes Hauptwerk war die *Allgemeine Psychopathologie* (1905), die er bis zuletzt mehrfach überarbeitete; seine *Psychologie der Weltanschauungen* (1919) war im Grunde schon der Entwurf einer Existenzphilosophie. In den dreißiger und vierziger Jahren folgten einige grundlegende philosophische, aber auch speziell der Geschichte und Politik sowie der Religion gewidmete Schriften. Als Professor in Heidelberg erhielt Jaspers, weil er mit einer Jüdin verheiratet war, im Nationalsozialismus Berufs- und Publikationsverbot; nur der Einmarsch der Amerikaner bewahrte die Familie vor dem Abtransport in ein KZ bzw. dem gemeinsamen Selbstmord.

Nach dem Krieg nahm Jaspers, nachdem er sich zunächst für einen politisch-moralischen Neuanfang engagiert hatte, von Deutschland enttäuscht einen Ruf an die Universität Basel an. In seinen letzten Jahren hat er sich vor allem mit politischen Problemen beschäftigt.

Jaspers' Denken ist – im Ausgang von sehr persönlichen Erfahrungen (Krankheit, Liebe) – vor allem durch Kierkegaard und Nietzsche angeregt worden, die er als die beiden großen Ausnahmeerscheinungen des 19. Jahrhunderts betrachtet hat. Darüber hinaus ist sein Philosophieren, vor allem in seinen formalen Strukturen, wesentlich durch Kants Kritizismus bzw. den Neukantianismus, aber auch durch die neuzeitliche Philosophie des Absoluten, nämlich durch Spinoza und Schelling, beeinflußt worden. Der frühe Eindruck dieser ‚theologischen' Seinsspekulationen kommt, da er zunächst durch eine selbstkritische Erkenntnistheorie zurückgedrängt worden war, allerdings erst in der Jasperschen Spätphilosophie zur Geltung. Sein Denken läßt sich nämlich relativ deutlich in zwei Phasen einteilen, so daß man geradezu von einem Standpunktwechsel (vom Standpunkt der Subjektivität zum Standpunkt des Absoluten) sprechen kann. Die erste Phase ist die der Existenzphilosophie, flankiert von einer erkenntnistheoretischen Verstandeskritik, die zweite die der Philosophie des Umgreifenden, flankiert von einer im Grunde spekulativen Philosophie der Vernunft. Auf beiden Stufen wird sein Philosophieverständnis weitgehend nur indirekt sichtbar, denn es wird nicht systematisch entfaltet und selten in Formeln ausgedrückt.

Jaspers' *Philosophie* von 1931 geht methodisch von einer an den Wissenschaften orientierten Erkenntniskritik aus und entfaltet sich in den drei Stufen der Weltorientierung, Existenzerhellung und Metaphysik, die der alten Einteilung in die Seinsbereiche Welt, Seele und Gott und der entsprechenden Einteilung der Ideen bei Kant folgen. Allerdings werden jetzt aus den Seinsbereichen Denkstufen, die zu einer wachsenden Vertiefung der Seinserfahrung führen – ein moderner Weg zu Gott. Voraussetzung ist die maßgebliche Unterscheidung zwischen erkennbar und unerkennbar bzw. objektivierbar und nicht-objektivierbar und damit zwischen Sein an sich und Erscheinung. Der Inbegriff aller Erscheinungen ist das Dasein im weitesten Sinne des Wortes, die Welt; ihr (transzendentes) Sein an sich bleibt unerkennbar, wird höchstens im Scheitern der Erkenntnis erfahren. Das eigene Ich hingegen ist teils erkennbar und insofern als empirisches Dasein im engeren Sinne des Wortes ein Teil der Welt, teils ist es unerkennbar und insofern überempirische Existenz, aber in der inneren Freiheit der Selbstwahl durch Entscheidung erfahrbar. Primärer Zugang zum (transzendenten) Sein an sich ist daher die eigene Existenz, deren Erhellung den größten Teil der *Philosophie* ausmacht. Doch kann die Transzendenz im engeren Sinn des Wortes (Gott oder das Absolute) auch direkt – über die Existenzerhellung hinausgehend, aber auf dieser beruhend – mit Hilfe von Symbolen (z.B. aus dem Bereich der Religionen) gedeutet werden; Metaphysik reduziert sich im Grunde auf solches Chiffrenlesen. Auf diese Weise entwickelt sich das Philosophieren, methodisch gesehen, in drei Stufen.

Philosophie als Weltorientierung geschieht im Medium der Wissenschaften, ist aber selbst keine Wissenschaft, da eine Wissenschaft von der Welt als Ganzheit nicht möglich ist. Nach Jaspers' strengem, an den Naturwissenschaften orientiertem Wissenschaftsbegriff ist alle Wissenschaft Einzelwissenschaft. Sie hat ein spezielles Objekt und eine spezifische Methode; außerdem ist sie Erkenntnis mit Bezug auf ein identisches Subjekt, das sogenannte Bewußtsein überhaupt mit seinen allgemeinmenschlichen Wahrnehmungs- und Denkstrukturen. Dadurch ist die Wissenschaft exakt und allgemeingültig, d.h. sie erbringt zwingend gewisse und intersubjektiv nachprüfbare Ergebnisse, bleibt allerdings auch auf Erscheinungen und partikulare Erkenntnisse begrenzt. Sie führt einerseits wegen der Endlosigkeit der Erscheinungen in eine unabschließbare Forschung, andererseits führt sie an die prinzipiellen Grenzen der Wissenschaft überhaupt. Das unbedingte Wissenwollen, selbst ein philosophischer Impuls in den Wissenschaften, scheitert also in den Wissenschaften. Dadurch erfährt das Denken einen Schock und gewinnt auf diese Weise eine erste philosophische

Einsicht, nämlich in die eigene Begrenztheit. Die Reflexion auf das Wesen der Wissenschaften führt auf diese Weise bei Jaspers über eine kritische Wissenschaftstheorie zur Relativierung allen Wissens überhaupt, nämlich zur wissenschaftsüberschreitenden Frage nach den Grenzen der Wissenschaft und dem Jenseits von Wissenschaft. Es geht nicht um eine Verwerfung von Wissenschaft (wohl aber von Wissenschaftsgläubigkeit), sondern um eine möglichst reinliche Scheidung von Philosophie und Wissenschaft. Denn Philosophie ist keine Wissenschaft im definierten Sinn, wohl aber wissenschaftlich in einer weiteren Bedeutung des Wortes, nämlich rational, d.h. methodisches und systematisches Denken – ohne sich auf eine Methode festlegen oder zum System vollenden zu können. Sie bleibt, seit es Wissenschaft gibt, an Wissenschaft gebunden, aber sie unterscheidet sich von ihr in einem unabsehbaren Prozeß, in dem beide in ihrer Eigenart immer klarer werden können. Insofern fungiert Wissenschaft immerhin als eine Art negatives Kriterium für die Philosophie, die sich ihrer eigenen Rationalität, etwa durch die Unterscheidung von Verstand und Vernunft, also wesentlich durch Absetzung von der Wissenschaft, bewußt wird. Philosophie, die sich heute an Wissenschaft binden muß, ist metawissenschaftlich, insofern sie auf Wissenschaft reflektiert und sich mit Hilfe der Wissenschaften orientiert; sie geht ihr nicht fundierend voraus, sondern läuft eher reflektierend nebenher oder hinterher (soweit sich ihre Probleme überhaupt mit denen der Wissenschaft berühren).

Das Ergebnis der Weltorientierung ist in gewisser Weise negativ: Ich finde keinen Halt in der Welt durch Wissen, die Reihe des Wißbaren ist endlos. Ich finde mich daher auf mich selbst als Fragenden und Suchenden zurückgeworfen. Mit diesem Rückstoß beginnt die Philosophie als Existenzerhellung. Auch in ihr muß ich davon ausgehen, daß die sogenannten Wissenschaften vom Menschen nur den Menschen als Erscheinung, und zwar den Menschen im allgemeinen, erkennen, aber nichts über das wahre Sein des Menschen, vor allem nichts über mich selber, soweit ich gerade nicht etwas Allgemeines bin, aussagen können. Ich bin immer mehr, als von mir in Erscheinung treten kann, als z.B. in den sogenannten Wissenschaften vom Menschen erkannt werden kann. Außerdem kann ich mich selbst in keinem Begriff erfassen, weil ich selbst der Begreifende bin. Allerdings können diese Hinweise auf ein unobjektivierbares Ich letztlich nur durch mich selbst, durch einen inneren Aufschwung, der ein Bruch mit meinem bisherigen und ein Sprung zu einem neuen Bewußtsein ist, ihre wirkliche Bedeutung erhalten, nämlich mir ein eigentliches Bewußtsein meiner selbst als einmalige Existenz vermitteln. Im Grunde weiß jeder Mensch, daß er im Ursprung einmalig ist und daß es irgendwo auf ihn selbst ankommt, daß er letztlich selbst über sich entscheiden muß. Ich als eine einmalige Existenz bin kein allgemeines, vertretbares Subjekt, sondern ich bin das, was nur ich bin bzw. werden kann; denn die Existenz ist wesentlich immer noch mögliche Existenz. Als einmalige Möglichkeit, durch Selbstwahl ich selbst zu sein, also durch Aneignung meiner selbst durch mich selbst „eigentlich" zu werden, und zwar durch eine „unbedingte Entscheidung", bin ich wesentlich überempirische Freiheit, die sich in Grenzsituationen (Tod, Kampf, Leid, Schuld) und in der Kommunikation mit anderen Menschen erfährt, d.h. in Situationen, die sich aller Erkennbarkeit und Machbarkeit entziehen, und in einer Kommunikation, die als „liebender Kampf" alle wissenschaftliche Information und allen rationalen Datenaustausch übersteigt: Als Existenz stelle ich mich dem Scheitern, aber auch dem Anderen. Die unvermeidlich allgemeinen Begriffe, in denen sich die individuelle Existenz mitzuteilen versucht, sind im Grunde nur „Signa" für Unsagbares; sie sind Zeichen für etwas oder Zeiger auf etwas Transzendentes. Schon der Begriff *Existenz* ist als ein unvermeidbar allgemeiner Begriff selbst inadäquat. Philosophische Mitteilungen sind daher letztlich Appelle.

Die höchste Erfahrung, zu der Existenzerhellung führen kann, ist die Einsicht, daß ich das, was ich bin, nicht allein aus mir selbst bin – nicht nur in dem trivialen Sinn, daß ich mich nicht selbst erschaffen habe, sondern vor allem in dem eher religiösen Sinn, daß ich die Kraft, über mich zu entscheiden, nicht allein aus mir selbst habe. Indem ich mich ergreife, zu mir selbst komme, werde ich mir zugleich „geschenkt" – also könnte ich mir, wie Jaspers sagt, auch „ausbleiben". In dieser Erfahrung von ‚Gnade' wird Transzendenz sozusagen direkt erfahren, allerdings zunächst nur als „meine Transzendenz"; die wahrhaft erfahrene Transzendenz ist nichts Allgemeines, sie ist zunächst nur das, was einer einmaligen Existenz begegnet. Von diesem Ausgangspunkt aus kann die Metaphysik jedoch versuchen, so etwas wie Transzendenz als solche verstehbar zu machen. Da Jaspers aber mit Kant alle bisherige Metaphysik als unangemessene Seinsvergegenständlichung verwirft, steht er hier mangels eines irgendwie erkennbaren Gegenstandes vor seiner schwierigsten Aufgabe, nämlich etwas über das transzendente Sein an sich zu sagen, zumal er nach Möglichkeit sogar das Wort *Gott* (für eine irgendwie verselbständigte Transzendenz) zu vermeiden sucht. Im Grunde kann sich die Philosophie hier nur noch mit der Religion vergleichen, und zwar distanzierend, weil sie undogmatisch bleiben will, d.h. metaphysische Sachaussagen soweit wie möglich vermeiden will. Jaspers versucht daher u.a. eine ansatzweise Umdeutung alter religiöser Symbole, doch bleibt dieses sogenannte Chiffrenlesen an die Existenz, die sich in ihrer Transzendenz erhellt, zurückgebunden, also ohne irgendeinen Anspruch auf Allgemeingültigkeit. Metaphysik ist nur „Beschwörung" der Transzendenz, Philosophie ist letztlich „philosophischer Glaube".

Jaspers' Philosophieverständnis wird vor allem indirekt, durch den Aufbau seiner *Philosophie*, sichtbar. Philosophieren entfaltet sich in Weltorientierung (Wissenschaftskritik), Existenzerhellung (Selbsterkenntnis) und Metaphysik (Transzendenzvermutung). Ihr Mittelpunkt bleibt die Existenzerhellung, die formal nur eine Zwischenstufe, faktisch aber das Zentrum der Seinserfahrung und Erkenntnisinterpretation ist. Sie wird im Scheitern der Weltorientierung ermöglicht und bleibt ihrerseits die Bedingung aller authentischen Transzendenzinterpretation. Insofern ist alle Philosophie wesentlich Existenzphilosophie. Der Philosoph entdeckt sich in der Existenzerhellung als existierender Denker, der u.a. durch sein Denken als inneres Handeln immer noch über sich selbst entscheidet. Philosophieren ist insofern eine einzigartige Praxis – Selbsterhellung ist schon erste Selbstverwirklichung. Dieses denkende Tun ist, obwohl wesentlich an Kommunikation gebunden, letztlich nicht mehr mitteilbar, weil es wesentlich im intelligiblen Ich und damit im reinen Sein und nicht in der Erscheinung stattfindet. Als Existenzerhellung durch *„Selbstkommunikation“* (328) wird das sich mitteilende Philosophieren daher Appell, nämlich Aufforderung zum Nachvollzug eines unobjektivierbaren denkenden Tuns. Es entwickelt sich methodisch in Absetzung von einem engen Begriff von Wissenschaft und endet mit der Unterscheidung von der Religion. Zwischen beiden muß die Philosophie ihre eigene Ursprünglichkeit behaupten. Philosophie ist *„Seinsbewußtsein aus anderem Ursprung“* (206), sie ist „das Sicherhellen der Unbedingtheit“ oder „die Selbstvergewisserung der sich im Dasein erscheinenden möglichen Existenz“ (224). Insofern ist Philosophieren letztlich Transzendieren, allerdings „nur als Vollzug, nicht als ein Resultat“ (34), es ist denkende Vergewisserung eigentlichen Seins. Der Wandel des Seinsbewußtseins aber ist zugleich ein Wandel des Selbstbewußtseins und umgekehrt. Als eine solche Existenzerhellung ist das Philosophieren selbst wesentlich inneres Tun und Folge inneren Tuns, d.h. im Grunde ist es nur als eigentliches Denken möglich. „Philosophieren hat darum das *Ergreifen* der Existenz zu seiner Voraussetzung“ (299). Folglich geht es in der Philosophie auch nicht primär um richtig und falsch, sondern um den Unterschied „von ursprünglich und ausgedacht, das heißt von existentiellem und unechtem Denken“ (203). Allerdings ist Philosophieren kein egozentrisches Kreisen der Existenz um sich selbst, da deren Verwirklichung von der Begegnung mit dem Anderen im Absoluten abhängig ist.

Schon bald nach 1931 hat Jaspers versucht, die Grenzen seines ursprünglichen subjektphilosophischen Ansatzes, in dem das wahre Sein nur als unerkennbar und insofern transzendent und das absolute Sein nur als „meine Transzendenz“ vorkommt, in einem zweiten Anlauf durch eine ‚ontologische' („periechontologische") Ergänzung zu überwinden, ohne jedoch den ersten erkenntniskritischen und existenzphilosophischen Ansatz aufgeben zu wollen. Schon im Vorwort seiner *Philosophie* hatte er eine neue Philosophie der Vernunft als Ergänzung der dargelegten Existenzphilosophie angekündigt. Offensichtlich waren ihm mit der Vollendung seiner Darstellung die Grenzen des bisherigen eigenen Denkens, vielleicht auch die Gefahr des Irrationalismus bzw. des Mißverständnisses als Irrationalismus, bewußt geworden. Die Erfahrung der zeitgenössischen Politik als praktizierter Irrationalismus dürfte dieses Problem dann noch verschärft haben. Eine erste Darstellung seines neuen Ansatzes findet sich jedenfalls schon in der Vorlesungsreihe *Vernunft und Existenz* vom Frühjahr 1935. In seiner Schrift *Existenzphilosophie* (1938) interpretiert er dann seine eigene Existenzphilosophie als eine neue Form der alten Philosophie der Vernunft und ordnet sie in eine neue Philosophie des Umgreifenden und damit in eine „philosophische Logik" ein. Philosophie ist nicht nur Wissen von etwas, statt einer sogenannten wissenschaftlichen Philosophie brauchen wir ein lebensbegründendes Denken. Aber die Gefahr des Irrationalismus soll durch eine Philosophie der Vernunft, die sich auf die alte ‚idealistische' Unterscheidung von Verstand und Vernunft, sozusagen Stufen der ‚Rationalität', stützt, gebannt werden; die Gefahr der Reduktion der Philosophie auf eine Anthropologie der Subjektivität soll durch eine Philosophie des umgreifenden Seins überwunden werden, die als „vernünftige Alogik" ein spekulatives seinserhellendes Transzendieren sein will. Die Philosophie der Vernunft wird daher als eine Philosophie des Umgreifenden entfaltet, und zwar auf eine doppelte Weise: einerseits durch eine „philosophische Grundoperation", die eine Vernunftoperation ist, andererseits durch die Einführung der Vernunft als „Band der Weisen des Umgreifenden". Allerdings hat Jaspers nur den ersten Teil dieser philosophischen Logik fertigstellen können, und auch dieser konnte erst nach dem Krieg erscheinen (*Von der Wahrheit* 1947).

Der Weg zum ‚Erdenken' des Umgreifenden in einer philosophischen Grundoperation wird von Jaspers vor allem durch zwei Überlegungen eröffnet. Die erste knüpft mehr an das Transzendieren in der klassischen Metaphysik an, die zweite mehr an die Subjekt-Objekt-Spekulation im Deutschen Idealismus. Die erste Form der Grundoperation erinnert einerseits daran, daß alles gegenständliche Sein für uns unabgeschlossen bleibt, d.h. in einem umfassenden Sein vorkommt, das selbst nicht Gegenstand wird; und sie erinnert andererseits daran, daß jeder Horizont von Erkenntnis in einem weiteren Horizont gedacht werden muß, ohne daß wir einen alles umschließenden Horizont erkennen könnten. Das Umgreifende wäre insofern der Horizont aller Horizonte und zugleich das Ganze des Seins, das nicht selbst erscheint, sondern das ist, worin uns alles vorkommt. Die zweite Form der Grundoperation, von Jaspers anscheinend als die wichtigere betrachtet, geht von der sogenannten Subjekt-Objekt-Spaltung aus, d.h. von der Tatsache, daß kein Ich ohne Nichtich und kein Nichtich ohne Ich gedacht werden kann. Sie fragt nach einem Sein, das beides, Subjekt und Objekt, umgreift, also weder Subjekt noch Objekt ist, aber in beiden erscheint. So tritt auch auf diese Weise an die Stelle des klassischen eindimensionalen Modells eines Aufstiegs von den sinnlichen zu den sogenannten übersinnlichen Dingen die eher pantheistische Metapher des allumfassenden Seins, in dem ich mich finde. Alles, was in diesem Umgreifenden vorkommt, muß als eine Weise des Umgreifenden gedacht werden, und diese Seinsweisen werden von Jaspers nach verschiedenen Gesichtspunkten, vor allem aber gemäß der Unterscheidung von Ich und Nichtich sowie von Sein und Erscheinung differenziert. Unter dem Gesichtspunkt der Differenz von Ich und Nichtich sind wir Dasein, Bewußtsein, Geist und Existenz, aber nicht Welt und Transzendenz; wird hingegen die erkenntniskritische Perspektive zum vorrangigen Kriterium erhoben, so ist das Sein an sich zwar in der Existenz und Transzendenz gegeben, aber erscheint faktisch als Dasein und Welt. Beide Unterscheidungen ergeben zusammen eine Art ontologisches bzw. periechontologisches Koordinatenkreuz, in dem alles Sein gegliedert und geordnet vorkommt. Indem die Vernunft alle diese Weisen des Umgreifenden zusammenzudenken und insofern zusammenzuhalten vermag, ist sie das (‚subjektive') Band des Umgreifenden, wobei sie zugleich das Denken ist, das der Existenz entspricht und mit dieser verknüpft ist. So werden die Weisen des Umgreifenden zwar im Ausgang von der Subjektivität und der Begrenztheit des menschlichen Denkens entfaltet, faktisch aber schon durch die Bezeichnung als Weisen des Umgreifenden von diesem her gesehen. Insofern stellt sich Jaspers – wie auch andere Denker – wider Willen auf den Standpunkt des Absoluten, obwohl er das unbegreifbare Umgreifende nur durch ein „Grenzbewußtsein" gegenwärtig halten will.

Das Umgreifende kann als solches *per definitionem* nicht ‚begriffen' werden, d.h. es kann nicht wirklich erkannt werden; alle wirkliche Annäherung an dieses eigentliche Sein geschieht daher im Scheitern des Denkens. Philosophieren ist eigentlich negative Theologie. Jaspers hat dieses Problem schon in seinen Vorlesungen über *Vernunft und Existenz* auf einige zugespitzte Formeln gebracht. Philosophie ist eine „*vernünftige Alogik*, eine wahre Vernunft, die im Zerbrechen der Verstandeslogik ihr Ziel erreicht" (109). Philosophie ist nur indirektes Seinswissen, indirekte Erkenntnis des Ungegenständlichen oder Übergegenständlichen durch das Gegenständliche hindurch, nämlich denkender Rückgang auf die unvordenkliche Einheit von Subjekt und Objekt bzw. Denken und Sein. Philosophieren ist nicht nur eindimensionales Denken, Philosophieren heißt: „sich aus der Wirklichkeit, dem Sein selbst, denkend voranzutreiben in das Sein zurück" (125). Mit anderen Worten, Philosophieren ist Transzendieren, und dieses Transzendieren im Umgreifenden zum Umgreifenden setzt eine Transzendenz voraus, die mehr ist als „meine Transzendenz". Jaspers' Philosophieren erweist sich so am Ende als ein nahezu mystisches, religiöses Denken. Philosophieren ist, wie er gelegentlich sagt, „Innewerden des Umgreifenden". Er möchte, wie es in der *Einführung in die Philosophie* (1950) heißt, „die Wirklichkeit im Ursprung erblicken" (15). Gleichzeitig hält er jedoch am

Ziel der Selbsterhellung und Selbstentwicklung durch Transzendieren fest. „Philosophie ist das Konzentrierende, wodurch der Mensch er selbst wird, indem er der Wirklichkeit teilhaftig wird“ (15).

Philosophie ist für Jaspers philosophischer Glaube mit Rückwirkungen bis in die Politik. So privatistisch sein Philosophieverständnis manchmal erscheinen mag, er selbst hat seinem Philosophieren große politische Bedeutung zugemessen. Zwar war er, bis zu seinen persönlichen Erfahrungen mit dem Nationalsozialismus, politisch wenig interessiert, doch spielen Fragen wie die nach einem richtigen Staatsverständnis und der möglichen Funktion der Philosophie in der Gesellschaft schon früh eine gewisse Rolle in seinem Denken. Dabei wendet er sich sowohl gegen die Dogmatisierung irgendeines Wissens und den daraus folgenden Totalitarismus als auch gegen alle existenzielle Überhöhung der politischen Gemeinschaft und die daraus folgende Entgrenzung und Mystifizierung des Staates. Wohl aber betont er die Bedeutung existenzieller Grundentscheidungen für das bloße gesellschaftliche Dasein und fordert daher mehr und mehr auch in politischer Absicht eine existenzielle Wiedergeburt möglichst vieler Menschen. Wahre Politik ist für ihn nur unter zwei Voraussetzungen möglich: unter Anerkennung einer überpolitischen, weil überempirischen Freiheit und unter Anerkennung einer absoluten, eine eigentliche Existenz fordernden Transzendenz. So wie er schon in der Schrift *Die geistige Situation der Zeit* (1931) im Aufschwung zur eigentlichen Existenz die einzige Rettung vor den Gefahren der politischen Vermassung und wissenschaftlichen Verabsolutierung sieht, so fordert Jaspers nach dem Krieg immer wieder eine geistige Wandlung in Deutschland und der ganzen Welt und beklagt deren Ausbleiben. Vor allem die atomare Bedrohung zur Zeit des Kalten Krieges hat ihn veranlaßt, die einzig mögliche Rettung der Menschheit in einer allgemeinen geistig-moralischen Wende zu sehen und diese Einsicht als beschwörenden Appell zu formulieren (aber auch eine präventive militante Nato-Politik zu fordern). Doch mußten seine existenzphilosophischen ‚Bekehrungspredigten‘ wirkungslos bleiben. Jaspers selbst hat sein politisches Engagement daher zuletzt als Zeitverschwendung bedauert, zumal es ihn an der Ausarbeitung seiner philosophischen Logik, insbesondere der Kategorienlehre, gehindert hat.

Doch kam es Jaspers von Anfang an weniger auf eine inhaltliche Gestalt des Denkens als vielmehr auf die existenzielle Bewegung des Denkens an, also weniger auf die Philosophie als vielmehr auf das Philosophieren. Er hoffte, im „Verdampfen aller Inhalte", wie es gelegentlich heißt, dem absoluten Sein näher zu kommen; er fürchtete die Dogmatisierung des artikulierten Denkens und die Verfügbarkeit von Dogmen für die Praxis. Philosophieren soll freies Denken bleiben. Dies kann allerdings zu einer fast permanenten Relativierung aller Aussagen oder sogar zu deren Verschwommenheit von Anfang an führen. Obwohl Jaspers selbst immer wieder betont, daß die Erfahrung des Übergegenständlichen nur durch das Gegenständliche, die transobjektive Erkenntnis also nur im Medium des Objektiven möglich sei, kann der Eindruck entstehen, daß er um der angestrebten „Schwebe" des Philosophierens willen von vornherein klare Aussagen vermeide und durch einen solchen Verzicht auf (selbstverständlich revidierbare) Festlegungen, da er im Grunde nichts sage, die angestrebte Kommunikation gerade verhindere. Es kann sogar der Eindruck entstehen, als ob Jaspers die harte Auseinandersetzung mit der Sache wie mit den Menschen scheue und Philosophieren auf Selbstverwirklichung durch liebende Kommunikation im kleinsten Kreise reduzieren möchte.

## 2. Heidegger: Existenzielle Ontologie und gelassenes Seinsdenken

Martin Heidegger (1889–1976) stammt aus Meßkirch in Baden, wo sein Vater Küfermeister und Mesner war. Zunächst studierte er katholische Theologie und Physik, dann Philosophie, hauptsächlich bei dem Neukantianer Rickert; die Ausbildung zum Priester brach er schon früh ab. Nach kurzem Kriegsdienst wurde er 1919 Assistent bei Husserl in Freiburg, später Professor in Marburg und Freiburg, wo er bis an sein Lebensende blieb – Rufe nach München und Berlin lehnte er ab. 1933 wurde er Rektor der Universität und trat zugleich in die NSDAP ein, legte aber sein Amt als Rektor schon 1934 nieder. Obwohl er Parteimitglied blieb, wurde er seit 1936 anscheinend sicherheitsdienstlich überwacht. Nach 1945 erhielt er bis 1951 wegen seiner Verstrickungen mit dem Nationalsozialismus Lehrverbot durch die Alliierten. Dennoch entfaltete er erst jetzt seine Hauptwirkung.

Heidegger verstand sich selbst als Seinsdenker. Durch Zufall war er als Schüler auf Franz Brentanos Schrift *Von der mannigfachen Bedeutung des Seienden nach Aristoteles* (1862) und damit auf die Seinsfrage gestoßen. An dieser Ausrichtung seines Denkens, mit dem er Philosophiegeschichte geschrieben hat, konnte auch der Einfluß des Neukantianismus nichts ändern; seine spätere Rezeption der Husserlschen Phänomenologie und der Diltheyschen Hermeneutik wurden ebenso in diese Perspektive eingeordnet wie die Begegnung mit dem Werk Nietzsches. Von der Antwort auf die Frage nach dem Wesen des Seins hat sich Heidegger sein Leben lang – ohne nähere Begründung – eine Lösung aller möglichen Probleme, eine Änderung des menschlichen Selbst- und Weltverständnisses, ja eine Änderung des Menschen und der Welt versprochen – so wie er umgekehrt einen Wandel des menschlichen Denkens wieder zur Bedingung einer neuen Offenbarung des Seins erklärt hat. Allerdings gibt es innerhalb dieses Rahmens eine beachtliche Entwicklung seines Philosophierens: von einer Philosophie, die ursprünglich als universale phänomenologische Ontologie konzipiert war, bis hin zu einer Seinsandacht, die sogar den Namen *Philosophie* für das eigene Denken ablehnte. Nicht nur die Frage nach dem Sein, sondern auch der Sinn des Wortes *Sein*, ja sogar dessen Schreibweise, hat sich dabei mehrfach grundsätzlich geändert. Neben den beiden Hauptetappen in Heideggers Denken, die durch eine vieldeutige „Kehre" voneinander getrennt sind, lassen sich heute, vor allem nach der Edition wichtiger Vorlesungsmanuskripte, die allmählichen, keineswegs klar artikulierten Verschiebungen darin deutlicher als bisher erkennen. Dabei wird mit der tiefgehenden Transformation dieses Denkens auch eine stufenweise Wandlung des Philosophiebegriffs sichtbar, die letztlich zu einer Absage an alle Philosophie zu führen scheint.

In seinem ersten und grundlegenden Hauptwerk *Sein und Zeit* (1927) versucht Heidegger, die Frage nach dem „Sinn von Sein", also des Wortes oder Begriffs *Sein*, von einer Analyse des Seins des Menschen her aufzurollen. Zu diesem Zweck möchte er von vornherein grundsätzlich Sein und Seiendes (ontologische Differenz) und folglich ontologisches und bloß ontisches Fragen streng unterschieden wissen. Der Mensch z.B. ist ein ontisches Wesen (Seiendes), dessen ontologischer Vorrang (Seinsvorrang) allerdings darin besteht, ontologisch, d.h. seinsverstehend, zu sein. Er verhält sich in seinem Sein zu diesem Sein, weil es ihm in seinem Sein um dieses Sein geht, und damit zur Welt und zum Sein überhaupt. Der Mensch ist nicht wie anderes Seiendes nur vorhanden bzw. zuhanden; er ist sein Sein, weil es ihm aufgegeben ist, d.h. er sich selbst überantwortet ist. Weil der Mensch in diesem Sinne sein Dasein oder vielmehr sein „Da" ist, nennt Heidegger den Menschen „Dasein", während das Sein dieses Daseins, zu dem dieses sich als zu einer Möglichkeit seiner selbst verhält, die verstanden und ergriffen werden muß, bei ihm „Existenz" heißt. Der Mensch existiert als Dasein. Mit einer Analyse des Seins des faktischen Daseins, der sogenannten Existenzialanalyse, will Heidegger eine Ontologie entwickeln, die als Fundamentalontologie alle bisherigen Ontologien hinter sich lassen soll. Die (allgemein gemeinte) Selbsterkenntnis des Menschen wird zum Schlüssel der Seinserkenntnis – insofern handelt es sich hier um eine radikalisierte Subjektphilosophie. Die Existenzialanalyse will also nicht als Existenzphilosophie oder gar Anthropologie verstanden werden, obwohl sie auch dafür wichtige Bausteine liefern soll; existenzielle Fragen, z.B. ethische Fragen, will sie sogar grundsätzlich außer Acht lassen.

Das faktische Dasein, das ein „jemeiniges" ist und nicht nur ein transzendentales Bewußtsein überhaupt, wird von Heidegger als In-der-Welt-sein definiert. Welt ist nicht das räumlich-zeitliche Weltall, sondern der Gesamtzusammenhang (Verweisungszusammenhang) dessen, was für uns eine irgendwie verstehbare Bewandtnis hat, und zwar zunächst als zuhandener Zeugzusammenhang und nur sekundär als vorhandenes Erkenntnisobjekt. Auch In-Sein ist nicht nur räumlich-zeitliches Dasein in der Welt, sondern das Bei-Sein bei dem Gesamtzusammenhang des Seienden, d.h. das sich selbst in seiner Befindlichkeit erschlossene und verstehende Verhältnis zur Faktizität. Für das so verstandene Dasein gibt es grundsätzlich zwei Möglichkeiten, sich zur Welt, zu sich selbst und zu den anderen Menschen zu verhalten. Entweder lasse ich mir mein Selbstverständnis und damit meine Seinsweise durch meine Verfallenheit an die Welt und damit auch an andere Menschen vorgeben; ich verstehe mich so, wie „man" sich versteht, d.h. ich existiere uneigentlich oder, wie Heidegger gelegentlich auch sagt, „entfremdet" und „bodenlos". Oder ich vermag mich aus der Welt herauszureißen und mich entschlossen als ich selbst zu übernehmen, d.h. ich existiere als ich selbst im emphatischen Sinne des Wortes, nämlich eigentlich oder, wie Heidegger gelegentlich auch sagt, „echt" und „bodenständig" (vgl. 222 ff.). Die Möglichkeit einer solchen Aneignung seiner selbst durch sich selbst – durch Abstand von der Welt – ergibt sich in der Todesangst durch die vorlaufende Entschlossenheit zur Annahme der eigenen Endlichkeit, also in der „Freiheit zum Tode", die mich frei von, aber auch frei für die Welt macht – ohne daß damit schon etwas über die weiteren inhaltlichen Ziele dieser Entschlossenheit ausgemacht wäre. Die Todesangst, die damit zum Angelpunkt der Argumentation wird, erschließt das Dasein, indem sie es vor sein eigenes Nichtsein stellt, in seiner Ganzheit und damit die „Sorge" als die Strukturganzheit seines zeitlichen Seins. Spätestens hier stellt sich aber auch die Frage, ob diese anscheinend formale Existenzanalyse nicht auf einem existenziellen, einem „faktischen Ideal" basiert. Heidegger gibt dies nicht nur offen zu, sondern erklärt diesen Tatbestand für notwendig. Denn: „Die ontologische ‚Wahrheit' der existenzialen Analyse bildet sich aus auf dem Grunde der ursprünglichen existenziellen Wahrheit." (147f.) Damit scheint Heidegger seine eigene Person zum Maßstab der Erkenntnis zu machen, damit stellt sich allerdings auch die Frage nach der Subjektivität bzw. möglichen Objektivität der Philosophie.

„Philosophie ist universale phänomenologische Ontologie, ausgehend von der Hermeneutik des Daseins, die als Analytik der *Existenz* das Ende des Leitfadens alles philosophischen Fragens dort festgemacht hat, woraus es *entspringt* und wohin es *zurückschlägt.*" (51) In dieser etwas umständlichen Definition versucht Heidegger, mehrere seiner Anliegen zusammenzufassen. Dem Gegenstand nach ist die Philosophie Erkenntnis des Seins, nämlich des Seins des Seienden, und zwar universale Ontologie im Unterschied zu regionalen Ontologien, die sich nur auf einen begrenzten Bereich des Seins bzw. des Seienden beziehen. Der Methode nach ist sie phänomenologisch, d.h. sie geht von einer der Absicht nach vorurteilsfreien Beschreibung der Erscheinungen aus und begreift diese als Erscheinungen des Seins (also nicht wie Kant als bloß vordergründige Verdekkungen des Seins an sich), sie will das Seiende, so wie es sich von sich selbst her zeigt, d.h. erscheint, sehen lassen. Damit knüpft Heidegger an Husserl an, dessen Phänomenologie er als bloße Methode versteht. Aber die Übernahme der Phänomenologie ist nur das erste, nicht das letzte Wort zur Methode; denn Heidegger versucht, die Phänomenologie durch eine an Dilthey anknüpfende Hermeneutik zu ergänzen, genauer gesagt zu fundieren. Da das Dasein wesentlich durch sein Verhältnis zu sich selbst definiert ist, versteht es sich auch immer irgendwie selbst, und zwar (wie Heidegger interpretiert) aus seinen Möglichkeiten, d.h. aus seinem Seinkönnen, auf das es sich jederzeit hin entwirft. Das Dasein ist Freisein für sein eigenstes Seinkönnen, und insofern ursprünglich Verstehen. Da nun alles weitere Verstehen und Erkennen in diesem ursprünglichen Verstehen (Entwurf) gründet, verliert die Phänomenologie jetzt ihre Eigenständigkeit und damit ihre scheinbare Objektivität, d.h. ihren pseudo-absoluten Standpunkt; ihr Anspruch auf wissenschaftliche Verbindlichkeit wird durch ihre

Abhängigkeit von der individuellen Welt- und Selbstauslegung unterminiert, die angebliche Vorurteilslosigkeit der Phänomenologie, ihre Wesensschau, basiert „im existenzialen Verstehen" (196), letztlich in einem existenziellen Vorverständnis: Philosophie als das „phänomenologische Auslegen" (90), und dies als Vollzug des jeweiligen Seinsverständnisses. Philosophie wird jetzt bewußt geschichtlich, sie bleibt sozusagen existenziell rückgekoppelt (vgl. 196f.). So wird die scheinbar neutrale Phänomenologie zu einer bloßen Durchgangsstufe im hermeneutischen Zirkel des geschichtlichen Verstehens, und die Fundamentalontologie wird selber zum existenzialanalytischen Entwurf einer geschichtlichen Existenz.

Die existenzielle Geschichtlichkeit der Philosophie bekommt ihre letzte Schärfe, wenn die Philosophie in ihrem Verhältnis zur Wissenschaft betrachtet wird. Im Unterschied zu Jaspers ist Wissenschaft für Heidegger nämlich keine feste und allgemeingültige Instanz, etwa im Sinne einer intersubjektiv gültigen Erkenntnis als Produkt eines Bewußtseins überhaupt, auf die sich die moderne Philosophie permanent beziehen könnte und müßte. Die Wissenschaft ist vielmehr in *Sein und Zeit* Resultat einer vorhergehenden und vorgreifenden Erkenntnis, die in der Philosophie als Ontologie gründet, folglich kann sie nicht als Referenzinstanz für die Philosophie dienen. Wissenschaft ist im Grunde selbst Philosophie. Außerdem ist Philosophie (Ontologie) als phänomenologische „Forschung" selbst eine Wissenschaft (vgl. 46, 221, 298), und zwar Fundamentalwissenschaft. Alle Einzelwissenschaften sind nur Wissenschaften vom Seienden, die Philosophie hingegen ist „Wissenschaft vom Sein" (50), sie ist grundlegende und vorgängige Wissenschaft, wenn auch wohl nur im alten und weiten Sinne des Wortes. Allerdings ist alle theoretische Erkenntnis, ob Philosophie oder Einzelwissenschaft, als solche nur eine sekundäre oder „abkünftige" Erkenntnis; die ursprüngliche Erkenntnis ist das umsichtig-praktische Erkennen des Zuhandenen – was u.a. zu einer gewissen Spannung in der Bewertung der Philosophie als abgeleitete und zugleich ursprüngliche, auch Praxis begründende Seinserkenntnis führt.

Nach *Sein und Zeit* findet in Heideggers Denken eine tiefgreifende Umwandlung statt, die im Anschluß an seine eigene Ausdrucksweise als „Kehre" bezeichnet werden kann. Diese Kehre enthält eine Reihe von Aspekten, deren Verständnis durch Heideggers Selbstdeutungen nicht gerade erleichtert worden ist. Sie dürfte sich jedenfalls nicht auf die Umkehrung der Fragestellung reduzieren lassen, die in *Sein und Zeit* selbst schon mit dem damals unveröffentlicht gebliebenen Teil *Zeit und Sein* in den Blick genommen worden war. Vielmehr handelt es sich um eine sehr viel weitergehende Veränderung des Denkens, die Heidegger selbst nicht so sehr als Änderung der Fragestellung oder als Standpunktwechsel verstanden wissen wollte, sondern mehr als Vertiefung des ursprünglichen Ansatzes. Letztlich scheint es sich – unheideggerisch ausgedrückt – um den Umschlag einer radikalen Subjektphilosophie in eine Philosophie des Absoluten zu handeln. Heidegger beginnt nämlich jetzt unverkennbar vom Standpunkt des Seins aus zu sprechen. Es wird nicht mehr vom Dasein aus nach dem Sinn von Sein gefragt, sondern das Dasein vom Sein her gedacht. Und das Dasein ist nicht mehr so sehr sein eigenes Da, sondern das Da des Seins überhaupt, die „Lichtung des Seins", in der das Sein zur Sprache kommt, d.h. es ist der Ort der Wahrheit bzw. Unwahrheit (Unverborgenheit bzw. Verborgenheit). Insofern erscheint der Mensch jetzt vor allem als „Hüter" oder „Hirte" des Seins, der dem „Zuspruch des Seins" mehr oder weniger „entspricht". Die Sprache wird zum „Haus des Seins". So wird das Sein, das zuvor fast nur als Sein des Seienden, als *actus essendi* oder als Horizont allen Verstehens gedacht worden war, zu einer eigenständigen Wirklichkeit auch hinter oder vielmehr vor allem Seienden, die sich im Seienden verbirgt oder zeigt. Indem Heidegger überdies Sein und Seinserhellung als ein Werden beschreibt und dieses Werden als geschichtlich schicksalhaftes Geschehen deutet, entsteht die Vorstellung einer Seinsgeschichte, die wesentlich eine Verfalls- und Unheilsgeschichte ist und in der sich die Metaphysik als eine unangemessene Seinserkenntnis auf ein geschichtliches Phänomen von Platon bis Nietzsche reduziert. Die in der Metaphysik und der aus ihr entstandenen Wissenschaft und Technik implizierte Seinsverborgenheit und -vergessenheit wird zu einem Seinsverlust, der zugleich Schuld und Schicksal ist, aber möglicherweise in der jetzigen „Weltnot" auch durch eine neue Seinsoffenbarung wieder gewendet werden kann. Auf diese neue „Ankunft des Seins", auf die Heidegger bis zuletzt wie auf eine Erlösung gewartet hat und als deren Herold er sich verstanden hat, kann sich der Mensch im wesentlichen nur durch „Gelassenheit" vorbereiten, die allerdings selbst schon ein Geschenk des Seins ist, auf das der Mensch sich wiederum durch Andenken des Seins vorbereiten muß.

Bei den tiefgreifenden Veränderungen, die sich erkennbar seit der Mitte der dreißiger Jahre in Heideggers Denken vollziehen, dürften auch sein kurzfristiges politisches Engagement und die Kriegserfahrungen eine wichtige Rolle gespielt haben. Von Hause aus scheint Heidegger, obwohl schon früh national gesinnt, ein eher unpolitischer Mensch gewesen zu sein. Aber im Frühjahr 1933, als er Rektor der Universität von Freiburg wurde, trat er zur Überraschung vieler seiner Schüler in die NSDAP ein. In seiner Rektoratsrede (*Die Selbstbehauptung der deutschen Universität* 1933) verpflichtete er jetzt die Studenten auf die „Herrlichkeit [...] und die Größe" des nationalsozialistischen „Aufbruchs" (22) sowie auf die „erd- und bluthaften Kräfte" (13) des Volkes in Arbeitsdienst, Wehrdienst und Wissensdienst. Die Selbstbehauptung der deutschen Universität „hängt allein daran, ob wir als geschichtlich-geistiges Volk uns selbst noch und wieder wollen – oder ob wir uns nicht mehr wollen" (22). Wenig später schrieb er in *Deutsche Studenten* (3. 11. 1933), einem seiner vielen Aufrufe: „Die nationalsozialistische Revolution bringt die völlige Umwälzung unseres deutschen Daseins [...]. Der Führer selbst und allein *ist* die heutige und künftige deutsche Wirklichkeit und ihr Gesetz" (135 f.). Nur auf dem Hintergrund dieser pathetischen Zustimmung kann auch Heideggers Opposition gegen einzelne Maßnahmen und gegen den offiziellen Biologismus richtig gesehen werden. Sein politisches Engagement muß – abgesehen von allen persönlichen Details – im wesentlichen als eine kurzschlüssige Folge seiner stark formalen und zugleich „Entschlossenheit" predigenden Existenzphilosophie, aber auch als Folge einer gewissen Nähe seiner existenziellen Konversionsphilosophie zur politischen Erneuerungspropaganda des Nationalsozialismus verstanden werden (wobei auch die gemeinsame Nähe zur überlieferten nationalromantischen Kultur- und Gesellschaftskritik zweifellos eine wichtige Rolle gespielt hat). Jedenfalls konnte sich Heideggers betont formale Entgegensetzung von *eigentlich* und *uneigentlich* (bzw. *bodenständig* und *entwurzelt* usw.) – wie ansatzweise schon in *Sein und Zeit* – plötzlich mit sozialen und politischen Inhalten assoziieren, das „jemeinige Dasein" wurde völlig unvermittelt zum „deutschen Dasein". Zugleich fand Heideggers eigenes, scheinbar inhaltsleeres Kampfdenken eine deutliche Parallele im aggressiven nationalsozialistischen Denken, und beide waren mehr durch ihr Wogegen als ihr Wofür bestimmt, durch die Ablehnung der durch Demokratie und liberales Bürgertum geprägten Gesellschaft. Aus der Entschlossenheit des betont vereinzelten Menschen wurde nun der Wille des deutschen Volkes zu sich selbst, und gleichzeitig wurde jetzt das Schicksal als die große Heilsnotwendigkeit zitiert – die anscheinend privatistische Heilsphilosophie der Existenzialanalyse wurde unvermittelt zu einer politischen Heilsphilosophie, und das Seinsgeschick waltete nun nicht zuletzt als politisches Geschick. Selbst als Heideggers Begeisterung nach nur einem Jahr schlagartig nachließ, dachte er noch in solchen quasi-metaphysischen Kategorien über die politische Gegenwart. So erwartete er in seiner Vorlesung *Einführung in die Metaphysik* (1935) immer noch vom Nationalsozialismus eine Wandlung in Deutschland und Europa; denn Amerika und Rußland sind, „metaphysisch gesehen, dasselbe; dieselbe trostlose Raserei der entfesselten Technik und der bodenlosen Organisation der Normalmenschen" (40f.). Die Frage nach dem Sein steht daher im „Zusammenhang mit dem Schicksal Europas, worin das Schicksal der Erde entschieden wird, wobei für Europa selbst unser geschichtliches Dasein sich als die Mitte erweist" (46). Offensichtlich ist für Heidegger, wie schon für Fichte und andere, Deutschland das geistige Zentrum der Welt. Doch versuchte er nun auch, scharf zwischen „der inneren Wahrheit und Größe der Bewegung“ und dem, was „als Philosophie des Nationalsozialismus herumgeboten wird“ (208), zu unterscheiden. Offensichtlich hatte er kurzfristig gehofft, einen direkten Einfluß auf die geistige Orientierung des Nationalsozialismus gewinnen zu können, die politische Wende in die von ihm erwartete heilsgeschichtliche Wende im Seinsdenken einfügen zu können. Insofern war er ein verhinderter Chefideologe. Doch fiel die Schuld an seinem politischen Irrtum, so scheint er bis zuletzt geglaubt zu haben, im wesentlichen nicht ihm zu, sondern den Nationalsozialisten, die nicht wurden, was sie hätten werden können; für sich selbst reklamierte er das Recht des großen Denkers, groß irren zu dürfen. Auch aus dieser Enttäuschung verdüsterte sich sein Denken zusehends – die neue „Weltnot“ ließ keine Chancen zur aktiven Weltverbesserung. Politik wurde von ihm jetzt als das „Werk der Wahrheit“ (und Unwahrheit) gedeutet und dieses als geschichtliche Schickung.

Die einzelnen Etappen des späten, sprachlich z.T. sehr schwer zugänglichen Heideggerschen Denkens und damit insbesondere die einzelnen Schritte der Kehre lassen sich ganz grob in drei Stufen unterscheiden: die Jahre des Übergangs, die Entfaltung des neuen Denkens und die Spätphilosophie. In ihnen wandelt sich auch sein Verständnis der Philosophie und des eigenen Denkens im besonderen.

a) Die Jahre des Übergangs, etwa 1927 bis 1937, sind u.a. durch eine vertiefte Auseinandersetzung mit dem Wissenschaftscharakter der Philosophie gekennzeichnet. So wird in dem Vortrag *Phänomenologie und Theologie* (1927) Philosophie noch ausdrücklich als „Wissenschaft vom Sein“ definiert, die als Ontologie „grundsätzlich einer Umstellung des auf das Seiende gerichteten Blickes“ bedarf (48). In Hinblick auf die Wissenschaften hat die Philosophie „als das freie Fragen des rein auf sich gestellten Daseins“, das auf „freier Selbstübernahme des ganzen Daseins“ beruht und insofern in einer geschichtlichen „Existenzmöglichkeit“ oder „Existenzform“ (66)

gründet, nicht nur die Aufgabe der Korrektion der ontischen Grundbegriffe, sondern auch „die Aufgabe der ontologisch begründeten Direktion“ (65); im Hinblick auf den Philosophierenden dient sie der „Selbsterhellung des eigenen Wesens“ (67). Heidegger geht es also darum, sowohl den ontologischen Vorrang dieser Seinswissenschaft vor den Einzelwissenschaften als auch die existenzielle Basis der Philosophie herauszustellen. Beides gründet anscheinend darin, daß die Philosophie als „Wissenschaft“ ein Akt der Freiheit ist.

Diese Gesichtspunkte bestimmen auch die Ausführungen über Philosophie in der Vorlesung *Die Grundprobleme der Phänomenologie* aus dem gleichen Jahr, allerdings mit dem wichtigen Unterschied, daß nun das damals vieldiskutierte Problem der Weltanschauungen in die Überlegungen einbezogen wird. Die Philosophie, so heißt es, ist ursprünglich die Wissenschaft überhaupt, sogar die absolute Wissenschaft, so sehr, daß der Ausdruck „wissenschaftliche Philosophie“ eigentlich ein Pleonasmus ist. Er erklärt sich daraus, daß neben der Philosophie als Wissenschaft seit altersher eine (von Heidegger trotz der Betonung der existenziellen Funktion der Philosophie abgelehnte) Auffassung von Philosophie einhergeht, die sich heute „Weltanschauung“ nennt und in der Forderung nach einer philosophischen Weltanschauung oder Weltanschauungsphilosophie gipfelt. Demgegenüber meint Heidegger, Weltanschauung gehöre zwar zu jedem geschichtlichen Dasein, sie sei aber nur auf Seiendes bezogen und insofern „positiv“ wie die sogenannten positiven Wissenschaften; Philosophie hingegen sei grundsätzlich nicht auf Seiendes gerichtet, sie sei Wissenschaft vom Sein. „*Das Sein ist das echte und einzige Thema der Philosophie* [...]. Philosophie ist die theoretisch-begriffliche Interpretation des Seins, seiner Struktur und seiner Möglichkeiten.“ (15, vgl. 12ff., 17) Als solche muß Philosophie sich selbst begründen, sie ist ein „Werk der Freiheit“ (16). Und natürlich ist sie, wie Heidegger mit Hegel sagt, nicht für den Pöbel gemacht und keiner Zubereitung für denselben fähig. Philosophie ist, wie es in der *Einführung in die Metaphysik* heißt, „außerordentliches Fragen nach dem Außer-ordentlichen“ (15).

b) Allerdings geht nun das, was Heidegger in seiner kämpferischen Zeit, z.B. in der Vorlesung *Vom Wesen der menschlichen Freiheit* (1930), den „Angriffscharakter der Philosophie" (35) genannt hatte, mehr und mehr verloren. Während die *Einführung in die Metaphysik* noch durch die politischen Auseinandersetzungen der Zeit und die Entschlossenheit zur Weltveränderung geprägt ist, wird die Philosophie nun mehr und mehr „gelassen". In der grundsätzlichen „Kehre" seines Denkens, die sich, durch die Zeitumstände bedingt, zunächst fast im Verborgenen vollzieht und erst nach dem Ende des Krieges publik wird, verliert Heideggers Philosophie ihre ursprüngliche selbstsichere Aggressivität und wandelt sich zu einer anscheinend äußerst bescheidenen Seinsfrömmigkeit oder Demut vor dem Sein. Damit ändert sich – etwa von 1937 bis 1947 – auch Heideggers Auffassung von der Rolle der Philosophie, die nun im Endeffekt durch ein neues, „wesentliches" Denken ersetzt werden soll.

In der Vorlesung *Grundfragen der Philosophie* (1937/38) wird die Philosophie zwar noch unter dem Eindruck von Nietzsche als das herrschaftliche Wissen bezeichnet, genauer: als „das unmittelbar nutzlose, gleichwohl herrschaftliche Wissen", zugleich aber wird sie nun auf eine Grundstimmung, die „das strengste Ansichhalten der höchsten Stimmung" (2) genannt wird, bezogen. „Diese Grundstimmung *der* Philosophie, d.h. der *künftigen* Philosophie, nennen wir, wenn davon überhaupt unmittelbar etwas gesagt werden darf: die *Verhaltenheit*. In ihr sind ursprünglich einig und zusammengehörig: das *Erschrecken* vor diesem Nächsten und Aufdringlichsten, daß Seiendes ist, und zugleich die *Scheu* vor dem Fernsten, daß im Seienden und vor jedem Seienden das Seyn west. Die Verhaltenheit ist jene Stimmung, in der jenes Erschrecken nicht überwunden und beseitigt, sondern durch die Scheu gerade bewahrt und verwahrt ist." (2) Aus dem kämpferischen Denken ist jetzt ein zurückhaltendes Denken geworden, das sich allerdings seiner Sonderstellung bewußt bleibt. Jetzt verknüpft sich Ehrfurcht vor dem Unverfügbaren mit Machtanspruch gegenüber den Uneingeweihten zu einer Art hochmütiger

Demut. Diese Verbindung von ostentativer Bescheidenheit und höchstem Sendungsbewußtsein wird nun immer stärker Heideggers Philosophieren prägen; denn mit der Entfaltung seines neuen Denkens ändert sich auch der Stil seiner Philosophie. An die Stelle zupackender Analysen und gelehrter Ausführungen tritt mehr und mehr ein meditatives Denken sowie eine mild gestimmte und poetisch verbrämte Ausdrucksweise. Dabei wird das bisherige Verständnis von Philosophie als Wissenschaft aufgegeben, ja sogar als eine geschichtliche Verirrung betrachtet, von der sich das wahre Denken zu distanzieren hat. Philosophie ist keine Wissenschaft oder gar Forschung, das neue Denken will nicht einmal mehr Philosophie in irgendeinem überlieferten Sinn des Wortes sein. Doch erst nach dem Krieg wird sich das ganze Ausmaß des Wandels in Heideggers Denken zeigen, und möglicherweise haben – außer dem Alter – auch die Katastrophenerfahrungen seine ursprüngliche Aggressivität gedämpft.

Im *Brief über den Humanismus* (1947), in dem er die Heimatlosigkeit des Menschen als Seinsvergessenheit und Seinsverlassenheit beklagt, wird deutlich, daß Heidegger jetzt den Begriff *Philosophie* als eine unpassende Bezeichnung für das eigene Denken fallen lassen will. Das gesuchte neue Denken wird keine Philosophie mehr sein, genausowenig wie das ursprüngliche Denken der Vorsokratiker vor dem Entstehen der Philosophie bzw. der Metaphysik in Athen schon Philosophie war (vgl. 316). Das „wesentliche", „wahre" oder „anfänglichere" Denken wird zum Andenken des Seins, das nicht etwa nachträglich zum Sein in Beziehung tritt, sondern nur den Bezug des Menschen zum Sein vollbringt, also, vom Sein selbst ereignet, dieses Sein sein läßt, was oder wie es ist (vgl. 313, 335, 351). Heidegger will sich, ohne dem Irrationalismus verfallen zu wollen, endgültig von der technischen Interpretation des Denkens freimachen (vgl. 314). „Es ist an der Zeit, daß man sich dessen entwöhnt, die Philosophie zu überschätzen und sie deshalb zu überfordern. Nötig ist in der jetzigen Weltnot: weniger Philosophie, aber mehr Achtsamkeit des Denkens [...]. Das künftige Denken ist nicht mehr Philosophie, weil es ursprünglicher denkt als die Metaphysik, welcher Name das gleiche sagt [...]. Das künftige Denken kann aber auch nicht mehr, wie Hegel verlangte, den Namen der ‚Liebe zur Weisheit' ablegen und die Weisheit selbst in der Gestalt des absoluten Wissens geworden sein. Das Denken ist auf dem Abstieg in die Armut seines vorläufigen Wesens." (364) Man wird sich allerdings fragen müssen, ob hier nicht letztlich nur Wörter („Denken" statt „Philosophie") ausgetauscht worden sind. Vor allem aber wird man sich fragen müssen, worin die von Heidegger immer schon geforderte Ursprünglichkeit des Denkens, das wesentliche Denken, eigentlich besteht.

c) Etwa seit 1950 nimmt Heideggers Kritik der Metaphysik und der aus ihr entspringenden Wissenschaft und Technik deutlich zu, sie ist im Grunde eine Kritik der gesamten abendländischen Entwicklung, insbesondere in der Neuzeit. Damit wächst auch – in einer Art Selbstüberwindung der Philosophie – die Distanz zur Philosophie als solcher und zugleich die Hoffnung auf ein neues Denken. Heidegger hat zwar immer wieder beteuert, daß er das neue Denken nur vorbereiten könne, daß auch er das Sein selbst nicht kenne. Dennoch spricht er vor allem in seinen letzten Jahren immer häufiger mit der Attitüde des Auserwählten und Eingeweihten, der zumindest die Möglichkeit der Ankunft des Seins ahnt – Philosophie wird zur Prophetie und darin zur Eschatologie. Heidegger ist sogar nur ausnahmsweise noch bereit, dieses „denkendere Denken" Philosophie zu nennen, vorausgesetzt nämlich, daß solches Denken weder wissenschaftlich noch metaphysisch mißverstanden wird. Da nämlich das Sein als das eigentlich zu Bedenkende das ist, was uns zu denken gibt und uns so denken heißt, wird Denken für ihn zu einem Entsprechen, das den geschichtlichen „Anspruch" oder „Zuspruch" des Seins geschichtlich zur Sprache bringt. An wen sich dieser Zuspruch des Seins auch immer wenden mag (an alle oder wenige Menschen oder vielleicht sogar nur an einen Auserwählten) und wer auch immer die Sprache des Seins hören mag und auf sie zu hören vermag – das dem Sein hörige Denken kann vorerst nur eine Art Adventsdenken sein. Wahres Denken kann nach Heideggers Überzeugung zur Zeit nur vorbereitendes, nicht selbst schon stiftendes Denken sein – das besinnlichere Denken sinnt der möglichen Gunst einer neuen Seinsoffenbarung entgegen. So wird Philosophie letztlich zu einer unbestimmten Hoffnung auf eine alles erneuernde Weltwende, deren Grund und Ursprung, Wirkungsweise und Folgen notwendigerweise dunkel bleiben müssen.

Heidegger ist der Frage nach dem wahren Seinsdenken u.a. in dem Vortrag *Was heißt Denken?* (1952) nachgegangen. Denken ist hier das Andenken an das, was sich entzieht und auf das der Mensch doch zugleich als ein deutungsloses Zeichen zeigt. In diesem Sinn kann Heidegger daher auch sagen: „Die Wissenschaft denkt nicht" (vgl. 133). Entsprechend wird dann in dem Vortrag *Wissenschaft und Besinnung* (1953) die Wissenschaft als ein unbesonnenes Nachstellen und die Technik als gewaltsames Herstellen interpretiert. Beides gründet in einer Metaphysik, die die Wahrheit nur im Vorstellen und Feststellen findet, dem Nachstellen und Herstellen des Seienden dient und nichts mit Besinnung im Sinne einer „Gelassenheit zum Fragwürdigen" (68) zu tun hat. Sein eigenes Denken kann Heidegger zwar nur als Vorbereitung einer Bereitschaft für eine mögliche Schicksalswende verstehen, doch muß er diese „höchste Stufe der Besinnung", wie hypothetisch verklausuliert auch immer, selbst schon für „eine besondere Gunst" halten (70).

Der endgültige Verzicht auf die Philosophie wie auch auf diesen Terminus dürfte Heidegger verständlicherweise nicht leicht gefallen zu sein. In dem Vortrag *Was ist das – die Philosophie?* (1955) scheint er diesen Begriff daher noch durch eine Umdeutung oder eine neue Grundlegung retten zu wollen. In der Anknüpfung an das griechische Wort und mit dem Anspruch auf ein denkendes Gespräch mit unseren geistigen griechischen Ursprüngen versucht er, dem ursprünglichen Sinn von Philosophie nachzusinnen. Philosoph-sein heißt nach Heideggers Interpretation hier soviel wie: dem Sein entsprechen (vgl. 20ff). In diesem Sinn könnte die Philosophie auch heute noch eine Zukunft haben – als „eine ausgezeichnete Weise des Sagens" (30), die „dem Zuspruch des Seins des Seienden entspricht" (29). Damit nähert sich die Philosophie wieder – wie z.B. beim späten Schelling – dem (gottbegeisterten) Dichten. In dem Aufsatz *Das Ende der Philosophie und die Aufgabe des Denkens* (1964) geht Heidegger dann allerdings davon aus, daß die Philosophie als Metaphysik ihre Vollendung und damit ihr Ende erreicht hat. Ihr Resultat sind die modernen Wissenschaften und die Technik, insbesondere die Kybernetik. In ihnen zeichnen sich die äußersten Möglichkeiten der Philosophie insoweit ab, daß nun die Frage nach der Möglichkeit eines anderen Denkens, das weder Metaphysik noch Wissenschaft ist, gestellt werden kann. Solange dies nur vermutet werden kann, kann auch das tiefste Denken „nur einen vorbereitenden, keinen stiftenden Charakter" (66) haben. Im übrigen ist die Möglichkeit des Erscheinens von Sein eine Frage, die in der Philosophie ungedacht bleiben muß, also schon keine philosophische Frage mehr sein kann. So steht Heideggers ahnendes Denken nach seinem eigenen Verständnis zwischen dem Nicht-mehr und dem Noch-nicht in einer alles entscheidenden Phase der Seinsgeschichte qua Heilsgeschichte und verdankt sich darin einer besonderen Gunst des Seins.

Heideggers Denken war unbeirrbar der Frage nach dem Sein gewidmet. Aber während er sich in *Sein und Zeit* noch durch konkrete existenzialontologische Analysen – im Ausgang von einem Seienden, dem Dasein – Aufschluß über das transzendente Sein erhoffte, versuchte er nach seiner „Kehre", das Sein immer mehr sozusagen unmittelbar zu denken und zugleich durch das Nachdenken geschichtlichen Seinsdenkens seine langwährende Verborgenheit zu verstehen. Dies führte einerseits zu vielen fruchtbaren Einsichten in die Geschichte des abendländischen Denkens, andererseits aber auch zu einem meditativ kreisenden Denken mit vielen Wiederholungen und unklaren, schwer bestimmbaren oder sogar widersprüchlichen Nuancen. Klar blieb fast nur, daß an die Stelle des ursprünglichen Kampfes um das Sein das mehr oder weniger gelassene Harren auf die Ankunft des Seins getreten war, an die Stelle der in *Sein und Zeit* zitierten „Gigantomachia" die Bußfertigkeit des Sünders. Vor allem aber begann sich das Seinsdenken durch seine zunehmende Abstraktion von allem Seienden selbst mehr und mehr aller ausweisbaren Inhalte zu entledigen; es entstand eine Art Leerlauf der Meditation, die sich im Grunde, theologisch ausgedrückt, auf das Problem *Seele und Gott* und darin auf das Problem der Gnade reduzierte (mit der Tendenz zu einer Theorie der Kooperation). Da Heidegger jedoch zugleich – trotz ständiger Versicherung, selbst auch unwissend bzw. unerleuchtet zu sein – alles andere Denken als völlig seinsvergessen geißelte, nahm sein eigenes Reden über das Sein mehr und mehr den Charakter der Verkündigung eines Eingeweihten an. Seine Philosophie wurde zur Prophetie im Namen des unbekannten Gottes. Damit erreichte seine Selbststilisierung als Rufer in der Wüste ihren letzten Höhepunkt.

## 3. Eigentlichkeit und Gesellschaft

Das Denken der beiden ‚Existenzphilosophen' Jaspers und Heidegger ist so divergent, daß mit gutem Grund am Sinn einer Zusammenstellung der beiden Denker gezweifelt werden kann. Sowohl die methodischen und erkenntnistheoretischen Ausgangspositionen (Kantische Erkenntniskritik, phänomenologischer Erscheinungsbegriff) als auch die wesentlichen Intentionen (Selbstvergewisserung, Seinsdenken) sind so unterschiedlich wie nur möglich. Jaspers hat Heideggers Philosophie zunehmend als unehrlichen und gefährlichen Mystizismus empfunden, Heidegger hat Jaspers' Philosophie am Ende als bloße moralisierende Psychologie verachtet. Dennoch hatten sie ursprünglich auch ein gemeinsames Grundanliegen: die Frage nach der Möglichkeit einer wahren, nämlich ‚eigentlichen' Existenz, die sie dann allerdings verschieden beantworteten. Sie waren in ihrer Frühzeit sogar zeitweise miteinander befreundet und führten eine z.T. fruchtbare Diskussion miteinander. Heidegger verwies in *Sein und Zeit* auf Jaspers' Begriff der Grenzsituation, Jaspers entwickelte in seiner *Philosophie* seine Begriffe von Dasein und möglicher Existenz in deutlicher Absetzung gegen Heidegger.

Das freundschaftliche Verhältnis zerbrach dann vor allem an der Politik. Heidegger, der aufgrund der politischen Ereignisse plötzlich die Bedeutung des (nationalen) Staates entdeckte und eine geistige wie politische Erneuerung des deutschen Volkes erhoffte, engagierte sich ebenso heftig wie kurzfristig für den Nationalsozialismus und übernahm sogar dessen Antisemitismus. Jaspers, der mit einer Jüdin verheiratet und schon deshalb gegen den Nationalsozialismus immun war, fand erst durch den Schock der politischen Ereignisse zum politischen Philosophieren und erhoffte nun eine Umkehr zu einer nationalen wie internationalen Gemeinschaft der Freiheit – eine Erwartung, die er allerdings erst nach dem Kriege artikulieren konnte. Diesem inhaltlich äußerst unterschiedlichen Engagement für den Nationalsozialismus bzw. den Liberalismus, dem zum Vergleich noch Sartres Engagement für den Kommunismus hinzuzufügen wäre, ist fast nur der formale Gedanke einer ‚wahren' Gemeinschaft und einer dahin führenden inneren Erneuerung bzw. Revolution gemeinsam. So verständlich das unterschiedliche politische Engagement angesichts der jeweiligen Person und Situation sein mag, es ergibt sich nicht mit Notwendigkeit aus existenzphilosophischen Grundbegriffen, jedenfalls nicht allein aus dem Ideal einer eigentlichen (authentischen) Existenz. Im Gegenteil, man darf sogar vermuten, daß es eine gewisse Leere des Existenzbegriffs war, die unter den jeweiligen geschichtlichen Bedingungen zu verschiedenen politischen Schlüssen führen konnte. Auch die Existenzphilosophie erscheint in politischer Hinsicht immer wieder weltfremd, sie ist (wie so viele politische Philosophien) im wesentlichen moralisierend, und dies trotz ihrer Abneigung gegen die herkömmliche Ethik. Es dürfte kaum zu leugnen sein, daß die ‚privatistische' Existenzphilosophie, weil vom Ansatz her vor allem um das Heil der eigenen Seele bekümmert, mit der Beantwortung der daraus resultierenden Frage nach einer wahren, nicht nur privaten, sondern politischen Gemeinschaft von vornherein begrifflich keinen leichten Stand hatte.

Nun kann natürlich die mögliche politische Bedeutung einer Philosophie (oder gar das politische Engagement ihres Autors) nicht das einzige Kriterium für ihre Beurteilung sein – der Wert dieses Kriteriums hängt schließlich selbst schon wieder von der eigenen politischen Position und dabei besonders von der Einschätzung der Bedeutung des Staates bzw. der Politik für die eigene Existenz ab. Die wesentlichen Fragen und Einsichten bei Heidegger und Jaspers sind jedenfalls nicht politisch in irgendeinem engeren Sinne, sie sind vor-, außer- oder überpolitisch. Sie beziehen sich auf ein überempirisches Heil und dessen Abhängigkeit von einer überempirischen Instanz, und sie fragen, zumindest ursprünglich, nach der Möglichkeit eines wahren Lebens unabhängig von allen politischen Bedingungen bzw. in allen geschichtlich-gesellschaftlichen Situationen. Erhellend können diese Existenzanalysen und Fragen nach dem transzendenten Sein allerdings nur für den sein, für den Existenz und Transzendenz im emphatischen Sinne der Existenzphilosophie überhaupt noch Probleme sind.

Die Existenzphilosophie wollte die Möglichkeit einer eigentlichen Existenz aufzeigen und dadurch den Menschen zu sich selbst bringen; wie alle Heilsphilosophie tendierte sie daher zu einer Bekehrungs- und Erweckungsphilosophie mit nahezu unvermeidlicher Hoffnung auf politische Weltverbesserung. Darüber hinaus richtete sich ihr Denken jedoch auf die transzendenten Bedingungen aller Erneuerung des Einzelnen wie der Menschheit überhaupt; indem sie das wahre Menschsein in einem überempirischen Heil suchte, mußte sie unvermeidlich, trotz aller Betonung der Selbstbestimmung, die Frage nach einer übermenschlichen Instanz stellen. Allerdings bleiben sowohl der Begriff und damit die konkrete Möglichkeit einer eigentlichen Existenz als auch der Begriff des Seins bzw. des Umgreifenden allzu unbestimmt. Faktisch wurde die Existenzphilosophie, indem sie direkt oder indirekt an alle appellierte, sich zu besinnen, sich aus der Verfallenheit an die Welt zurückzuholen und sich aus dem Gerede des Alltags herauszureißen, zu einer Modephilosophie, die nach einigen Jahren verbreiteter enthusiastischer Zustimmung gründlicher Verachtung anheimfiel. Seitdem sind ihre Probleme wie verschüttet.

# IV. Utopisches Denken

## Gesellschaftsorientierte Philosophie

Nahezu parallel zur Existenzphilosophie entwickelte sich nach dem Ersten Weltkrieg eine stark an Gesellschaftsproblemen orientierte Denkrichtung, die dann in den sechziger Jahren zu dominieren begann. In diesem Philosophieren wurde die Möglichkeit eines wahrhaft menschlichen Lebens an die Bedingung der Existenz einer richtigen Gesellschaftsordnung geknüpft, wobei die moderne Gesellschaft als Haupthindernis eines wahrhaft menschlichen Lebens galt, weil sie im wesentlichen nur noch Entfremdung produziere. Die wichtigsten Vertreter dieser betont sozial gesinnten Philosophie entstammten dem wohlhabenden und gebildeten jüdischen Bürgertum. Sie neigten, außer zu einer allgemeinen Kulturkritik, zu einem menschheitsorientierten Universalismus oder weltgeschichtlich begründeten Internationalismus und (mit Einschränkungen) auch zu einer politischen Hinwendung zum Proletariat.

Damit war ein gewisser Rückgang auf Marx und dessen 1932 edierte Frühschriften nahezu unvermeidlich, wodurch sich jedoch alsbald zwei Probleme ergaben, die von vornherein auch eine gewisse Distanz nötig machten: erstens die Auseinandersetzung mit der ‚marxistischen' Vorstellung, daß mit Marx die Verwirklichung und damit das Ende der Philosophie begonnen habe, und zweitens die Auseinandersetzung mit der Entwicklung des Marxismus zum Stalinismus, dessen Parallelen zum bekämpften Faschismus auf die Dauer nicht zu übersehen waren. Daraus ergab sich ein Diskussionszusammenhang, der durch die Herrschaft des Nationalsozialismus in Deutschland und die daraus resultierende Katastrophe des Zweiten Weltkrieges seine aktuelle Schärfe erhielt. Gleichzeitig bewirkten die politischen Ereignisse, die nach 1933 zur Emigration der ‚marxistischen‘ Philosophen führten, nicht nur einen großen Einschnitt in deren Leben, sondern auch eine Zäsur in ihrer Arbeit und Wirkung. Ihre Hauptwerke konnten, obwohl zum Teil schon im Krieg geschrieben, erst nach dem Krieg in Deutschland erscheinen und vor allem in Westdeutschland ihren zeitweise überwältigenden Einfluß entfalten. Jetzt mußten die deutschen Neomarxisten sich allerdings auch mit dem politisch etablierten Kommunismus im Osten auseinandersetzen.

Die verschiedenen Versuche zur ‚Vertiefung‘ der Marxschen Lehre durch ‚Ergänzung‘ oder ‚Fortentwicklung‘ zerfallen deutlich in zwei einander ausgesprochen fremde Richtungen: eine eher metaphysische, fast messianisch-theologische Richtung und eine betont kritische, wenigstens ursprünglich eher soziologische Richtung. Ihre Vertreter blieben trotz gewisser Gemeinsamkeiten deutlich auf Abstand, sie entwickelten und verkörperten zugleich zwei deutlich verschiedene Auffassungen von Philosophie.

## 1. Bloch: Hermeneutik der Sehnsucht

Ernst Bloch (1885–1977) wurde als Sohn eines jüdischen, aber assimilierten Eisenbahnverwalters in Ludwigshafen geboren, studierte Philosophie, Musik und Physik und lebte nach seiner Promotion zunächst als freier Schriftsteller. Er verachtete die Universitätsphilosophie und tendierte zu einer bildhaft-expressionistischen, ekstatisch-visionären Literatur – so fand er schon früh zu einer mehr messianischen als marxistischen Philosophie der Utopie (*Geist der Utopie*, 1918). 1933 emigrierte er über die Schweiz nach Amerika, kehrte aber 1949 zurück und ging nach Leipzig, weil ihm die DDR als die „neue Welt“ erschien. Er feierte Lenin und Stalin als Vorkämpfer für die Menschenrechte („Ubi Lenin, ibi Jerusalem“) und kritisierte die Bundesrepublik als faschistisches Land; aufgrund dieser Überzeugungen trat er auch für eine Zensur der Philosophie in Ostdeutschland ein. Dennoch gab es schon bald offizielle Kritik an seinem eigenem Utopismus. Bloch wurde pensioniert und blieb 1961, als er beim Mauerbau zufällig in Westdeutschland war, in der Bundesrepublik, wo er als Gastprofessor in Tübingen eine große Wirkung (nicht zuletzt auf die Theologie) entfalten konnte.

In seinem Hauptwerk *Das Prinzip Hoffnung* (1954/55) deutet Bloch das Sein als ein einziges Werden, als ein „fortschreitendes Totum", das auf ein unerkennbares Ziel, das „noch ferne Totum" ausgerichtet ist. Alles Sein ist immer auch Noch-nicht-sein, Möglichkeit oder Potenz, die sich noch verwirklichen will, deren Verwirklichung aber auch fraglich ist. Näherhin läßt sich das Sein als Materie bzw. „Weltmaterie" bestimmen, also als materieller Weltprozeß – es ist ein nichtgöttliches oder transzendenzloses Absolutes mit einer Art offener Transzendenz des Werdens. Insofern hält Bloch bewußt an der Metaphysik fest, mit der er seine moralisch-politische Utopie begründet. Denn die noch unbekannte Ganzheit, die nur erhofft und erahnt werden kann, ist zugleich das höchste Gut, das gewollt werden soll. Das Ziel der Geschichte läßt sich aus dieser Sicht als Aufhebung der Entfremdung, nämlich (mit Marx' Worten) als Naturalisierung des Menschen und Humanisierung der Natur beschreiben. Hunger und Hoffnung z.B. sind Zeichen der Antizipation einer besseren Zukunft, die allerdings nicht notwendig und von selbst kommt. So verbinden sich bei Bloch – auf der Basis eines nur vage behaupteten Materialismus – eine transzendenzfrei gemeinte Metaphysik und eine geradezu mystische Utopie zur *„Einheit von Hoffnung und Prozeßkenntnis"* (727). In diesem Sinne versteht Bloch sein utopisches Heilsdenken als Ergänzung des sogenannten analytischen Denkens im Marxismus oder als Betonung des subjektiven Faktors und insofern als Korrektur des offiziellen Marxismus; er unterscheidet zwischen einem Kälte- und einem Wärmestrom im Marxismus und fordert eine unverkürzte marxistische Philosophie.

Da Bloch sich „als der Absicht nach" marxistischer Denker versteht, muß auch er sich dem Problem stellen, wie nach Marx die Philosophie ihre Existenz überhaupt noch legitimieren kann. Die Frage läuft für ihn weitgehend auf das Problem der richtigen Interpretation der 11. Feuerbachthese hinaus: „Die Philosophen haben die Welt nur verschieden *interpretiert*; es kömmt darauf an, sie zu *verändern.*“ Bloch fragt, was dieses „Losungswort“ bedeute. Dabei ist die Einheit von Theorie und Praxis für ihn eine unbezweifelbare Voraussetzung, der „Begriff“ soll „Anweisung zum Eingriff“ sein (319). Gleichzeitig möchte er jedoch die den Unterschied von Theorie und Praxis akzentuierende Feuerbachthese vor „Blasphemie“, nämlich vor der Verfälschung „von Intelligenzverächtern und Praktizisten“ schützen (321). Bloch versteht Marx nun so, daß dieser nicht das Philosophieren überhaupt, sondern nur das kontemplative Erkennen für beendet erklärt habe. Es gehe, wie Bloch interpretiert, nur um die Aufhebung der Klassenschranke, nämlich der klassenbedingten falschen Autonomie des Bewußtseins; die Absage an die Philosophie zugunsten eines unbefangenen Studiums der Wirklichkeit sei nur gegen eine bestimmte Philosophie, nämlich die „philosophische Windbeutelei“ (324) der Hegelianer, gerichtet. In diesem Sinne zitiert Bloch Marx, die Forderung der Aufhebung der Philosophie durch deren Verwirklichung sei nur durch *„die Negation der seitherigen (!) Philosophie*, der Philosophie als Philosophie“ möglich; der von Hegel selbst stammende Begriff der Negation der Philosophie meine nicht „jede mögliche und künftige überhaupt“ (325). „Die ‚Negation‘ bezieht sich auf Philosophie mit Wahrheit um ihrer selbst willen, also auf autark-kontemplative, auf eine die Welt lediglich antiquarisch interpretierende, sie bezieht sich nicht auf eine die Welt revolutionär verändernde“ (325). Bloch erscheint es als absurd, zu meinen, daß der Marxismus selber keine Philosophie mehr sei; denn dies würde bedeuten, „daß die einzige zur konkreten Weltveränderung fähige und bestimmte Philosophie keine – Philosophie mehr wäre“ (326). Vorläufig ist das Ende der Philosophie jedenfalls noch nicht in Sicht, nur das Ende der vermeintlich ‚autark-kontemplativen‘.

Aufgrund dieser vielfach (von Marxisten wie von Nichtmarxisten) angezweifelten Marx-Interpretation kann Bloch dann seine eigene ‚marxistische‘ Vorstellung des Verhältnisses von Theorie und Praxis artikulieren: „Wirkliche Praxis kann keinen Schritt tun, ohne sich ökonomisch und philosophisch bei der Theorie erkundigt zu haben, der fortschreitenden" (322). Bloch geht, wie er später einmal gesagt hat, zwar vom Primat der Praxis, aber zugleich vom Prius der Theorie, d.h. vom logischen Vorrang der (wahren) Philosophie aus. „Marxismus wäre gar keine Veränderung im wahren Sinn, wenn er vor und in ihr kein theoretisch-praktisches Prius der *wahren Philosophie* wäre" (326). Der Marxismus liefere im übrigen durch seine politischen Führer selbst den besten Beweis, daß die Philosophie die Welt verändern könne. Die vorausgehende philosophische Erkenntnis der Welt ist für Bloch allerdings vor allem eine durch den Willen zur Veränderung bestimmte Situationsanalyse. „Philosophische Veränderung ist eine mit unaufhörlicher Kenntnis des Zusammenhangs; denn wenn Philosophie auch keine eigene Wissenschaft über den anderen Wissenschaften darstellt, so ist sie doch das eigene Wissen und Gewissen des Totum in allen Wissenschaften. Sie ist das fortschreitende Bewußtsein des fortschreitenden Totum, da dieses Totum selber nicht als Faktum steht, sondern einzig im riesigen Zusammenhang des Werdens mit dem noch Ungewordenen umgeht." (326) Hier kommt Blochs eigene Endzeit-Vision ins Spiel, die sich der Marxschen nähert, ohne sich selbst von dieser verbieten zu lassen – auch Eschatologien müssen sich als solche gegeneinander behaupten. Wenn Marx gesagt habe, die Philosophie könne sich nicht verwirklichen, ohne sich aufzuheben, so zeige dies nur: „die völlige Aufhebung dieser Art fällt mit dem letzten Akt des Kommunismus zusammen" (327). Dieses letzte Ziel des Marxismus, die durchgeführte Naturalisierung des Menschen und die durchgeführte Humanisierung der Natur, verlangt nicht die sofortige Aufhebung der Philosophie, sondern erst einmal eine ganz und gar neue Philosophie als „das Wissen-Gewissen jeder Praxis, worin das noch ferne Totum sich spiegelt" (327). Insofern glaubt Bloch die von Marx „gesuchte letzte Perspektive" (327) gerade mit seiner Philosophie aufzunehmen. Es geht nicht um Liquidierung, sondern um Transformation der Philosophie.

Bloch versucht, alte idealistische Traditionen mit einem erneuerten materialistischen Marxismus zu verbinden und so neu zu begründen. In seinem Aufsatz *Über den Begriff Weisheit* (1953) stellt er den Marxismus als legitimen Erben der klassischen Weisheitstradition der Philosophie dar. „Item, Weisheit ist Marxismus geworden, sie gewinnt mit ihm endlich öffentlich-tätige Funktion." (381) Weisheit war immer schon praktisch, nämlich, wie Bloch interpretiert, auf ein konkretes Ziel bezogen, ja sogar parteilich. Nun aber sind Theorie und Praxis, Weisheit und Arbeit im Marxismus endlich eins geworden und gemeinsam auf das gerichtet, was in der klassischen Philosophie als höchstes Gut bezeichnet, aber nicht als realisierbares Ziel begriffen wurde. „Das höchste Gut ist, als Aufhebung der Entfremdung, als Naturalisierung des Menschen, Humanisierung der Natur, vielmehr ein Ziel, das sich faktisch wie inhaltlich durch die Arbeit der Weisheit, die Weisheit der Arbeit erst bildet." (385) Auf diese Weise identifiziert Bloch Philosophie weitgehend mit Weisheit und Wissen, wobei er beides allerdings in einem sehr weiten Sinn nimmt. „Genau die marxistische Philosophie, als wahre, läßt philosophisches Zusammenhangs- und Wesenswissen mit der Weisheit sich treffen." (388) Folglich versucht Bloch, die verschiedenen Aussagen von Marx und Engels zur Philosophie als ein sich ergänzendes Plädoyer für die Philosophie zu interpretieren und damit nochmals die Möglichkeit und Notwendigkeit von Philosophie zu beweisen. Engels' Bemerkung im sogenannten *Anti-Dühring*, daß, wenn sich die Einzelwissenschaften erst einmal über ihre Stellung im Ganzen gewiß seien, jede besondere Wissenschaft vom Gesamtzusammenhang überflüssig geworden sei und Philosophie sich dann auf Logik und Dialektik reduzieren werde, wird von ihm so gedeutet, daß die Einzelwissenschaften das Werk der Philosophie positiv fortsetzen sollen. „Engels reduziert zugunsten eines bereits halbwegs Vorhandenen, der positiven Wissenschaft, Marx intensiviert zugunsten eines erst zu Bewerkstelligenden, der Aufhebung des Proletariats [...]. Derart erscheint an diesem ihrem ‚Ende' die Philosophie bei Engels als der Boden der zusammenhängenden Wissenschaften, bei Marx als das geistige Arsenal und Licht der Revolution, der Aufhebung des Proletariats. Nirgends aber verschwindet sie als solche, das ist, in der Weisheit und Praxis ihres Zusammenhangs-Wissens, Ziel-Gewissens." (392f.) Insofern wird gerade durch Marx und Engels eine neue Philosophie *sub specie humanitatis* möglich. Für Bloch ist sie eine praktische Philosophie auf der Basis der Metaphysik. „Philosophie ist die Wissenschaft des im Prozeß befindlichen Einen, was not tut, mithin sowohl des Einen wie des im reichen Weltprozeß, Weltzusammenhang Befindlichen." (394)

Zu einem ähnlichen Ergebnis kommt Bloch in seinem Aufsatz *Was ist Philosophie, als suchend und versucherisch?* (1955). Hier weist er zunächst auf zwei verschiedene Quellen des philosophischen Denkens hin: Not und Staunen. Das Staunen, bei Platon mit der Liebe zum wahren Sein verbunden, ist für Bloch (ähnlich wie für Heidegger) „unbehaustes, folglich unheimliches Staunen" (395); es ist die eigentliche Quelle der Philosophie, weil es das Denken zum Denken anstachelt. „Daher sind Denker so beschaffen, daß sie sich das Denken schwerer machen als üblich." (396) Scheinbar schwer von Begriff wie Sokrates sind sie in Wirklichkeit von einem „gefährlichen Drang zum Begriff" (396) besessen. Zwar könnte es, wenn man die verschiedenen Konzepte von Philosophie betrachtet, scheinen, als ob Philosophie ein bloßes „Wort oder Summenzeichen" (398) sei. In Wirklichkeit bezeichnet der Begriff *Philosophie* zweierlei: negativ, daß sie mehr ist als eine Einzelwissenschaft, positiv, daß sie den „Zug zum *Ganzen* und *Eigentlichen*" (399) hat. „Ja, die marxistische Philosophie, indem sie erklärtermaßen die Welt interpretiert, um sie zu verändern, schreibt an diesem Buch gleichsam weiter, vielmehr hilft der Welt, sich entscheidend ins Neue zu erweitern." (399) Der Marxismus wird so zum prominentesten Mitarbeiter an der Schöpfung oder sogar Mitautor der Welt.

Allerdings ist die Philosophie heute nicht mehr die Königin der Wissenschaften, zumal es für den Marxisten eigentlich nur eine Republik der Wissenschaften gibt. „Statt Königin oder gar Wochenübersicht der Wissenschaften zu sein, ist die Philosophie vielmehr deren lebendiger Zusammenhang in eigener Konzentriertheit. Und mehr: sie ist im Bewußtsein dieses Ganzen der höchstversuchte Durchblick von der Erscheinung auf das *Wesen*, kurz auf das *Eigentliche*, und vor allem jenes, wohin überhaupt der *Prozeß des Ganzen* tendiert. So ist Philosophie, mit dem besten Erbe in sich, *die universale materielle Tendenzwissenschaft* selber, das ist, die zusammenhängende Erleuchtung des Woher, Wohin und Wozu des in der Weltmaterie gesetzhaft anhängigen Prozesses." (399f.) Der Marxismus unterscheidet sich daher von allen „bisherigen bloßen Großgedanken" (400) durch seinen revolutionären Veränderungswillen. „So ist Philosophie allerdings das umgreifende Gewissen und Wissen dieses Ziels innerhalb sämtlicher Einzelwissenschaften, wenn auch nicht über ihnen." (400) Philosophie braucht sowohl die Empirie wie den „universalen Durchblick"; „Philosophie orientiert derart im Strom der Welt insgesamt, um diese bis zur Kenntlichkeit, das heißt, zur – Heimat zu verändern" (400). Hier kommt zum Ausdruck, was Bloch, der Heimatlose, immer gesucht und nie gefunden hat: eine noch unbekannte Heimat, „etwas, das allen in die Kindheit scheint und worin noch niemand war: Heimat" (1628). Und diese Heimatsuche, mit der er zu seiner Zeit nicht nur politische, sondern auch zahlreiche philosophische und theologische Heimatromane inspiriert hat, möchte er sowohl mit der Glückssuche antiker Weisheit wie dem politischen Willen des Marxismus verknüpft sehen. „Philosophie ist keine mehr, wenn sie nicht dialektisch-materialistisch ist, dialektischer Materialismus ist aber ebenso keiner, wenn er nicht philosophisch ist. Was also Philosophie letztlich sei? – sie ist die Logik und der dialektisch-historische Materialismus, die Ethik und Ästhetik der menschlichen Befreiung, des Prozesses zum Glück." (401)

Auch für Bloch ist also Philosophie zunächst kritisches Durchschauen der Welt der Erscheinungen und Meinungen. Aber die situationsanalytische Aktivität bleibt, wie er in seinem Werk *Subjekt-Objekt. Erläuterungen zu Hegel* (1951) ausführt, sinnlos, wenn der Marxismus „*nicht philosophisch ist*, das heißt, einschreitend in große offene Horizonte. Dieses Einschreiten ist theoretisch-praktische Arbeit gegen die Entfremdung" (519). Eine prognostische Metaphysik, die Hoffnung und Prozeßdenken miteinander verbindet, muß die politische Weltveränderung an ihre großen Perspektiven erinnern und leiten; oder wie es in der *Tübinger Einleitung in die Philosophie* (1970) heißt: „neue Metaphysik und konkrete Utopie sind dergestalt Synonyme, geeint in *Transzendieren ohne Transzendenz*" (356). Philosophie ist zwar nur eine der vielen Formen subjektiver Antizipation objektiver Möglichkeiten, wie Märchen, Utopien, Religionen; aber sie zeichnet sich dadurch aus, daß in ihr die Hoffnung der Menschheit zum Selbstbewußtsein kommt. Insofern ist sie nicht nur antizipierendes Bewußtsein, sondern auch reflektiertes Selbstbewußtsein einer begrifflich artikulierten Hoffnung auf eine bessere Zukunft. Philosophie ist, wie Bloch es im *Prinzip Hoffnung* einmal formuliert, „*Docta spes, begriffene Hoffnung*" (5). Philosophie ist nicht das Wissen dessen, was gewesen ist, sondern „*Gewissen des Morgen, Parteilichkeit für die Zukunft, Wissen der Hoffnung*" (5). Die Philosophie, die das allgemeine Bedürfnis nach Heil und Heimat reflektiert, ist nur die begriffliche Form des allgemeinen antizipativen Bewußtseins, das dem Prozeß der werdenden Realität entspricht. Sie läßt den Vor-schein zum Vorschein kommen. Philosophie ist für Bloch das Sich-selbst-begreifen der Sehnsucht, „Hermeneutik der Sehnsucht" (vgl. 5). Damit wird sich die Philosophie der Heilshoffnung als ihres Hauptmotivs bewußt.

## 2. Frankfurter Schule: Philosophie als Ideologiekritik

Die sogenannte *Frankfurter Schule* ist aus dem Frankfurter Institut für Sozialforschung hervorgegangen, das seinerseits auf eine private Stiftung eines jüdischen Getreidehändlers zurückging (1924) und von vornherein marxistisch orientiert war. Es wurde 1933 geschlossen, hatte aber das nicht unbedeutende Institutsvermögen bereits ins Ausland transferiert, wo es später allerdings durch Finanzspekulationen weitgehend verlorenging. Nach dem Weltkrieg wurde das Institut neu begründet (1950), konnte aber als eine Institution der Sozialforschung nicht mehr zu seiner früheren Größe zurückfinden. Die Frankfurter Schule im engeren Sinne des Wortes, wie sie nach dem Kriege auftrat, war primär eine stark sozialphilosophische Richtung der Philosophie, in der die Philosophie wesentlich als Ideologiekritik und diese als die moderne Form von Aufklärung verstanden wurde. Faktisch stellte sich die Philosophie der Frankfurter Schule – vor allem nach dem Zweiten Weltkrieg – auf weite Strecken hin als äußerst pessimistische, nur im weitesten Sinne politische Kulturkritik dar. Die in ihr enthaltenen Tendenzen zur Weltveränderung und utopischen Hoffnungen auf Menschheitserlösung wurden so, nicht zuletzt durch den Einfluß Schopenhauers auf ihre Hauptvertreter, aber auch durch einen gewissen elitären Ästhetizismus, von Anfang an in Grenzen gehalten.

### *a) Horkheimer: Selbsterneuerung der Vernunft*

Max Horkheimer (1895–1973) entstammte einer konservativen und reichen jüdischen Familie in Stuttgart, der Vater war Textilfabrikant. Obwohl seit 1914 Juniorchef des Unternehmens, beschloß Horkheimer, früh von Schopenhauer beeinflußt, zu studieren. In Frankfurt geriet er zunächst unter den Einfluß des Neukantianismus, von dem er sich später distanzierte, außerdem beschäftigte er sich eindringlich mit Husserl. Nach seiner Promotion und seiner Habilitation über Kant erhielt er 1930 den eigens für ihn eingerichteten Lehrstuhl für Sozialphilosophie an der Frankfurter Universität und wurde Direktor des Instituts für Sozialforschung. 1933 emigrierte er über die Schweiz in die USA, kehrte 1949 nach Frankfurt zurück, blieb aber amerikanischer Staatsbürger. 1958, also schon zehn Jahre vor der sogenannten Studentenrevolte, zog er sich ins Tessin zurück.

In seinem programmatischen Aufsatz *Traditionelle und kritische Theorie* (1937) versucht Horkheimer, die Grundlagen einer neuen gesellschaftsorientierten Philosophie zu legen, die als Kritische Theorie bekannt geworden ist. Diese soll zwar soziologisch arbeiten, aber die Grenzen der (bürgerlichen) Soziologie überschreiten; sie soll Philosophie als Wissenschaft sein, und zwar im engeren wie im weiteren Sinne. Die sogenannte traditionelle Theorie, von der sich Horkheimer absetzt, ist nicht etwa die *theoria* der antiken Philosophie, die letztlich Schau des Göttlichen sein wollte, sondern Theorie im Sinne einer in ein System von Sätzen gebrachten Universalwissenschaft, die nach Horkheimer das Selbstverständnis der modernen Philosophie als Wissenschaft bestimmt, und zwar sowohl in ihren rationalistischen wie in ihren empiristischen Varianten. Die traditionelle Theorie beruht jedoch auf einem falschen Selbstbewußtsein der bürgerlichen Gelehrten, die dem „Schein der Selbständigkeit von Arbeitsprozessen" (171) verfallen sind und nicht sehen wollen, daß „der wissenschaftliche Beruf ein unselbständiges Moment in der Arbeit, der geschichtlichen Aktivität des Menschen ist" (172); sie verkennen auf diese Weise, daß die Entwicklung der Wissenschaft „nicht nur ein innerszientivischer, sondern zugleich ein gesellschaftlicher Vorgang" ist (170). Demgegenüber hat die Kritische Theorie die Gesellschaft selbst zu ihrem Gegenstand, weil sie vom „Interesse an vernünftigen Zuständen" (172) eben dieser Gesellschaft bestimmt ist und sich daher an der dialektischen Kritik der politischen Ökonomie von Karl Marx orientiert. In der Kritischen Theorie, die bezeichnenderweise auch ein „Verhalten" oder eine „Denkart" genannt wird (180f.), soll der Widerspruch der gegenwärtigen Gesellschaft zum Bewußtsein gebracht werden – letztlich, um über die gegenwärtigen Spannungen real hinauszugehen und dem Menschen bzw. der Gesellschaft zu ihrer wahren Identität zu verhelfen. Denn die Menschen können im Laufe der Geschichte die Widersprüchlichkeit ihrer Existenz erkennen.

Allerdings ist für Horkheimer – trotz aller Orientierung an Marx und an der Rolle des Proletariats – „die Situation des Proletariats [...] keine Garantie der richtigen Erkenntnis" (187). Da das Bewußtsein des Proletariats sich keineswegs automatisch auf der Höhe seiner geschichtlichen Möglichkeiten befindet, besteht eine „Spannung zwischen dem Theoretiker und der Klasse, der sein Denken gilt“ (189). Hinzu kommt die Schwierigkeit, „die Idee einer künftigen Gesellschaft als der Gemeinschaft freier Menschen, wie sie bei den vorhandenen technischen Mitteln möglich ist“ (191), deutlich zu entwickeln. Denn das kritische Denken ist zwar antizipativ, aber anscheinend doch primär auf die „Not der Gegenwart“ (190) und deren „Geheimnis“ (191) bezogen. Daher kann sich die Kritische Theorie zunächst fast nur negativ äußern, nämlich als Kritik der gegenwärtigen, geschichtlich gewordenen Warenwirtschaft. Sie ist – in sich so streng wie nur irgendeine Fachwissenschaft – wesentlich eine „oppositionelle Theorie“ (202), die an der Einheit von Theorie und Praxis als Ziel festhält und sich am Ziel einer freien Menschheit orientiert. „Im Übergang von der gegenwärtigen zu einer künftigen Gesellschaftsform soll die Menschheit sich jedoch erstmals zum bewußten Subjekt konstituieren und aktiv ihre eigenen Lebensformen bestimmen.“ (207) Insofern weiß sich die Kritische Theorie in die Geschichte verflochten und zugleich – die Geschichte gleichsam transzendierend – sich selbst als geschichtliche Wahrheit des Ganzen. Allerdings verfügt sie über keine beweisbare Wahrheit. „Mit dem Siegel aller logischen Kriterien versehen, entbehrt sie bis ans Ende der Epoche doch der Bestätigung durch den Sieg.“ (215) So bleibt sie wesentlich negativ oder kritisch. Dennoch hängt an der „Existenz des kritischen Verhaltens [...] heute die Zukunft der Humanität“ (216). Damit wird das wahre Menschsein von der wahren Kritik der Kritischen Theorie abhängig gemacht; die Zukunft der Menschheit hängt an einer unbeweisbaren Heilswahrheit, die sich erst am Ende der Geschichte durch ihren Sieg als Wahrheit erweisen wird.

In einem ebenfalls 1937 geschriebenen Nachtrag unterstreicht Horkheimer den philosophischen Charakter der Kritischen Theorie. Diese ist (im Ausgang von der Gesellschaft als Totalität) eine Totalitätsphilosophie, die zugleich Wissenschaft sein möchte, und zwar wie angedeutet Wissenschaft im engeren wie im weiteren Sinn. Gleichwohl wendet sie sich gegen „die Tatsachenverehrung und den mit ihr verbundenen sozialen Konformismus“ (218). Im Unterschied zum konservativen Positivismus begreift die Kritische Theorie den Menschen als Produzenten seiner Welt – insofern stimmt sie „mit dem deutschen Idealismus [...] seit Kant“ überein (218). Allerdings kann sie die Produktivität des Menschen jetzt als gesellschaftliche Praxis, genauer gesagt als materielle gesellschaftliche Arbeit verstehen. Sie arbeitet für die „Emanzipation des Menschen aus versklavenden Verhältnissen“ (219), und sie hält vor allem die Erkenntnis fest, „daß die freie Entwicklung der Individuen von der vernünftigen Verfassung der Gesellschaft abhängt“ (219) – sie ist die „richtige Philosophie“ (224). Dennoch scheint die Kritische Theorie für Horkheimer einer gewissen Beschränktheit zu unterliegen. Ihr Ziel ist zwar das Glück aller Individuen, das seinerseits von der Politik, nämlich von einer vernünftigen, freien, d.h. sich selbst bestimmenden Gesellschaft abhängt. Aber: „Das ist keine befriedende Affirmation. Die Erfüllung der Möglichkeiten hängt von den geschichtlichen Kämpfen ab [...]. Und selbst nach dem Errichten der neuen Gesellschaft böte das Glück ihrer Mitglieder kein Äquivalent für die Not derer, die in der heutigen zugrunde gehen. Die Theorie verschafft ihren Trägern nicht das Heil“ (224f.). Hier scheinen sich schon gewisse Zweifel an der Leistungsfähigkeit der Kritischen Theorie anzudeuten, zumindest ein über die eigene Argumentation hinausweisendes Bedürfnis. Auch deshalb wird sich Horkheimer der traditionellen Theorie bzw. Philosophie bald wieder annähern.

In seinem Aufsatz *Die gesellschaftliche Funktion der Philosophie* (1940) versucht Horkheimer noch einmal, die Rolle der Philosophie in der Gesellschaft zu klären. Zwar sei die Philosophie letztlich von gesellschaftlichen Bedürfnissen bestimmt. „Aber die gesellschaftliche Praxis bietet keinen Maßstab für die Philosophie: diese kann auf keinerlei Erfolge verweisen.“ (335) Außerdem kann die Philosophie die gesellschaftliche Realität nicht einfach zur Richtschnur nehmen, weil sie – anders als die Einzelwissenschaften – „ein gespanntes Verhältnis zur Realität“ hat (336). „Der Widerstand der Philosophie gegen die Realität rührt aus ihren immanenten Prinzipien her. Philosophie insistiert darauf, daß die Handlungen und Ziele der Menschen nicht das Produkt blinder Notwendigkeit sein müssen" (336). Damit reklamiert Horkheimer nun doch – gegen allen (soziologischen) universalen Ideologieverdacht – eine individuelle Unabhängigkeit des Wissenschaftlers bzw. Gelehrten, nämlich eine gewisse Freiheit des Philosophen zur Ideologiekritik. Für ihn ist „die Spannung zwischen Philosophie und Wirklichkeit [...] fundamental"; sie beruht auf einer „der Philosophie innewohnende[n] Tendenz, den Gedanken nirgendwo abbrechen zu lassen und alle diejenigen Faktoren des Lebens einer besonderen Kontrolle zu unterwerfen, die gemeinhin als feste, unüberwindliche Kräfte oder ewige Gesetze gelten" (339f.). Mit anderen Worten, Philosophie ist kritisch durch die Konsequenz freien Denkens mehr oder weniger autonomer Individuen. Philosophie ist gerade nicht gesellschaftliche Ideologie, sondern Ideologiekritik – oder sollte es doch sein. Daher muß die Philosophie auch „immer wieder auf sich selbst, auf ihre eigene theoretische Tätigkeit rekurrieren" (340). Aus dieser erstaunlich traditionellen Perspektive muß Horkheimer nun jede Auffassung von Philosophie ablehnen, die diese als bloße gesellschaftliche Ideologie betrachtet. Diese Auffassung ist zwar „bis zu einem gewissen Grad richtig", aber vordergründig, weil die gesellschaftlichen Gruppierungen selbst noch „aus dem historischen Prozeß" erklärt werden müssen (342), was Horkheimer anscheinend für möglich hält, nämlich unter der Voraussetzung ideologiefreier wahrer Theorie, die zu einer umfassenden Theorie der Geschichte führen muß. Hinter der Deutung der Philosophie als Ideologie steht, wie er klar sieht, im Grunde die Vorstellung, „daß es keine philosophische und damit überhaupt keine Wahrheit für die Menschheit gebe, daß alles Denken ‚seinsgebunden' sei" (343). Diese Auffassung von Philosophie aber würde nur zum Skeptizismus führen. Horkheimer möchte offensichtlich an den gesellschaftlichen Aufgaben der Philosophie festhalten, ohne die Philosophie in gesellschaftliche Ideologie auflösen zu wollen; die Bindung der Philosophie an die Gesellschaft ist für ihn weniger eine Rückbindung im Sinne von Bestimmtheit als vielmehr eine Zielbindung. Philosophie ist praktisch bzw. programmatisch – anscheinend aufgrund freier Einsichten in der jeweiligen gesellschaftlichen Situation.

„Die wahre gesellschaftliche Funktion der Philosophie liegt in der Kritik des Bestehenden." (344) Die Menschen verlieren sich nämlich in den Ideen, die „die Gesellschaft in ihrer jetzigen Organisation ihnen eingibt" (344); das gängige, gesellschaftskonforme Denken erzeugt nur Entfremdung. Philosophie muß sich daher gegen alle Vereinseitigung und Verselbständigung auf Kosten des Ganzen wehren, sie ist Kampf für das Gute im Ganzen. So war es, wie es jetzt heißt, schon Platons Ziel, „Einseitigkeit zu negieren und in einem umfassenderen, flexibleren, der Realität besser angepaßten gedanklichen System aufzuheben" (344). „Darauf zielte seine Forderung, die Philosophen sollten regieren." (346) Wie immer man diese Interpretation Platons, der im Marxismus meist nur als Idealist und Feudalist verteufelt wird, bewerten mag, hier scheinen deutlich über Aufklärung oder Kritik hinausgehende Wünsche nach theoretischer Systembildung und praktischer Herrschaft sichtbar zu werden. Horkheimer glaubt sich jedenfalls mit allen großen Philosophen einig im Kampf für eine vernünftige Organisation der Gesellschaft unter Leitung der Philosophie. „Philosophie ist der methodische und beharrliche Versuch, Vernunft in die Welt zu bringen", und zwar durch „Entfaltung des kritischen und dialektischen Denkens" (347). Diese alte und gleichsam ewige Aufgabe der Philosophie ist durch die modernen Entzweiungen der Wirklichkeit nur noch dringlicher geworden, insbesondere durch die herrschende Differenz zwischen einem hohlen Idealismus und der gesellschaftlichen Wirklichkeit. „Heute jedenfalls hat die gesamte historische Dynamik die Philosophie in den Mittelpunkt der gesellschaftlichen Wirklichkeit gestellt und die gesellschaftliche Wirklichkeit in den Mittelpunkt der Philosophie." (348) Um diesem gesellschaftlichen Anspruch gerecht zu werden, bedarf es allerdings neben einer vertieften Besinnung auf die gesellschaftlichen Bedingungen des Erkennens (nicht nur auf seine moralischen oder psychischen Bedingungen) auch des Optimismus und der Moral. „Seit Platon hat die Philosophie niemals den wahren Idealismus aufgegeben, daß es möglich sei, die Vernunft unter Menschen und Nationen heimisch zu machen." (349) So scheint die Reprise der (neu bestimmten) Aufklärung in der Frankfurter Schule letztlich wieder bei Platons Philosophenkönig zu landen. Allerdings scheut Horkheimer vor einer unmittelbaren Anwendung seiner Kritischen Theorie als Politik zurück. „Nur in außergewöhnlichen Zeiten, wie der französischen Aufklärung, wird die Philosophie selbst zur Politik." (351) Heute sind die Verhältnisse nicht mehr so einfach. Die Philosophie braucht keine Utopien mehr zu entwikkeln. „Unsere gegenwärtige Aufgabe ist es viel eher, die Gewähr dafür zu schaffen, daß in Zukunft die Fähigkeit zur Theorie und zum Handeln, das aus der Theorie erwächst, nie wieder verlorengeht." (351) Dazu bedarf es wie schon immer der Philosophie als Kritik, nämlich der Fähigkeit, Erscheinung und Wesen zu unterscheiden oder die Wirklichkeit wirklich zu erkennen – es bedarf wie schon immer der Besonnenheit und Urteilskraft, also der Vernunft.

In seiner Schrift *Zur Kritik der instrumentellen Vernunft* (1967), die auf Vorlesungen von 1944 zurückgeht und zunächst in englischer Sprache unter dem Titel *Eclipse of Reason* (1947) erschienen ist, untersucht Horkheimer die Folgen dessen, was er als die moderne Verkürzung der Vernunft versteht, nämlich Reduktion der Vernunft auf eine sogenannte subjektive Vernunft (formalisiertes Denken, Ordnen, Ableiten, letztlich Zweck-Mittel-Rationalität) unter Vernachlässigung der sogenannten objektiven Vernunft (die Ordnung oder Vernünftigkeit der Wirklichkeit im Ganzen, und zwar der Natur wie der Gesellschaft). Diese Trennung von subjektiver und objektiver Vernunft, die eine Krise der Vernunft bewirkt und es dem Subjekt unmöglich macht, eine objektive Vernunft zu erreichen, führt in der an sich alten, aber im Industrialismus kulminierenden Verdinglichung, die dem allgemeinen Niedergang des philosophischen Denkens entspricht, zu einer Selbstzerstörung des Individuums. Da Horkheimer jedoch hofft, „daß ein philosophisches Bewußtsein von diesen Prozessen helfen kann, ihnen eine andere Richtung zu geben" (165), muß er erklären, was für ihn die „wahre Philosophie" ist (182, vgl. 165ff.). Zwar ist Philosophie „weder ein Werkzeug noch ein Rezept", und die „kritische Einsicht in historische Prozesse" kann, wie er nun bemerkt, sogar in „repressive Lehren" umschlagen; doch kann sie auch „den Gang des Fortschritts vorher umreißen, wie er durch logische und tatsächliche Notwendigkeiten bestimmt wird" (167). In diesem Sinne hofft Horkheimer jetzt (mit einer merkwürdig instrumentalen Formulierung) auf den „richtigen Gebrauch der Autonomie" (165f.), vor allem aber auf den Mut des Denkens. „Treue zur Philosophie bedeutet, es der Angst zu verbieten, daß sie einem die Denkfähigkeit verkümmern läßt." (165) So wird der Philosoph *en passant* wieder zum Helden der Vernunft.

Damit könnte die Frage nach einer Definition der Philosophie auftauchen, die Horkheimer jedoch in dieser Form wie schon Hegel abzuwenden versucht. „Es gibt keine Definition der Philosophie. Ihre Definition ist identisch mit der expliziten Darstellung dessen, was sie zu sagen hat." (167) Außerdem ist die Wahrheit als das heute zerbrochene Ganze nun fast nur noch Ziel. „Jeder Begriff muß als Fragment einer alles einbegreifenden Wahrheit gesehen werden, in der er zu seiner Bedeutung gelangt. Eben das Konstruieren der Wahrheit aus solchen Fragmenten ist das wichtigste Geschäft der Philosophie." (169) Es geht also zunächst nur um „die Rettung relativer Wahrheiten aus den Trümmern falscher Absoluta" (182). Hinzu kommt, daß – nach dem Auseinandertreten von Geist und Natur, Subjekt und Objekt – die theoretische Totalisierung heute eine praktische Gefahr bedeutet. „Die bloße Tendenz, Einheit zu fordern, stellt einen Versuch dar, den Anspruch des Geistes auf totale Herrschaft zu stützen." (171) Horkheimer wendet sich daher gegen jeden philosophischen Monismus, Naturalismus wie Idealismus; sein Problem ist das einer angemessenen Erörterung des Verhältnisses von objektiver und subjektiver Vernunft unter den Bedingungen ihrer Entzweiung – ohne „mit einem ohnmächtigen *coup de force* aus der gegenwärtigen Situation auszubrechen" (170). „Die Aufgabe der

Philosophie besteht nicht darin, stur den einen Begriff gegen den anderen auszuspielen, sondern eine wechselseitige Kritik zu befördern und so, wenn möglich, im geistigen Bereich die Versöhnung beider in Wirklichkeit vorzubereiten." (175) Allerdings muß heute, da die subjektive Vernunft im Dienste eines wildgewordenen Selbsterhaltungstriebes triumphiert, der Nachdruck auf die objektive Vernunft gelegt und insofern Kants kritischer Weg wieder einmal in Richtung auf Hegels Dialektik überschritten werden – die Möglichkeit einer werdenden Vernunft der Wirklichkeit muß wieder sichtbar gemacht werden. Dabei setzt Horkheimer interessanterweise seine Hoffnung gerade auf den Selbsterhaltungstrieb und die ihm dienende subjektive Vernunft. „Die Idee der Selbsterhaltung, das Prinzip, das die subjektive Vernunft zum Wahnsinn treibt, ist zugleich die Idee, die die objektive Vernunft vor demselben Schicksal bewahren kann." (176) Denn Selbsterhaltung kann letztlich nur in einer überindividuellen Ordnung, in gesellschaftlicher Solidarität erreicht werden – was das Individuum allerdings erst einmal begreifen muß. Die Vernunft soll daher durch Selbstkritik ihre derzeitige Beschränktheit, die Getrenntheit wie Verbundenheit der beiden entgegengesetzten Vernunftbegriffe erkennen, d.h. sie soll ihre eigene Krankheit erkennen. „Die Krankheit der Vernunft gründet in ihrem Ursprung, dem Verlangen des Menschen, die Natur zu beherrschen, und die ‚Genesung' hängt von der Einsicht in das Wesen der ursprünglichen Krankheit ab, nicht von einer Kur der spätesten Symptome." (176) Auch Horkheimer fordert – in seiner Art – als erstes Selbsterkenntnis.

Dazu brauchen wir eine neue oder vielmehr „wahre Kritik der Vernunft" (176), die bis auf die Anfänge der Geschichte zurückgehen soll. Der menschliche Geist hat sich seinen Zugang zur Natur eigentlich immer schon verstellt, weil er die Natur immer schon zum Objekt gemacht hat, nämlich „in des ersten Menschen kalkulierender Betrachtung der Welt als Beute" (177). Die gegenwärtigen Verrücktheiten der Vernunft gehören also im Grunde zum Wesen der Vernunft, soweit diese „im bloßen Verfolgen von Zielen" besteht (177). Damit schöpft

Horkheimer (wie andere Philosophen auch) gerade aus der Verschlimmerung der Situation die Hoffnung auf eine Umkehr der Vernunft aus ihrer absoluten Perversion. „Die Möglichkeit einer Selbstkritik der Vernunft setzt erstens voraus, daß der Antagonismus von Vernunft und Natur in eine akute und verhängnisvolle Phase eingetreten ist, und zweitens, daß auf dieser Stufe vollendeter Entfremdung die Idee der Wahrheit noch zugänglich ist.“ (177) Horkheimer hofft auf einen Umschlag der instrumentellen Vernunft oder deren Selbstaufhebung, weil er glauben kann und muß, daß immer noch ein ‚Fünklein‘ von Wahrheit vorhanden ist – wo auch immer. „Vernunft kann nur dadurch mehr sein als Natur, daß sie sich ihre ‚Natürlichkeit‘ – die in ihrer Tendenz zur Herrschaft besteht – konkret bewußt macht, die nämliche Tendenz, die sie paradoxerweise der Natur entfremdet. Damit wird sie, indem sie ein Instrument der Versöhnung ist, zugleich mehr sein als ein Instrument.“ (177) So erwartet Horkheimer – nach dem auch sonst bekannten eschatologischen Krisenschema – eine grundsätzliche Wende, nämlich eine neue „Emanzipation der Vernunft“ (177), gerade durch das Unheil des Industrialismus. Die Beispiele der lebendigen Sprache und der Kunst könnten dabei nach seiner Meinung richtungsweisend sein.

Abschließend faßt Horkheimer seine Ansicht von der Aufgabe der Philosophie noch einmal zusammen. Philosophie muß praktisch ausgerichtet sein. Aber: „Philosophie darf nicht in Propaganda verwandelt werden, nicht einmal für den bestmöglichen Zweck“ (183). Letztlich muß auch Horkheimer für die Wahrheit um der Wahrheit willen plädieren. „Philosophie ist nicht daran interessiert, Gebote zu erteilen [...]. Wenn Philosophie etwas leisten soll, dann sollte ihre erste Aufgabe darin bestehen, sich über diese Situation zu erheben.“ (183) Daß eine solche Erhebung über die Wirklichkeit, Emanzipation (Selbstbefreiung) oder Transzendenz (Situationsüberschreitung) in welcher Minimalform auch immer, möglich ist, wird offenkundig vorausgesetzt. Nur so kann die Philosophie nämlich versuchen, „auf den Weg der Menschheit Licht zu werfen“ (185). Mit dieser Charakterisierung der Philosophie als Aufklärung wird unvermeidlich – wie bei Bloch – der alte Anspruch erhoben, daß die Philosophie „das Eingedenken und Gewissen der Menschheit" sei bzw. daß sie, wie es nun geschichtsphilosophisch pointiert heißt, als „Korrektiv der Geschichte" wirken könne (185). Und aus dieser Perspektive muß Horkheimer auch seine eigene Kritik der instrumentellen Vernunft sehen. „Jetzt, da die Wissenschaft uns geholfen hat, die Furcht vor dem Unbekannten in der Natur zu überwinden, sind wir die Sklaven gesellschaftlicher Zwänge, die wir selbst hergestellt haben [...]. Wenn wir unter Aufklärung und geistigem Fortschritt die Befreiung des Menschen vom Aberglauben an böse Kräfte, an Dämonen und Feen, an das blinde Schicksal – kurz, die Emanzipation von Angst – verstehen, dann ist die Denunziation dessen, was gegenwärtig Vernunft heißt, der größte Dienst, den die Vernunft leisten kann" (185f.). So denkt auch Horkheimer alles andere als gering von seiner Philosophie und deren Mission. Aber er scheint auch immer noch ein gewisses „Vertrauen in den Menschen" zu besitzen (185).

Horkheimer war – vermutlich mehr, als ihm bewußt war – außer von der alttestamentlichen Religion durch die romantische Fortschrittskritik und Schopenhauers Pessimismus beeinflußt. Er wollte durch seine Kritik der bloß subjektiven oder instrumentellen Vernunft dem Menschen die Möglichkeit einer Versöhnung mit sich selbst und der Natur eröffnen. Dabei ging er zwar von einer Kritik des Kapitalismus aus, sah aber zuletzt auch im Sozialismus nur noch ein Phänomen einer total verwalteten Welt. Dennoch versank er nicht in Pessimismus, da sein Denken bis zuletzt von der Hoffnung auf die menschliche Einsicht und – wohl in wachsendem Maße – von dem Vertrauen auf den unbekannten Gott getragen blieb. Philosophie als Ideologiekritik wurde so im Grunde zu einem bloßen Zwischenstadium und Instrumentarium eines philosophischen Denkens, das über das Treiben dieser Welt, die totale Verwaltung des Menschen und dessen egoistische Bedürfnisbefriedigung, hinausdenkt.

### *b) Adorno: Kampf gegen die Verdinglichung*

Theodor Wiesengrund-Adorno (1903–1969) war der Sohn eines jüdischen, zum Protestantismus übergetretenen Weingroßhändlers und einer katholischen Sängerin aus korsischem Adel. In Frankfurt am Main geboren, studierte er dort Philosophie, Soziologie, Psychologie und Musikwissenschaft und strebte zunächst eine musikalische Karriere an. Nach der Promotion über Husserl ging er nach Wien, wo er Komposition studierte und als Musikkritiker tätig war, kehrte dann aber nach Frankfurt zurück und wurde dort Dozent für Philosophie. Als ihm 1933 die Lehrerlaubnis entzogen wurde, blieb er zunächst, politisch anscheinend noch ohne ein klares Bild von den neuen politischen Verhältnissen, in Deutschland, ging dann aber 1934 nach Oxford und von dort 1938 in die USA. 1949 kehrte er mit Horkheimer nach Frankfurt zurück, wo er mit wachsendem Erfolg lehrte. Zuletzt aber geriet er mit seinen eigenen linksradikalen und aktionistischen Studenten in Konflikt. Kurz danach starb er an einem Herzanfall.

In Amerika verfaßte Adorno während des Krieges zusammen mit Horkheimer die *Dialektik der Aufklärung*, die später zur berühmtesten Schrift der Frankfurter Schule wurde; das Buch erschien 1944 in New York, 1947 in Holland, wurde aber erst in den sechziger Jahren wirklich bekannt. Ausgangspunkt ist die Erfahrung des Unheils in Gestalt des Faschismus, der als Spätfolge einer sich selbst mißverstehenden und sich selbst zerstörenden Aufklärung gedeutet wird. *Aufklärung* selbst wird dabei nicht im strengen historischen Sinne des Wortes verstanden, sondern, vom 18. Jahrhundert ausgehend, als Bezeichnung für die neuzeitliche wissenschaftlich-technische Rationalität, ja für alle begriffliche Rationalität überhaupt. Diese Denkweise zwingt nach Horkheimer und Adorno als verdinglichende und herrschsüchtige Rationalität das in Wahrheit nicht-identische Sein zu einer falschen Identität und degradiert dadurch sowohl ihr Objekt als auch rückwirkend ihr Subjekt. In dem Maße, in dem sich „der identische, zweckgerichtete, männliche Charakter“ (vgl. 50) ausbildet, zerstört sich der

Mensch als Natur. Aufklärung in diesem Sinne (als rein begriffliche, ‚wissenschaftliche' Welterklärung) steht zwar im Gegensatz zum Mythos, aber einerseits ist der Mythos als Welterklärung selbst schon Aufklärung, andererseits wird die Aufklärung als gegen sich selbst unkritisches, sich selbst dogmatisierendes Denken auch wieder zum Mythos, so daß in gewisser Weise alles – immer undurchschaubarer – Aufklärung und Mythos zugleich ist. An die Stelle der älteren Vorstellung eines Fortschritts vom Mythos zum Logos tritt daher in der *Dialektik der Aufklärung* die Vorstellung einer Unheilsgeschichte, die einen alles verstrickenden Verblendungszusammenhang erzeugt, aus dem es im Grunde kein Entkommen gibt. Aufklärung, die ursprünglich auf Freiheit durch Vernunft zielt, wird dabei unter Verkehrung ihrer selbst zu wissenschaftstechnischem Positivismus; sie wird, als Gegenteil ihrer selbst, zum Massenbetrug, wie er vor allem in der Kulturindustrie zum Ausdruck kommt. Eine revolutionäre „wahre Praxis" wäre nur dann möglich, wenn es einer unnachgiebigen Theorie gelänge, alle falschen Verabsolutierungen zu vermeiden und „das falsche Absolute, das Prinzip der blinden Herrschaft", aufzugeben, worauf allerdings wenig Hoffnung besteht (vgl. 48, 59). Am ehesten scheinen die Juden aufgrund ihrer Religion, in der sogar das Wort *Gott* vermieden wird, gegen die rationalistische Verdinglichungswut und den allgemeinen Verblendungszusammenhang immun zu sein (vgl. 40f.). Aber natürlich nehmen sich die Kultur-, Wissenschafts- und Gesellschaftskritiker Horkheimer und Adorno (nicht nur wegen ihres elitären Selbstbewußtseins) unvermeidlich selbst – zumindest punktuell – aus dem Unheil des allgemeinen Verblendungszusammenhanges aus, um so ihre Kritik daran als halbwegs unverblendet behaupten zu können (vgl. 294).

In seinem Vortrag *Wozu noch Philosophie* (1962) beschreibt Adorno zunächst die Situation der Philosophie, so wie er sie aufgrund seiner Sicht der Moderne sieht. Die Philosophie liefert keine Technik zur „Bemeisterung des Lebens", sie ist kein Medium von Bildung und steht seit langem in einem Mißverhältnis zu den positiven Wissenschaften. Sie ist sogar selber ein

Spezialfach geworden, das sich aller bestimmten Inhalte enthält und damit auch „die Freiheit des Geistes, der dem Diktat des Fachwissens nicht pariert", verloren hat (460). Philosophie ist heute nur noch formale Logik und Wissenschaftstheorie oder Sage von einem allem Seienden entrückten Sein. Damit hat sie ihren Bankrott gegenüber den realen gesellschaftlichen Zwekken erklärt, statt Erkenntnis des Ganzen ist sie nur noch eine tolerierte Enklave in der gesellschaftlichen Arbeitsteilung. Eigentlich ist Philosophie jedoch Kritik oder Protest. „Philosophie, die dem genügt, was sie sein will, und nicht kindlich hinter ihrer Geschichte und der realen hertrottet, hat ihren Lebensnerv am Widerstand gegen die heutige gängige Übung und das, dem sie dient, gegen die Rechtfertigung dessen, was nun einmal ist." (460f.) Philosophie ist heute primär Negation.

Auf diesem Hintergrund ergibt sich für Adorno das Dilemma aller zukünftigen Philosophie. Einerseits ist der Totalitätsanspruch der traditionellen Theorie heute absurd geworden, andererseits ist die Hinwendung zum Ganzen für die Philosophie unverzichtbar. „Philosophie, die sich noch als total, als System aufwürfe, würde zum Wahnsystem." (461) Gibt die Philosophie jedoch den Anspruch auf Totalität auf, ist sie nicht mehr das, was sie bisher gewesen ist. „Das ist der Preis, den sie dafür zu zahlen hat, daß sie, vom eigenen Wahnsystem geheilt, das der Realität nennt." (461) Daher ist der Zustand der Philosophie – wie der von ihr erkannte Zustand der Gesellschaft – im Grunde genommen verzweifelt, ja absurd. Das wahre Denken wird, wie unter einem alttestamentlichen Bilderverbot, zu einer Art (dialektischer) *philosophia negativa*. „Philosophie, wie sie nach allem allein zu verantworten wäre, dürfte nicht länger des Absoluten sich mächtig dünken, ja müßte den Gedanken daran sich verbieten, um ihn nicht zu verraten, und doch vom emphatischen Begriff der Wahrheit nichts sich abmarkten lassen. Dieser Widerspruch ist ihr Element. Es bestimmt sie als negative." (461) Was immer hier mit der Totalität oder dem Absoluten gemeint sein mag, der Begriff der Kritik gehört zu den Fragmenten, die laut Adorno aus den zerstörten Systemen überlebt haben. Philosophie ist Kritik, und zwar der

Gesellschaft wie ihrer Ideologie, Kritik aller Scheintotalität und der dieser entsprechenden Wahnsysteme. Die Angst vor der dogmatischen Festschreibung, was ist oder vielleicht nur scheinbar ist, nämlich aufgrund gesellschaftlicher Ideologie, macht es Adorno unmöglich, Philosophie als affirmatives Denken der Wirklichkeit zu begreifen. „Ist Philosophie noch nötig, dann wie von je als Kritik, als Widerstand gegen die sich ausbreitende Heteronomie, als sei's auch machtloser Versuch des Gedankens, seiner selbst mächtig zu bleiben." (464) Offensichtlich ist es die eigene geistige Freiheit im Sinne von Selbstbestimmung, an der auch Adorno noch verzweifelt festhält, die ihm die noch möglichen Maßstäbe seines Denkens und Handelns liefert. Philosophie soll „der Freiheit Zuflucht verschaffen" (464) und, durch Aufweis der gesellschaftlichen und geistigen Heteronomie und Ideologie, die heute noch mögliche „Spur von Hoffnung" (465) sichtbar machen.

Philosophie als Kritik ist zunächst einmal Kritik der Philosophie selber, nämlich des „Terrors" (vgl. 468) der falschen Philosophien, die wie Logischer Positivismus und Heideggersche Ontologie nur zwei komplementäre Formen des verdinglichenden und verdinglichten Bewußtseins darstellen. Indem die Kritik den zwanghaften Charakter der Entzweiung der Wahrheit in entgegengesetzte, verabsolutierte Momente aufzeigt, läßt sie indirekt das Ganze ahnen und wird so selber zur Vermittlung oder Dialektik, auch wenn sie – anders als bei Hegel – im Negativen verharrt. „Dialektik ist kein dritter Standpunkt sondern der Versuch, durch immanente Kritik philosophische Standpunkte über sich und über die Willkür des Standpunktdenkens hinauszubringen." (467) Ihre Aufgabe ist es, „den Schein des Selbstverständlichen wie den des Unverständlichen aufzulösen" (467) und so das anscheinend Unvermittelte und Unmittelbare als vermittelt aufzuzeigen bzw. allererst zu vermitteln. Deshalb muß Philosophie als Ideologiekritik angesichts der alles beherrschenden Stellung der Wissenschaften heute auch und vor allem Wissenschaftskritik sein, genauer gesagt, „philosophische Kritik des Scientivismus"; denn „Wissenschaft, das Medium von Autonomie, ist in einen

Apparat der Heteronomie ausgeartet" (468). Sie schützt nicht mehr vor dogmatischer Bevormundung, sondern bevormundet selber. In der Form des Wissenschaftsaberglaubens ist eine neue Art falschen Bewußtseins entstanden, und die Wissenschaftskritik ist die Destruktion dieser Deformation – in der Hoffnung auf das, „worauf unverschandeltes Bewußtsein eigentlich es abgesehen hätte" (468). Aber obwohl Adorno das „Potential einer Philosophie [...], die dem Bann entronnen wäre", zu ahnen glaubt, wagt er doch nicht, sich „auszumalen, daß erst einem solchen zugleich freien und in sich reflektierten Bewußtsein das sich entfaltete, was die traditionelle Philosophie sich verbaute, indem sie sich selbst mit dem verwechselte, was sie deuten will" (469). Der Philosoph darf nicht mehr im Namen des Absoluten sprechen, dies nicht einmal zu denken wagen.

Letztlich muß Philosophie als Ideologiekritik, obwohl vor allem marxistisch inspiriert, heute auch Marxismuskritik sein, wenn sie sich nicht selbst als Philosophie aufgeben will. Marx, so interpretiert Adorno, hatte die Philosophie durch Verwirklichung aufheben wollen; aber dieser Versuch ist mißlungen, das Proletariat ist selbst in das System des Unheils integriert. Also bedarf es einer neuen Besinnung nach dem Marxismus. „Wer noch philosophiert, kann es nur, wenn er die Marxische These vom Überholtsein der Besinnung verneint." (469) Adorno ist offensichtlich der Ansicht, daß einerseits der Augenblick der Verwirklichung der Philosophie versäumt wurde, andererseits im politisch etablierten Dialektischen Materialismus eine Verkehrung des Marxismus sich realisiert habe. „Die ungeminderte Dauer von Leiden, Angst und Drohung nötigt den Gedanken, der sich nicht verwirklichen durfte, dazu, nicht sich wegzuwerfen." (470) Mit dieser sozusagen innermarxistischen Befreiung vom Marxismus rekurriert Adorno faktisch wieder auf die Position der auch von ihm als Autonomie des bürgerlichen Subjekts kritisierten Möglichkeit der Selbstbestimmung und beschwört dabei zugleich die Möglichkeit eines absoluten und deshalb unbenennbaren, quasi-biblischen Heils. „Philosophie, als der zugleich konsequente und freie Gedanke" (469), bleibt ganz auf den gegenwärtigen Zustand der Entfremdung gerichtet, um zu erkennen, „warum die Welt, die jetzt, hier das Paradies sein könnte, morgen zur Hölle werden kann" (470). Insofern hält Adorno an dem Maßstab einer heilen Welt fest, aber eigentlich nur, um die gegenwärtige unheile Welt zu erkennen, und ohne einen Weg zur Veränderung zu sehen. „Praxis, welche die Herstellung einer vernünftigen und mündigen Menschheit bezweckt, verharrt im Bann des Unheils ohne eine das Ganze in seiner Unwahrheit denkende Theorie" (470). Es gibt – wie übrigens schon Kant wußte – keine direkt in Praxis mündende Aufklärung, die, etwa als Pädagogik, mündige und vernünftige Menschen ‚herstellen' könnte; schon der Wille dazu vertieft im Grunde nur die Entfremdung, wenn er nicht zugleich die Entfremdung im allgemeinen und die eigene Entfremdung im besonderen bedenkt. Unklar bleibt allerdings, wie der Mensch die Unwahrheit des Ganzen denken kann, ohne einen Wahrheitsanspruch (auch im Hinblick auf das Ganze) zu machen.

Jedenfalls wendet sich Adorno schon 1962, obwohl er die Kritik und damit die Philosophie als „militante Aufklärung" (471) versteht, gegen jede blinde Praxis, gegen allen besinnungsfeindlichen Aktionismus, weil dieser auf eine Verewigung der gegenwärtigen Entfremdung hinausläuft. Philosophie ist für ihn ohnmächtige Kritik des verdinglichten Bewußtseins, der totalen Funktionalisierung oder zweckhaften Zurichtung des Menschen, und daher wesentlich verzweifelter Protest gegen die unheile Welt, der allerdings selbst noch in Gefahr steht, instrumentalisiert zu werden. Wie schon Platon, auf den er sich hier (ähnlich wie Horkheimer) überraschend bezieht, möchte Adorno jedoch die Hoffnung auf eine ganz andere Welt bewahren. „Nur Denken, das ohne Mentalreservat, ohne Illusion des inneren Königtums seine Funktionslosigkeit und Ohnmacht sich eingesteht, erhascht vielleicht einen Blick in eine Ordnung des Möglichen, Nichtseienden, wo die Menschen und Dinge an ihrem rechten Ort wären. Weil Philosophie zu nichts gut ist, ist sie noch nicht verjährt; selbst darauf dürfte sie nicht sich berufen, wenn sie nicht ihre Schuld, die Selbstsetzung, verblendet wiederholen will." (471) Ähnlich wie Bloch orientiert sich Adorno an einer möglichen paradiesischen Ordnung, die – irgendwie vorausgesetzt oder geglaubt – nur erahnt, aber nicht gedacht werden darf; denn Denken tendiert dazu, in der Behauptung seiner Autonomie, die Verselbständigung des Denkens, sozusagen die Urschuld der Philosophie, immer neu zu wiederholen. Adorno wagt daher nicht, ja verbietet sich, das Positive zu denken, auf das er sich in seiner Negation doch ständig irgendwie antizipativ und reflexiv, suchend und hoffend bezieht. Wie bei vielen Geschichtsphilosophen, die sich nahezu unvermeidlich als Avantgarde verstehen müssen, bleibt auch bei Adorno „Philosophie als fortgeschrittenstes Bewußtsein [...] durchdrungen vom Potential dessen, was anders wäre"; doch bleibt sie auch unfähig, sich auf ein sogenanntes Positives zu berufen, weil sie weiß, „daß Berufung aufs Heile unmittelbar das Unheil verstärkt" (472). Philosophie kann heute keine Rettung mehr versprechen, sondern nur noch die „Möglichkeit von Hoffnung" (473) durch radikales, emanzipatorisches und dialektisches Denken offenhalten. Dazu muß sie allerdings ganz und gar „modern", d.h. aktuell und zeitgenössisch sein. Insofern ist Philosophie für Adorno nicht *philosophia perennis*, sondern wie bei Hegel die Wahrheit ihrer Zeit in Gedanken gefaßt.

Adornos Radikalisierung der Kritik des gegenwärtigen Unheils und deren Verwandtschaft mit alten Heilshoffnungen und -verzweiflungen zeigt sich noch deutlicher im ersten Band seiner Vorlesungen über *Philosophische Terminologie* (Sommersemester 1962, erschienen 1973), wo der Begriff *Philosophie* überraschend traditionell bestimmt wird. Adorno geht nämlich von der alten Wortbedeutung aus. In der Philosophie steht der Geist nicht wie in den Wissenschaften einem fixierten Sachgebiet gegenüber, vielmehr wird die Philosophie ebenso wie durch ihre jeweiligen Gegenstände durch eine Verhaltensweise des Geistes bestimmt, eben die Liebe zur Weisheit. Schon deshalb, aber auch im Hinblick auf die überlieferte Einteilung der Philosophie in Disziplinen, stellt sich die Frage nach der Einheit der Philosophie. Adorno versteht die „Sparten" der Philosophie als Verdinglichungen und Produkte der Arbeitsteilung, bei denen die Philosophie, wenn sie „das Gegenteil von einem verdinglichten Bewußtsein sein will" (77), nicht stehenbleiben kann. Philosophie ist gerade Bruch mit aller Fachwissenschaft, d.h. mit dem verdinglichten Bewußtsein der verfestigten Arbeitsteilung, sowie Bruch mit aller Naivität überhaupt und damit, wie schon bei Platon, Eros und Enthusiasmus, letztlich also Suche nach einem Entrückten (vgl. 80, 199). „Diese Vereinigung des transzendenten und absoluten Gehalts, auf den die Philosophie, wie immer auch vergeblich, abzielt, und jener enthusiastischen Verhaltensweise scheint mir wie stets noch die Voraussetzung eines philosophischen Denkens überhaupt zu sein." (80 f.) Dadurch wird Philosophie bei Adorno (fast wie bei Scheler) faktisch zur Gottesliebe, allerdings Liebe zum unbekannten Gott. Als „Zentrum der philosophischen Besinnung" erscheint ihm je länger desto mehr „das Problem des sogenannten ontologischen Gottesbeweises" (98). Mit diesem bei einem ‚Marxisten' mehr als verblüffenden Bekenntnis erweist sich Adorno als religiöser Seinsdenker *malgré lui.*

Die Philosophie will nämlich das Nichtbegriffliche mit Begriffen ausdrücken, d.h. (nach Adornos Interpretation dieser an sich alten, z.B. auch für Jaspers maßgeblichen These) das, was nach der Spaltung des Bewußtseins als das Mimetische in die Kunst abgewandert ist, begrifflich darstellen. Folglich wendet sich Adorno gegen die These, daß man nur das sagen solle, was man klar aussprechen könne, über alles andere aber schweigen. Dieser Flucht in die faule Vernunft will er „den Begriff der Philosophie geradezu entgegensetzen und sagen, die Philosophie sei die permanente und wie immer auch verzweifelte Anstrengung, das zu sagen, was sich eigentlich nicht sagen läßt" (82). Damit nähert sich seine Ideologiekritik wiederum alten wie neuen, mystischen wie existenzphilosophischen Positionen, hält aber zugleich (mit marxistischem Einschlag) an einer Hegelschen Anstrengung des Begriffs fest. Philosophie konstituiert sich für Adorno, indem sie aufgrund ihrer Erfahrung ihren Gegenstand noch sucht; sie ist die Objektivierung jener „ursprünglichen Erfahrung" (85f.), die sich der Liebe zeigt, die aber in sich immer schon etwas geschichtlich-gesellschaftlich Vermitteltes ist. Insofern enthält gerade die Philosophie, obwohl Bruch mit der Naivität, auch ein gewisses Moment an Naivität, da der Philosoph sich nicht von anderen dumm machen läßt, sondern „wie ein Kind auf dem beharrt, bei dem stehenbleibt, was man nun einmal gesehen hat" (86). So ähnelt sie der Kunst, ist aber im Unterschied zu dieser nicht mimetisch darstellend, sondern das Unbegreifliche ‚begreifend'. Mit anderen Worten, der Begriff wird bei Adorno zum Stellvertreter des Unbegreiflichen. „Gegenüber der Kunst vertritt die Philosophie das Nichtbegriffliche immer und bloß durch den Begriff, oder sie vertritt das, was nicht gedacht werden kann, durch das Denken." (87) Und da die Philosophie keinen fertigen Gegenstand hat, sondern ihren Gegenstand immer noch sucht, kommt das Subjekt hier auch anders als in den Einzelwissenschaften ins Spiel. Durch ihren Ausgang von einer ursprünglichen Erfahrung, ihr Bemühen, das Nichtbegriffene und Nichtbegreifliche „durch den Inbegriff selber zur Geltung kommen zu lassen" (87), unterscheidet sich die Philosophie von der Wissenschaft. Daher hat sie ein gebrochenes Verhältnis zu ihr und zu allem, was man sonst Rationalität nennt. „Die Philosophie ist also insofern immer eine Art von rationalem Revisionsprozeß gegen die Rationalität, und deshalb stellen Begriffe wie Rationalismus und Irrationalismus und der ganze Rationalismusstreit in einem gewissen Sinne so schief dar, was Philosophie eigentlich ist." (87)

Philosophie ist ein Drittes gegenüber Kunst und Wissenschaft, die sie beide dialektisch transzendiert. Sie ist Reflexion der Wissenschaft und (ohne diese zu verachten) deren Kritik – sie hat keine fertigen Wahrheiten wie die Wissenschaft, weil ihr Wahrheitsbegriff ein ganz anderer ist. Dennoch bleibt sie anders als die Kunst immer auf Wahrheit gerichtet. „So würde ich, wenn hier auch Definitionen abfallen sollen, Philosophie definieren als die Bewegung des Geistes, deren eigene Intention Wahrheit ist, ohne daß sie wähnte, nun in einem ihrer einzelnen Sätze oder in irgendeiner Gestalt der Unmittelbarkeit diese Wahrheit als ein bereits Fertiges zu haben." (88) Zwischen dem szientifischen Moment und dem mimetischen oder erfahrenden Moment in der Philosophie herrscht eine Spannung, denn Philosophie ist keine bloße Weltanschauung, sie bleibt der Wissenschaft verbunden. „Man könnte fast sagen, daß Wissenschaft und Weltanschauung die auseinandergesprungenen Teile dessen sind, was Philosophie meint und was sich nun nicht etwa aus diesen voneinander getrennten Elementen zusammenaddieren oder übereinanderschichten läßt." (92) Mit diesen Ausführungen über Philosophie als ein Drittes gegenüber Wissenschaft und Weltanschauung sowie Rationalismus und Irrationalismus bezieht Adorno, mehr als ihm anscheinend bewußt ist, nahezu wörtlich ähnliche Positionen wie der frühe Heidegger.

Philosophie ist für Adorno wesentlich Kritik: Gesellschaftskritik, Wissenschaftskritik und nicht zuletzt Weltanschauungskritik. Die Aufgabe der Philosophie ist, wie im Prinzip schon Platon wußte, „Liquidation der Meinung" (93). Die Weltanschauung oder Standpunktphilosophie aber ist nichts anderes als die zum System erhobene Meinung; Philosophie ist daher geradezu „Liquidation der Weltanschauung" (121). Adorno bekämpft hier jene apriorische und heteronome Bindung des Denkens, die sich aller Kritik entzieht und die Philosophie zur Begründung von Positionen oder bloß subjektiven Weltanschauungen degradiert. „Dadurch würde jede Art von Philosophie zu einer Farce, nämlich zu dem nachträglichen Suchen von Belegen oder von Begründungen für etwas, was seinerseits der Bewegung des Gedankens und der Kritik enthoben ist." (120) Demgegenüber muß die Philosophie auf Autonomie und selbständigem Denken beharren. „Wer sich auf die Arbeit der Vernunft nicht einlassen will, der soll die Hände von der Philosophie lassen." (126) Es ist zwar richtig, daß man zur Philosophie aus einem Bedürfnis nach Sinn und Totalität kommt, wie es sich auch in den Weltanschauungen niederschlägt, und daß Philosophie insofern etwas Enttäuschendes hat, da sie diese Erwartungen nicht erfüllen kann. Dennoch kann die Philosophie keine Bindung um der Bindung willen respektieren, Bindung ist kein Postulat der Philosophie. „Der philosophische

Gedanke demgegenüber hat seinen Ernst ganz allein daran, daß er Bestätigungen nicht garantiert; die Philosophie ist in dem Sinn eine wirklich verteufelt ernste Sache." (129). In der Philosophie muß man den Gedanken an sich herankommen lassen, höchstens könnte man von einer Bindung an die Wahrheit sprechen. Die Philosophie liefert insofern (nach einem Hegelschen Ausdruck) Steine statt Brot – „solange sie nicht Praxis wird" (128). Offensichtlich möchte Adorno die Hoffnung auf Heil durch eine individuelle oder gesellschaftliche Revolution doch nicht ganz aufgeben, seine im Grunde idealistische Philosophie bleibt hier und da bis zuletzt marxistisch eingefärbt.

Adornos Ideal ist das mündige Individuum, das sich selbst durch ‚Emanzipation', von seiner Selbstentfremdung durch Verdinglichung befreit hat. Damit steht er nicht nur Kants Konzept von Aufklärung („Ausgang aus der selbstverschuldeten Unmündigkeit") nahe, sondern auch Heideggers Vorstellung von einer eigentlichen Existenz, die sich aus eigener Kraft aus ihrer Verfallenheit an die Welt bzw. das Man zurückgeholt hat. Das wahre Menschsein, stärker als bei Kant und Heidegger an ein wahres Mitsein oder eine unentfremdete Form von Gesellschaft gebunden, läßt sich allerdings bei Adorno nicht mehr identifizieren; das heile Ich in der heilen Gesellschaft bleibt nicht nur unerreichbar, sondern, wie das transzendente Absolute selbst, auch unsagbar. Hintergrund dieser nahezu mystischen, sozusagen negativen Anthropologie ist eine nicht weniger negative, nahezu mystische Theologie, wie sie in Adornos *Negativer Dialektik* (1966) zum Ausdruck kommt. Im Zerbrechen der Verstandeslogik wird – ähnlich wie bei Jaspers – ein nicht identifizierbares wahres Sein erahnbar, das dem durch das alttestamentliche Bilderverbot geschützten Gott entspricht – das Absolute ist das absolut Andere. Nur wenige Philosophen haben die Transzendenz so transzendent angesetzt wie Adorno, der, wie es in den *Minima Moralia* (1951) einmal heißt, vom „Standpunkt der Erlösung" her zu denken versucht (333).

Während die Existenzphilosophie vor allem das Denken der durch Katastrophenerfahrungen geprägten Kriegs- und Nachkriegsgenerationen beeinflußte, entfaltete die gesellschaftskritische Philosophie der Frankfurter Schule ihre enorme Wirkung erst in den sechziger und siebziger Jahren in der damals jungen Generation, und zwar als Protestbewegung. Sie schien, statt an sogenannte Emotionen, bloß subjektive Verzweiflungen und pseudoreligiöse Hoffnungen zu appellieren, eine umfassende rationale Krisenerklärung zu bieten, und zwar mit vernünftiger Hoffnung auf eine umfassende Krisenbewältigung. Die betont kritische Philosophie der Frankfurter Schule stellte sich ihren jungen Anhängern als eine ihrer eigenen Dialektik bewußte Aufklärung dar, die radikal mit allen obsoleten Traditionen der deutschen Geschichte gebrochen hatte: mit den positivistisch-rationalistischen, vor allem aber mit den romantisch-irrationalistischen. Eine neue militante Aufklärung, die aufgrund ihrer ‚neomarxistischen' Voraussetzungen als antibürgerliche Ideologiekritik auftrat, schien endlich eine sinnstiftende Perspektive auf eine neue wahre Gesellschaft zu eröffnen. Im Rückblick muß diese Einschätzung weitgehend als ein Irrtum betrachtet werden, da sie den bürgerlich-romantischen Kulturpessimismus von Adorno und Horkheimer wie auch deren alttestamentliche Grundüberzeugungen von einem unbekannten und unnennbaren Gott verdrängte. Für Horkheimer und Adorno war die Geschichte wie für Heidegger wesentlich eine Verfallsgeschichte, aus der sie keinen wirklichen Ausweg wußten. Wissenschaft und Technik waren für sie fast nur noch Herrschaftsmittel zur Unterdrückung einer spontanen Natur im Dienste eines rein egoistischen Selbsterhaltungstriebes; der universale Verblendungszusammenhang, den sie zu konstatieren glaubten, ließ im Grunde nicht einmal mehr die Möglichkeit einer Einsicht, viel weniger die eines sinnvollen Handelns zu. Anders als ihre radikalen Studenten blieben sie bei einer Kritik der bürgerlichen Welt stehen.

Das ‚Mißverständnis', das für die Wirkung der Frankfurter Schule konstitutiv war, basierte vor allem auf der ‚optimistischen' Wende, die Jürgen Habermas (*1929) in den sechziger Jahren der neomarxistischen Ideologiekritik gegeben hat. Zwar kann er, nicht zuletzt wegen seiner vielfältigen Entwicklungen, nur bedingt zur Frankfurter Schule gerechnet werden, doch galt er besonders in seiner Frühzeit als deren philosophisch und politisch progressiver Exponent. Seit dem Ende der sechziger Jahre wurde er zu einer wichtigen Leitfigur der damaligen Studenten, zumal er sich immer wieder – wenn auch meist mit Einschränkungen – verbal mit verschiedenen Oppositionsbewegungen solidarisierte. Habermas begann mit historischen Untersuchungen zur Struktur der Öffentlichkeit, entwickelte eine programmatische Theorie des herrschaftsfreien Diskurses und des erkenntnisleitenden Interesses und rezipierte dann kritisch-produktiv vor allem die angelsächsische Sprachphilosophie und den französischen Poststrukturalismus. So wurde er – trotz seiner Entwicklungen – nicht zuletzt dank seiner treuen Anhängerschaft zu einem philosophischen Trendsetter der letzten dreißig Jahre, obwohl er sich mehr der Kritik fremder Theorien als der Entfaltung einer eigenen Theorie widmete. Letztlich hat er, obwohl er immer wieder politisch engagiert auftrat, die Entpolitisierung der neomarxistischen Gesellschaftsphilosophie fortgeführt, gleichzeitig aber die Rolle der Philosophie, die an sich „Platzhalter der Vernunft" sein sollte, mehr und mehr zugunsten der Sozialwissenschaften reduziert.

## 3. Gesellschaftskritik und Gottesglaube

Die gesellschaftsorientierte Philosophie Blochs und der Franfurter Schule hat sich zwar mehrfach zum Marxismus bekannt und sich zweifellos in einigen Punkten (Kapitalismus- bzw. Entfremdungs- und Verdinglichungskritik, ideologische Folgen der Arbeitsteilung usw.) zu Recht auf die Inspiration durch Marx berufen, in wesentlichen Grundannahmen hat sie sich jedoch so weit vom klassischen Marxismus entfernt, daß sogar die Bezeichnung *Neomarxismus* wenig sachgemäß erscheinen kann. So fehlt ihr von vornherein jeder wirkliche Materialismus. Während sich die Frankfurter Schule mit der gelegentlichen Versicherung begnügt, daß das gesellschaftliche Sein das Bewußtsein (bis zu einer gewissen Grenze) bestimme, bekennt sich Bloch zwar zur Existenz einer prozeßhaften, alles bestimmenden Weltmaterie; aber diese sich in Potenzen entwikkelnde Materie wird im Grunde idealistisch (als Inbegriff von Wesensmöglichkeiten), fast wie ein werdender Gott betrachtet. Daher konnte Bloch, nicht zuletzt auch wegen seines prophetenhaften Auftretens, vor allem unter den (allerdings oft selbst zu einem gewissen ‚Atheismus' tendierenden) Theologen viele Anhänger gewinnen. Ferner fehlt dem Neomarxismus Blochs und der Frankfurter Schule eine im Sinne von Marx entwickelte ‚materialistische' Geschichtsphilosophie (als Theorie eines Fortschritts durch Klassenkämpfe) und damit auch jede Hoffnung auf das Proletariat als Subjekt der Weltrevolution; vor allem für die Frankfurter Schule ist Geschichte wesentlich Verfallsgeschichte. Soweit überhaupt Hoffnung vorhanden ist, scheint sie sich – trotz aller Kritik an der sogenannten Autonomie des bürgerlichen Subjekts – auf die eigene Person, den freien Philosophen, zu richten.

Die gesellschaftsorientierte Philosophie war – von ihren eher vagen Hoffnungen und Hoffnungsbeschwörungen einmal abgesehen – vor allem Gesellschaftskritik, nicht etwa systematisch entwickelte Gesellschaftsphilosophie oder gar Staatsphilosophie. Und diese Gesellschaftskritik war in ihren Inhalten, vor allem bei Horkheimer und Adorno, in der Hauptsache allgemeine Kulturkritik, vor allem an der sogenannten Kulturindustrie, aber auch Wissenschafts- und Philosophiekritik. Hauptobjekt dieser Ideologiekritik im weitesten Sinne des Wortes war das Phänomen der Entfremdung bzw. Verdinglichung, das als ein geschichtliches und gesellschaftliches, nicht etwa als ein allgemeines anthropologisches Phänomen angesehen wurde. Und als Kriterium dieser Kritik des allgemeinen Unheils fungierte offensichtlich eine vage, z.T. bewußt nicht näher bestimmte, letztlich wohl auch nicht näher bestimmbare Idee von Heil, von heiler Welt oder heiler Natur, vor allem aber von einem heilen Ich oder einem wahren Menschsein. Dadurch erweist sich die neomarxistische Gesellschaftskritik im Grunde als Heilsphilosophie – auch wenn das Heil, das sie als verlorenes Paradies oder fernes Totum denkt, nur vage und paradox als die Existenz des Nicht-Identischen oder als Naturalisierung des Menschen und Humanisierung der Natur umschrieben wird. Dazu gehören auch die gelegentlichen, unbestimmten, aber unverkennbar alttestamentlich inspirierten Andeutungen über ein unverfügbares und unnennbares transzendentes Sein, über den unbekannten, aber nicht aufgegebenen Gott. Die als Produkt der Geschichte verstandene Deformation des Menschen bemißt sich an der Idee eines vergangenen und zukünftigen Heils, die Vorstellung einer Heilsgeschichte, Verfalls- oder Erlösungsgeschichte, basiert letztlich auf einem ursprünglich alttestamentlichen Sündenfallmodell.

Wie alle Heilsphilosophie ist auch die neomarxistische im Hinblick auf ihre Adressaten Erweckungsphilosophie. Zwar beteuert vor allem Adorno immer wieder, daß das Unheil, der Verblendungszusammenhang, inzwischen so mächtig sei, daß keine Hoffnung auf Einsicht und vernünftiges Handeln bestehe – aber natürlich hofft auch er, trotz aller Ablehnung von formulierten Erkenntnissen und direkten Aktionen, auf irgendeine Art von Besinnung, wenn auch nur noch oder zunächst nur auf irgendeine Entdeckung des Unheils im Ganzen. Dennoch fällt auf, daß gerade die gesellschaftsorientierte und grundsätzlich revolutionär gesinnte, neomarxistische Philosophie politisch erstaunlich zurückhaltend war – im Unterschied zu den scheinbar privatistischen Existenzphilosophen, die sich zumindest kurzfristig (wenn auch wenig glücklich) politisch engagiert haben. Die neomarxistische, gesellschaftsorientierte Philosophie war zwar bewußt politische Philosophie im weiteren Sinne des Wortes, nicht aber in einem engeren Sinne (Philosophie der Politik). Zwar ist Bloch – wohl in der Hoffnung, den Marxismus ideologisch reformieren zu können – zeitweise als Akklamator des Stalinismus aufgetreten; zwar hat sich auch Habermas – nicht zuletzt in der Hoffnung auf eine Erneuerung der Politik – mit verschiedenen Protestgruppen solidarisiert. Adorno und Horkheimer aber haben sich in konkreten politischen Fragen äußerst zurückgehalten – wohl nicht zuletzt deshalb, weil sie hinsichtlich der Tauglichkeit dieser Politik zur Weltverbesserung längst illusionslos waren.

# V. Philosophie und Wissenschaft

## Wissenschaftsorientierte Philosophie

Die Frage nach dem Wissenschaftscharakter der Philosophie hat seit dem Beginn der Neuzeit zu unterschiedlichen Selbstverständigungsversuchen der Philosophie mit unterschiedlichen Philosophie- und Wissenschaftstheorien geführt; denn um den wissenschaftlichen Status der Philosophie zu klären, bedurfte es auch einer Analyse des Wissenschaftscharakters der als normatives Faktum betrachteten Wissenschaft. Auf der Basis solcher Wissenschaftstheorien, ob sie nun um der Philosophie oder der Wissenschaft willen entwickelt wurden, konnte dann die Frage nach dem bisherigen und vor allem nach dem zukünftigen Verständnis von Philosophie gestellt werden. Wenn die Philosophie, wie allgemein vorausgesetzt wurde, bisher keine Wissenschaft im strengeren Sinne des Wortes gewesen war und wenn dieser Zustand, wie immer wieder gefordert wurde, geändert werden sollte, stellte sich so oder so das Problem der Verwissenschaftlichung der Philosophie: Wie ist Philosophie als strenge Wissenschaft möglich? Und wenn sie keine Wissenschaft im Sinne der Einzelwissenschaften sein konnte, was zumeist eingestanden oder auch selbstbewußt behauptet wurde, konnte sie dann vielleicht irgendeine Art von Meta- oder Protowissenschaft sein, ‚wissenschaftliche' Wissenschaftssynthese oder Grundwissenschaft, oder doch wenigstens ‚wissenschaftliche' Wissenschaftstheorie? Die Frage schwelte durch die Jahrhunderte hindurch.

Die aus dem 19. ins 20. Jahrhundert hineinreichenden Versuche der Universitätsphilosophie (Neukantianismus, Hermeneutik und Phänomenologie), Philosophie im Hinblick auf die Wissenschaften neu zu bestimmen und womöglich durch Verwissenschaftlichung als Wissenschaft neu zu begründen, waren nicht die ersten und nicht die letzten Versuche dieser Art. Schon im ersten Drittel des 20. Jahrhunderts kam es – diesmal vor allem in Österreich – zu einer neuen Welle wissenschaftsorientierter Philosophie, in der die Wissenschaftlichkeit bzw. Unwissenschaftlichkeit der Philosophie das zentrale Problem war. Dadurch unterscheiden sich die Vertreter dieser Denkrichtung beinahe überdeutlich von denen der existenz- und transzendenzorientierten Philosophie einerseits und denen der gesellschaftsorientierten Philosophie andererseits, für die es wesentlich bedenkenswertere Probleme als die Wissenschaft gab, nämlich die Frage nach einem wahren Sein des Einzelnen bzw. der Gesellschaft, ja sogar die Frage nach dem wahren Sein überhaupt bzw. dem Absoluten.

Die existenz- und transzendenzorientierte Philosophie hat das Problem der Wissenschaft eher beiläufig und distanziert behandelt. Jaspers hat zwar immer wieder den Erkenntniswert der Wissenschaft betont, aber stets vor Wissenschaftsaberglauben gewarnt und Philosophie und Wissenschaft nachdrücklich voneinander zu unterscheiden versucht; Heidegger hingegen hat die Wissenschaft als Konsequenz einer bestimmten Ontologie bzw. der geschichtlichen Epoche ‚Metaphysik' verstanden und mehr und mehr vor den Folgen der in ihr waltenden Seinsvergessenheit gewarnt. Die gesellschaftlich orientierte Philosophie hat zwar eine Art Vernunftgemeinschaft von Wissenschaft und (marxistischer) Gesellschaftstheorie behauptet, sich aber, abgesehen von ihrer Betonung der gesellschaftlichen Bedingtheit aller Wissenschaft, um die Wissenschaftstheorie kaum gekümmert. In Blochs prophetischer Utopie gehört die Wissenschaft eher zum „Kältestrom" des Marxismus, Horkheimer und Adorno haben vor allem die Gefahr des bloßen Szientismus oder Wissenschaftspositivismus und damit die gesellschaftliche Rolle der Wissenschaft kritisch erörtert. Für die Vertreter der ‚neuen', betont wissenschaftsorientierten Philosophie hingegen ist die Wissenschaft – zumindest ursprünglich – die zentrale Herausforderung für die moderne Philosophie; sie setzen die Wissenschaften – zumindest ursprünglich – als die einzige gewisse Erkenntnis quasi absolut.

Die neue wissenschaftsorientierte (um nicht zu sagen: wissenschaftsfixierte) Philosophie wurde wesentlich durch philosophierende Naturwissenschaftler und Mathematiker inauguriert und inspiriert. Vor allem die aus der Mathematik heraus entwickelte, moderne mathematische Logik, wie sie u.a. von Bertrand Russell und Gottlob Frege vertreten wurde, galt weitgehend als eine vielversprechende methodische Norm. Die Faszination der exakten Naturwissenschaften – durch die Relativitätstheorie damals noch kaum erschüttert – war so groß, daß alles, was bisher Philosophie genannt worden war, mit einer geradezu masochistischen Zerstörungslust bekämpft wurde; die neue wissenschaftsorientierte Philosophie ist daher auf weite Strecken durch den Kampf gegen alles das, was sie ziemlich summarisch ‚Metaphysik' nennt, gekennzeichnet. Manche ihrer Wissenschaftstheoretiker verstehen sich fast widerwillig als Philosophen; sie versuchen, nur noch Wissenschaftswissenschaftler zu sein und sich als Philosophen im übrigen so überflüssig wie möglich zu machen. Aber die Frage, was genau Wissenschaft ist und wie diese überhaupt möglich ist, führt alsbald zu weiteren Problemen, die dann, z.B. aus der Perspektive von Konstitutions- und Sprachtheorien, erörtert werden. Und wie schon in den früheren Versuchen der Verwissenschaftlichung der Philosophie, so brechen auch in der wissenschaftsorientierten Philosophie des 20. Jahrhunderts am Ende immer wieder die unbewältigten Fragen des Lebens, die Wert- und Sinnfragen der geschichtlichen Wirklichkeit, auf. Am Ende zeigt sich sogar, daß selbst die unwissenschaftliche und totgesagte Metaphysik zumindest als Problem immer noch weiterlebt und sogar wieder an Bedeutung gewinnt.

## 1. Wiener Kreis:<br>Exakte Wissenschaft und Wissenschaftstheorie

Der sogenannte Wiener Kreis war in den zwanziger Jahren der damals prominenteste Versuch, auf dem Boden eines betont wissenschaftlichen Empirismus und unter dem Postulat einer streng logischen Analyse, die bisherige Philosophie zu kritisieren und die Möglichkeiten einer zukünftigen wissenschaftlichen Philosophie zu erörtern; dabei spielte außer der Kritik der Metaphysik auch die logische Analyse der Sprache eine zunehmend wichtige Rolle. Obwohl die Philosophen, Naturwissenschaftler und Mathematiker, die sich im Wiener Kreis zu Diskussionen trafen, inhaltlich durchaus unterschiedliche Positionen vertraten, gab es auch so etwas wie eine gemeinsame Grundüberzeugung. Ausgangspunkt war ein zunächst ungebrochener Wissenschaftsoptimismus, der alle Wahrheit – außer von der Mathematik – von den empirischen Naturwissenschaften erwartete, weshalb diese Position von ihren Gegnern auch als Wissenschaftspositivismus (Neopositivismus), Szientismus oder Physikalismus kritisiert worden ist. Einige Mitglieder des Wiener Kreises, wie Otto Neurath (1882–1945), hofften sogar, daß es neben dem wissenschaftlichen Fortschritt einen gesellschaftlichen Fortschritt im Sinne des Sozialismus geben werde. Wichtigste Voraussetzung dieser auch als Logischer Empirismus bezeichneten Philosophie war die strikte Ablehnung aller Metaphysik, die als Unsinn oder schlechte Lyrik diffamiert wurde. Die Metaphysik sei bestenfalls der Versuch unmusikalischer Menschen, ihr Lebensgefühl – ähnlich wie es die Musiker gekonnt tun – auszudrücken.

Der Schlüsselbegriff dieser seit dem Ende des 19. Jahrhunderts in Wien vor allem durch Ernst Mach (1838–1916) vorbereiteten Denkrichtung war der zunächst als evident aufgegriffene Begriff der Erfahrung, der sich dann jedoch zusehends als problematisch erwies. Die Grundüberzeugung, daß nur die sinnliche Erfahrung Wahrheit verbürge, enthielt die These, daß nur Sätze, die unmittelbar auf Erfahrung, nämlich Sinneswahrnehmung, zurückgehen (Protokollsätze, Basissätze), oder Sätze, die logisch einwandfrei daraus abzuleiten sind, wahre Sätze sind. Dies führte zu der zwar formal klaren und emphatisch brauchbaren Unterscheidung von sinnvollen und sinnlosen Sätzen, dann aber notwendigerweise auch zur Frage nach einem eindeutigen, methodisch handhabbaren Erfahrungsbegriff und damit zur Frage nach einem empiristischen Sinnkriterium oder einem Verifikationsprinzip. Wann ist ein Satz sinnvoll und wahr? Letztlich mußte die empiristische Wissenschaftstheorie bei der Erörterung der Frage, was eigentlich Erfahrung bzw. Erkenntnis sei, landen – und diese Frage ließ sich nicht gut wiederum aus Erfahrung, also nur zirkulär, oder durch eine sich selbst behauptende Entscheidung beantworten. Welche Erfahrung bestimmt, was Erfahrung ist? Welches Denken bestimmt, was Denken ist?

In Hinblick auf die Philosophie führte der Versuch eines konsequenten wissenschaftlichen Empirismus zu dem Problem, was aus der bisherigen Philosophie – angesichts des unabdingbaren Postulats wissenschaftlicher Exaktheit und nach der Verwerfung der Metaphysik – noch werden könne. Wie ließ sich die Philosophie angesichts der Wissenschaft noch halten (falls sie nicht grundsätzlich fallengelassen werden konnte), wieweit ließ sich die Philosophie in exakte Wissenschaft überführen? War die Philosophie nur noch Wissenschaftstheorie, und zwar wissenschaftliche Wissenschaftstheorie, also Wissenschaftswissenschaft, oder nur eine noch näher zu bestimmende Wissenschaftsphilosophie? Oder war sie eine mögliche, wenn auch vielleicht nur hypothetische, ‚wissenschaftliche' Synthese aller Einzelwissenschaften? Die immer wieder bekundete Tendenz der Philosophen des Wiener Kreises ging jedenfalls dahin, die Philosophie (ob Philosophie der Wissenschaft oder wissenschaftliche Philosophie) möglichst zu begrenzen, und zwar auf beantwortbare Fragen. Letztlich erstrebte man jedoch eine „wissenschaftliche Weltauffassung".

Als eine feste Diskussionsrunde von Philosophen, Naturwissenschaftlern und Mathematikern begann sich der Wiener Kreis schon in den dreißiger Jahren wieder aufzulösen, vor allem durch Tod und Emigration einiger seiner Mitglieder. Mit dem „Anschluß" Österreichs an Deutschland 1938 endete er offiziell und endgültig – ähnlich wie schon zuvor die dem Wiener Kreis nahestehende Berliner Gruppe, die Gesellschaft für wissenschaftliche (empirische) Philosophie, deren Mittelpunkt Hans Reichenbach (1891–1953) war. Erst nach dem Ende des Zweiten Weltkrieges wurden die in ihm oder in Auseinandersetzung mit ihm entstandenen Theorien als Reimport („philosophy of science") in der deutschen Philosophie wirksam.

### a) *Schlick: Philosophie als Sinngebung*

Im geistigen Mittelpunkt des Wiener Kreises stand der aus Berlin stammende Moritz Schlick (1882–1936). Er hatte Philosophie und Physik studiert und bei Max Planck (1858–1947) promoviert. 1922 wurde er auf den Wiener Lehrstuhl für Philosophie der induktiven Wissenschaften berufen und damit Nachfolger des Philosophen und Physikers Ernst Mach. 1936 wurde er von einem vermutlich geisteskranken Doktoranden ermordet.

In seinem programmatischen Aufsatz *Die Wende der Philosophie* (1931) skizziert Schlick seine Erwartungen an die Philosophie. Er weiß sehr wohl, daß alle bisherigen Versuche, „dem Chaos der Systeme ein Ende zu machen" und die „Anarchie der philosophischen Meinungen" zu beenden, gescheitert sind, glaubt aber fest, „daß wir in einer durchaus endgültigen Wendung der Philosophie mitten drin stehen und daß wir sachlich berechtigt sind, den unfruchtbaren Streit der Systeme als beendigt anzusehen" (5). Unter Berufung auf die moderne Logik behauptet er, die Philosophie besäße nun eine Logik, die diesen Streit im Prinzip unnötig mache; denn nun sei durch die Einsicht in das Wesen des Logischen selbst, nämlich das Verhältnis von Sachen und Zeichen, eine völlig neue Lage entstanden. „Der Weg zur Klarheit darüber geht von der Tatsache aus, daß jede Erkenntnis ein Ausdruck, eine Darstellung ist. Sie drückt nämlich den Tatbestand aus, der in ihr erkannt wird, und dies kann auf beliebig viele Weisen, in beliebigen Sprachen, durch beliebige willkürliche Zeichensysteme geschehen." (6) Daher muß die Philosophie jetzt zu einer „Besinnung über das Wesen des Ausdrucks, der Darstellung, d.h. jeder möglichen ‚Sprache' im allgemeinsten Sinne des Worts" werden, also zur Reflexion auf die logische Form oder Syntax der Sprache als dem Medium der Erkenntnis. „Erkennbar ist alles, was sich ausdrücken läßt, und das ist alles, wonach man sinnvoll fragen kann." (7) *Sinnvoll* aber wird von Schlick mit *(sinnvoll) beantwortbar* gleichgesetzt – Fragen, die man nicht beantworten kann, sind sinnlose Aneinanderreihungen von Worten. Sinnvolle Probleme sind aufgrund dieser Festsetzungen letztlich nur solche Probleme, zu deren Lösung im Prinzip auch ein Weg vorhanden ist; und diese Lösung endet in der Verifikation, mit dem Auftreten eines bestimmten Sachverhaltes, der „durch Beobachtung, durch unmittelbares Erlebnis konstatiert wird" (7). Damit hat die eher tautologische Erklärung von *sinnvoll* durch *(sinnvoll) beantwortbar* einen konkreten Inhalt bekommen – nur methodisch gesicherte (sinnliche) Erfahrung als bestimmtes unmittelbares Erlebnis kann Wahrheit garantieren.

Nun kann die Philosophie quasi exkommuniziert werden. „Jede Wissenschaft [...] ist ein System von Erkenntnissen, d.h. von wahren Erfahrungssätzen; und die Gesamtheit der Wissenschaften, mit Einschluß der Aussagen des täglichen Lebens, ist das System der Erkenntnisse; es gibt nicht außerhalb seiner noch ein Gebiet ‚philosophischer' Wahrheiten; die Philosophie ist nicht ein System von Sätzen, sie ist keine Wissenschaft." (7f.) Dennoch löst sich die Philosophie nicht von selbst auf. Schlick denkt auch nicht daran, die Philosophie abzuschaffen, er möchte sie nur neu bestimmen. „Wir erkennen jetzt in ihr [...] anstatt eines Systems von Erkenntnissen ein System von *Akten*; sie ist nämlich diejenige Tätigkeit, durch welche der *Sinn* der Aussagen festgestellt wird." (8) Philosophie ist also wesentlich Philosophieren, und dieses ist Sinngebung im semantischen Sinn, nicht etwa Sinnsuche im metaphysischen Sinn. Als solche Sinnfeststellung, wie immer sie auch möglich sein mag, bleibt die Philosophie, obwohl selbst keine Wissenschaft, immer noch die Königin der Wissenschaften. „Durch die Philosophie werden Sätze geklärt, durch die Wissenschaften verifiziert. Bei diesen handelt es sich um die Wahrheit von Aussagen, bei jener aber darum, was die Aussagen eigentlich *meinen*. Inhalt, Seele und Geist der Wissenschaft stecken natürlich in dem, was mit ihren Sätzen letzten Endes *gemeint* ist; die philosophische Tätigkeit der Sinngebung ist daher das

Alpha und Omega aller wissenschaftlichen Erkenntnis." (8) So rangiert die Philosophie plötzlich wieder über den Wissenschaften, nämlich als höchste Sinninstanz oder Sinngebungsautorität. Offensichtlich versteht Schlick die Sinnfeststellung oder Sinnklärung von Sätzen als eine Sinngebung alles Denkens durch die Philosophie, ohne sich hier den damit aufbrechenden Problemen zu stellen. Faktisch rekurriert er auf eine „letzte Sinngebung", die anscheinend so etwas wie eine Urtätigkeit darstellt. „Daß die Arbeit der Philosophie nicht in der Aufstellung von Sätzen besteht, daß also die Sinngebung von Aussagen nicht wiederum durch Aussagen geschehen kann, ist leicht einzusehen, [...] die letzte Sinngebung geschieht mithin stets durch *Handlungen*, sie machen die philosophische Tätigkeit aus." (8) So wird die Philosophie, da sie kein System von Sätzen (im Sinne einer wissenschaftlichen Erkenntnis) sein kann, durch das Philosophieren als Sinnklärung bzw. Sinngebung ersetzt.

Schlick will keine Philosophie als Metatheorie zulassen, er fürchtet den *regressus infinitus* der Aussagen; statt dessen möchte er jede Theorie durch Erfahrung beenden, durch Aufweisen und Vorzeigen von Fakten. Damit löst sich für ihn die Metaphysik auf, weil es gar keine metaphysischen Probleme gibt, die sich durch Erfahrungserkenntnis beantworten ließen. Andererseits bedürfen die empirisch erarbeiteten Sätze noch einer gewissen Klärung bzw. Deutung, und diese ‚Sinngebung' soll zwar durch ‚Philosophieren', aber möglichst in den Wissenschaften selbst geschehen. Im Grunde ist jeder große Forscher immer auch Philosoph, insofern er sich selbst um die Klärung seiner Grundbegriffe bemüht. Dennoch möchte Schlick anscheinend bis zu einem gewissen Grade auch an einer eigenständigen Philosophie festhalten; er glaubt nämlich nicht nur an die „Würde der Philosophie", sondern nimmt sogar an, „daß die Philosophie den allerletzten Halt des Wissens abzugeben hat" (10). Daher versucht er, die Philosophie mit einem Gewaltstreich von dem Odium der Unsicherheit zu befreien. „Denn auf die sinngebenden Akte, welche die Philosophie ausmachen, ist der Begriff der Wahrscheinlichkeit oder

Unsicherheit gar nicht anwendbar. Es handelt sich ja um Setzungen, die allen Aussagen ihren Sinn als ein schlechthin Letztes geben [...]. So zeigt nach der großen Wendung die Philosophie ihren Charakter der Endgültigkeit deutlicher als zuvor." (10)

Wie problematisch diese angeblich endgültige, in Wirklichkeit eher willkürliche Sinnstiftung ist und wie sehr damit die vorausgesetzte Allgemeingültigkeit der Wissenschaft unterlaufen wird, scheint Schlick nicht mehr realisiert zu haben. Jedenfalls geht seine Tendenz deutlich dahin, die zunächst nur als Wissenschaftstheorie konzipierte bzw. praktizierte Philosophie zu einer zusammenfassenden Interpretation aller Wissenschaften zu erheben – nicht im Sinne einer wissenschaftlichen Wissenschaftssynthese, wohl aber im Sinne einer Sinngebung der von sich aus anscheinend sinnlosen Wissenschaft durch die Philosophie. Diese ist letzte Sinngebung.

### *b) Carnap: Philosophie als Wissenschaftslogik*

Rudolf Carnap (1891–1970) wurde als Sohn eines Industriellen in der Nähe von Wuppertal geboren. Er studierte vornehmlich Physik und Philosophie, aber auch Mathematik, und wurde dabei vor allem von Frege und Russell beeinflußt. 1926 wurde er Privatdozent in Wien, 1931 Professor in Prag. 1935 ging er in die USA, wo er an verschiedenen Universitäten lehrte. Er gilt als Hauptvertreter des Logischen Empirismus.

In seinem grundlegenden Werk *Der logische Aufbau der Welt* (1928) geht Carnap nur im Vorwort kurz auf die Philosophie ein. Alle Erkenntnis erfolgt durch Wissenschaft, und zwar durch die Einzelwissenschaften; Philosophie hingegen ist keine Sachforschung, sondern Reflexion auf die Grundlagen und Methoden, vor allem auf die Logik und Sprache der Wissenschaften. Philosophie ist Wissenschaftswissenschaft und nur indirekt selber Weltwissenschaft – falls sie überhaupt Wissenschaft ist. Sein eigenes Buch versteht Carnap jedoch anscheinend als wissenschaftliches Buch, und zwar als einen Schritt auf dem Wege zu einer Philosophie im Sinne „metaphysikfreier

Wissenschaft" (XX). Wie Schlick bezieht er sich auf die neue, im Rahmen der Mathematik entwickelte Logik, die nun auf das Gebiet der Philosophie angewendet werden müsse. „Wenn die Philosophie willens ist, den Weg der Wissenschaft (im strengen Sinne) zu betreten, so wird sie auf dieses durchgreifend wirksame Mittel zur Klärung der Begriffe und zur Säuberung der Problemsituationen nicht verzichten können." (XVIII) Insbesondere gilt es daher, eine neue Erkenntnislehre zu begründen, die alle Erkenntnisse aufeinander zurückführen kann. „Die Fruchtbarkeit der neuen Methode erweist sich dadurch, daß die Antwort auf die Zurückführungsfrage zu einem einheitlichen, stammbaumartigen Zurückführungssystem der in der Wissenschaft behandelten Begriffe führt, das nur wenige Wurzelbegriffe benötigt." (XVIII) Damit greift Carnap im Grunde das alte Programm einer *ars characteristica universalis* auf, und, da deren Erarbeitung die Kraft eines einzelnen Philosophen übersteigt, hofft er (wie schon Leibniz) auf eine Arbeitsgemeinschaft und Arbeitsteilung in der Philosophie nach Art der Einzelwissenschaften, aber im Rahmen einer „Gesamtwissenschaft" (XIX). Obwohl er die Metaphysik aus der Philosophie zu verbannen hofft, erkennt er offenbar nicht den ‚metaphysischen' (logisch-ontologischen) Charakter der von ihm entwickelten Konstitutionstheorie, die im Grunde eine Art Fundamentalwissenschaft ist und nicht nur eine reflexive Metawissenschaft.

Erst am Ende seines Buches kommt Carnap noch einmal auf den Wissenschaftsstatus der Philosophie und damit auf seine eigene Theorie zu sprechen. Die Aufstellung des Konstitutionssystems aller Grundbegriffe ist Aufgabe einer Gesamtwissenschaft, die letztlich den Stammbaum aller möglichen Begriffe erstellen soll. „Die *Wissenschaft,* das System begrifflicher Erkenntnis, hat keine Grenzen"; denn die Wissenschaft ist prinzipiell allumfassend. „Mit der Unbegrenztheit der wissenschaftlichen Erkenntnis ist gemeint: *es gibt keine Frage, deren Beantwortung für die Wissenschaft grundsätzlich unmöglich wäre.*" (254, vgl. 252 f.) Angesichts der auf diese Weise proklamierten Universalität der Wissenschaft ist Philosophie als

Metaphysik überflüssig geworden, denn Metaphysik ist keine Wissenschaft. „Handelt es sich um die ersten Erkenntnisse (im Sinne der logischen, erkenntnismäßigen, konstitutionalen Ordnung), so kann statt dessen der Name ‚*Grundwissenschaft*' genommen werden; wenn es sich um die letzten allgemeinen Erkenntnisse handelt, etwa der Name ‚Weltlehre' oder ein ähnlicher." (258, vgl. 259) Damit nähert sich die neue wissenschaftliche Philosophie zwar einer traditionellen metaphysischen Kategorienlehre oder sogar einer Art Fundamentalontologie, für Carnap aber bleibt sie – nach seinem Selbstverständnis – Wissenschaftstheorie, vor allem im Sinne einer Reflexion auf die begrifflichen Voraussetzungen der Wissenschaft – chronologisch später als die Wissenschaft, logisch jedoch grundlegend. Allerdings, auch wenn sämtliche Fragen, die wissenschaftlich lösbar sind, gelöst wären, bliebe immer noch das zurück, was nun plötzlich die Aufgabe des Lebens oder die uns vom Leben gestellte Aufgabe genannt wird. „Die *Lebensrätsel* aber sind keine Fragen, sondern Situationen des praktischen Lebens." (260) Und diese stellen anscheinend weder wissenschaftliche noch philosophische Probleme dar.

In seiner weiterführenden Schrift *Logische Syntax der Sprache* (1934) unterscheidet Carnap nachdrücklich Sachfragen und Satztheorien von logischen Fragen, die sich auf ihrerseits streng objektbezogene Begriffe, Sätze, Theorien usw. beziehen. Die bisherige Philosophie ist für ihn ein trübes Gemisch von Objektfragen und logischen Fragen. Ihre angeblichen Objektfragen betreffen teils Gegenstände, die schon in den Einzelwissenschaften behandelt werden, teils „(vermeintliche) Objekte, die man in den Gegenstandsgebieten der Fachwissenschaften nicht findet" (203), z.B. Dinge an sich und Werte, aber natürlich auch das Transzendente oder das Absolute. „Die logische Analyse der philosophischen Probleme zeigt nun, daß sie sehr verschiedenen Charakter haben. Bei den Objektfragen, deren Objekte in den Fachwissenschaften nicht vorkommen, hat die kritische Analyse klargestellt, daß es Scheinfragen sind." (204) Mit dieser lapidaren Feststellung hat sich die Philosophie mangels Gegenstand als Objektwissenschaft erledigt. Da andererseits aber die Objektfragen, die in den Einzelwissenschaften erörtert werden, von diesen zureichend behandelt werden und ihnen also überlassen bleiben sollten, hat Carnap auch die Möglichkeit einer besonderen philosophischen Perspektive eliminiert. Folglich reduziert sich die Philosophie für ihn auf sogenannte logische Fragen. „Außer den Fragen der einzelnen Fachwissenschaften bleiben als echte wissenschaftliche Fragen nur die Fragen der logischen Analyse der Wissenschaft, ihrer Sätze, Begriffe, Theorien usw. übrig." (205) Diesen Fragenkomplex, im dem die *„Syntax der Wissenschaftssprache"* zur Diskussion steht, nennt Carnap nun *„Wissenschaftslogik"* (7). „Nach dieser Auffassung bleibt somit, wenn die Philosophie von allen unwissenschaftlichen Bestandteilen gereinigt wird, als einziger Restbestand die Wissenschaftslogik übrig." (205) Und in diesem Sinn fordert Carnap jetzt „Wissenschaftslogik anstatt Philosophie" (203). Es ist für ihn eine bloße Frage der Zweckmäßigkeit, ob man diesen Restbestand überhaupt noch Philosophie nennen will – „sobald Ansprüche an Wissenschaftlichkeit gestellt werden" (206).

Offensichtlich möchte Caranap die Philosophie von zwei Seiten her begrenzen oder gar aufheben. Einerseits ist sie durch eine Konstitutionswissenschaft bzw. eine ‚wissenschaftliche' Wissenschaftslogik zu ersetzen, die nicht mehr Philosophie genannt werden möchte. Andererseits sind die existenziellen Fragen (‚Lebensrätsel'), die bisher ein wesentliches Motiv und Thema der Philosophie waren, überhaupt keine theoretisch relevanten Probleme. Wissenschaftlich gesehen ist mein Tod ein Scheinproblem – er ist ein rein praktisches Problem für mich, jedenfalls solange ich lebe; praktische Probleme aber sind keine philosophischen Probleme und natürlich auch keine wissenschaftlichen. Sie entziehen sich anscheinend jeder wirklich vernünftigen Erörterung. Damit erweist sich Carnap als konsequenter Vertreter der modernen Verwissenschaftlichung der Philosophie, die alles, was nicht Wissenschaft ist, dem Irrationalismus überläßt. Die neue Philosophie wird nur noch Wissenschaft sein, entweder Wissenschaftstheorie (Wissenschaftslogik) oder Konstitutionswissenschaft (Grundwissenschaft); mit der überlieferten Philosophie will sie nichts mehr gemein haben, nicht mit der theoretischen, die als Metaphysik verdammt wird, und erst recht nicht mit der praktischen Philosophie, die der individuellen Beliebigkeit überlassen wird. Die Philosophie reduziert sich auf die logische Analyse der Wissenschaften und ihrer Sprache, sie wird zum Überdenken des bereits Gedachten, zur begrifflichen Klärung und Begründung des bereits Erkannten bzw. alles Erkennbaren überhaupt. Insofern scheint sie allerdings auch für Carnap noch eine Art absolute Wissenschaft (von den ‚logischen' Bedingungen der Möglichkeit aller Wirklichkeit) zu sein.

## 2. Wittgenstein: Sprachkritik und Sprachtherapie

Ludwig Wittgenstein (1889–1951) entstammte einer österreichischen Großindustriellenfamilie. Er studierte Ingenieurwissenschaften in Berlin und Manchester, dann unter dem Einfluß Russells Mathematik und Logik in Cambridge. 1914 zog er sich in eine einsame Hütte in Norwegen zurück, meldete sich dann aber als Freiwilliger zum österreichischen Heer. In diesen Jahren schrieb er seinen *Tractatus logico-philosophicus*, der 1918 abgeschlossen war, aber erst 1921 erschien. Anschließend ging Wittgenstein als Lehrer in die Provinz und betätigte sich in Wien als Architekt; über Moritz Schlick, der ihm sehr verpflichtet war, hielt er einen losen Kontakt zum Wiener Kreis. 1929 kehrte er nach Cambridge zurück, wo er mit dem *Tractatus logico-philosophicus* promoviert und anschließend zum Fellow ernannt wurde. 1936 ging er wieder nach Norwegen, um mit der Ausarbeitung der *Philosophischen Untersuchungen*, seines zweiten Hauptwerks, zu beginnen, kehrte dann aber nach Cambridge zurück, wo er mit Unterbrechungen bis 1947 lehrte.

Wittgensteins Philosophie zerfällt in zwei deutlich verschiedene Etappen. Der *Tractatus logico-philosophicus* ist durch die mathematisch-analytische Philosophie Russells inspiriert und hat diesen zeitweise rückwirkend beeinflußt. In diesem Werk vertritt Wittgenstein eine Philosophie der idealen Sprache – der Anspruch auf logische Klarheit wird schon äußerlich durch eine scheinbar mathematisch-logische Numerierung der Sätze demonstriert. In den *Philosophischen Untersuchungen* stellt sich Wittgenstein auf den Standpunkt der normalen Alltagssprache, in der Sprache und Lebensform zusammengehören und eine bestimmte Weltsicht implizieren. An die Stelle der erstrebten mathematischen Demonstration ist nun eine unvollendete Aufzeichnung nur lose verbundener Reflexionen getreten.

Im *Tractatus logico-philosophicus* ist für Wittgenstein die Welt oder Wirklichkeit im Ganzen „alles, was der Fall ist", d.h. die „Gesamtheit der Tatsachen" oder der bestehenden Sachverhalte. Diese Sachverhalte sind ihrerseits Verbindungen von Gegenständen, die einfach sind und die „Substanz" der Welt bilden, aber nur in Sachverhalten (Konfigurationen, Strukturen) vorkommen können. Von diesen Tatsachen können wir uns Bilder machen, d.h. Modelle, die die Wirklichkeit abbilden oder vorstellen, weil sich die Strukturen der Tatsachen und die Strukturen der Bilder in irgendeiner Weise, nämlich durch die „Form der Abbildung" (2.17) entsprechen können, wobei die „Form der Darstellung" (2.173) anscheinend standpunktabhängig ist. Aufgrund dieses seines eigenen Weltbildes kann Wittgenstein die Erkenntnis als eine Art Repräsentation bestimmen. „Das logische Bild der Tatsachen ist der Gedanke." (3) Mit anderen Worten, es gibt denkbare, weil logisch widerspruchsfreie Sachverhalte, und wir können uns logisch widerspruchsfreie oder wahre Bilder oder Gedanken von ihnen machen. „Die Gesamtheit der wahren Gedanken sind ein Bild der Welt." (3.01) Allerdings scheint die Formulierung „ein Bild" auch nahezulegen, daß es mehrere ‚wahre' Bilder von der Welt geben könne, nämlich je nach Standpunkt. Entscheidend für Wittgensteins Philosophie wird dann der Schritt vom Denken zum Sprechen, vom Gedanken zum Satz. „Im Satz drückt sich der Gedanke sinnlich wahrnehmbar aus." (3.1) Damit wird der aussprechbare Satz zum verstehbaren Bild der Wirklichkeit, mit einer „projektiven Beziehung zur Welt" (3.12).

Die Elemente des Satzes können, so glaubt Wittgenstein, in ihrer Konfiguration der Konstellation der Elemente in der Wirklichkeit entsprechen – vorausgesetzt, daß der Satz logisch oder sinnvoll ist. Die Sprache aber ist „die Gesamtheit der Sätze" (4.001). Die wahre Sprache ist also im Grunde die Logik, die „Sprachlogik", die der ‚logischen' Struktur der Wirklichkeit entspricht. Die (richtige) Sprache ist nicht nur das Medium der Erkenntnis, sie ist die Erkenntnis selber als sinnlich wahrnehmbare Tatsache.

Damit hat Wittgenstein einen Punkt erreicht, von dem aus nun zum ersten Mal die Philosophie in den Blick kommen kann, und zwar negativ, als sprachlich falsche Vorstellung der Wirklichkeit. Während nämlich bisher die Bilder der Welt – standpunktrelativ – quasi gleichberechtigt nebeneinanderstanden und nur im Begriff des wahren Gedankens so etwas wie das Postulat eines richtigen Standpunktes anklang, wird nun die Umgangssprache als unangemessen bzw. unlogisch disqualifiziert. Wittgenstein erklärt nicht, wie es möglich ist, die wahre Sprachlogik (mit oder ohne Hilfe der unwahren Umgangssprache) zu finden; ihm kommt es hier nur darauf an, daß sie im Gegenzug zur Umgangssprache gefunden werden muß. „Die Sprache verkleidet die Gedanken. Und zwar so, daß man nach der äußeren Form des Kleides nicht auf die Form des bekleideten Gedankens schließen kann; weil die äußere Form des Kleides nach ganz anderen Zwecken gebildet ist als danach, die Form des Körpers erkennen zu lassen." (4.002) Aus diesem an sich alten Gedanken, daß zwischen Gedanke und Sprache eine gewisse Diskrepanz besteht, daß alle geschichtliche Sprache ungenau ist, ergibt sich nicht nur die Frage nach einer richtigen, d.h. wirklichkeits- und gedankenadäquaten Sprache, sondern auch das Verdikt über jede Philosophie, die sich der Umgangssprache bedient. „Die meisten Sätze und Fragen, welche über philosophische Dinge geschrieben worden sind, sind nicht falsch, sondern unsinnig. Wir können daher Fragen dieser Art überhaupt nicht beantworten, sondern nur ihre Unsinnigkeit feststellen. Die meisten Fragen und Sätze der Philosophen beruhen darauf, daß wir unsere Sprachlogik nicht verstehen. […] Und es ist nicht verwunderlich, daß die tiefsten Probleme eigentlich *keine* Probleme sind." (4.003) Aus dieser am Postulat einer idealen Sprache orientierten Kritik an der bisherigen (falschen) Philosophie ergibt sich eine grundlegende Forderung an die neue (wahre) Philosophie. „Alle Philosophie ist ‚Sprachkritik'." (4.0031) Letzlich ist sie sogar Sprachtherapie.

Offensichtlich wird von Wittgenstein eine Art ideale Sprache oder Sprachlogik postuliert, die in der Umgangssprache zwar irgendwie enthalten, aber mehr verdeckt als offenbar ist, eine sozusagen absolute Sprache, ähnlich wie die Gottes im Alten Testament, der alle Dinge bei ihrem Namen zu nennen weiß. Wittgenstein glaubt, diese ideale Sprache vor allem in den künstlichen Sprachen der mathematischen Naturwissenschaften zu finden. „Die Gesamtheit der wahren Sätze ist die gesamte Naturwissenschaft (oder die Gesamtheit der Naturwissenschaften)." (4.11) Unter der Voraussetzung, daß dies selbst ein wahrer Satz ist, wenn auch wohl eher ein Glaubenssatz, kann nun auch der Status der Philosophie etwas klarer werden, und zwar zunächst wieder negativ. „Die Philosophie ist keine der Naturwissenschaften. (Das Wort ‚Philosophie' muß etwas bedeuten, was über oder unter, aber nicht neben den Naturwissenschaften steht.)." (4.111) Damit möchte Wittgenstein die Philosophie nicht für obsolet erklären, sondern ihr nur, vor allem im Hinblick auf die Naturwissenschaften, eine Art kritischer Hilfsfunktion zuweisen. „Der Zweck der Philosophie ist die logische Klärung der Gedanken. Die Philosophie ist keine Lehre, sondern eine Tätigkeit. Ein philosophisches Werk besteht wesentlich aus Erläuterungen. Das Resultat der Philosophie sind nicht ‚philosophische Sätze', sondern das Klarwerden von Sätzen." (4.112) So sollen – ähnlich wie bei Schlick und Carnap – vor allem die Naturwissenschaften durch Klärungsarbeit gefördert werden, und zwar im Rahmen der Naturwissenschaften und gleichsam aus ihnen heraus, da die Grenzen der Naturwissenschaften selber nicht klar sind. „Die Philosophie begrenzt das bestreitbare Gebiet der Naturwissenschaft." (4.113) „Sie soll das Denken abgrenzen und damit das

Undenkbare. Sie soll das Undenkbare von innen durch das Denkbare begrenzen." (4.114) Die Philosophie wird insofern durch Erkenntnis des Erkennbaren sogar zum Zeiger auf das Unerkennbare, soweit es das überhaupt geben kann. „Sie wird das Unsagbare bedeuten, indem sie das Sagbare klar darstellt." (4.115) Das Sagbare aber reduziert sich auf das Erkennbare, d.h. das widerspruchsfreie Denkbare. „Alles was überhaupt gedacht werden kann, kann klar gedacht werden. Alles was sich aussprechen läßt, läßt sich klar aussprechen." (4.116)

Nun ist aber die Reduktion der Philosophie auf Sprachkritik nicht das letzte Wort des *Tractatus*. Zwar erscheint die Welt zunächst nur als ein Ensemble erkennbarer oder denkbarer Tatsachen, und auch die Bilder von Tatsachen sind wiederum nur Tatsachen. Doch bleibt auch unter dieser Voraussetzung noch ein Problem übrig, nämlich das Problem der logischen Form, die die Sätze mit den Tatsachen verbindet und damit Erkenntnis ermöglicht, also die Frage nach der sachlichen Möglichkeit sinnvoller Sprache. „Der Satz kann die gesamte Wirklichkeit darstellen, aber er kann nicht das darstellen, was er mit der Wirklichkeit gemein haben muß, um sie darstellen zu können – die logische Form. Um die logische Form darstellen zu können, müßten wir uns mit dem Satze außerhalb der Logik aufstellen können, das heißt außerhalb der Welt." (4.12) Da Wittgenstein einen solchen absoluten Standpunkt für unmöglich halten muß, wird das Band, das Sein und Denken verknüpft, obwohl vorausgesetzt, selbst undenkbar und unsagbar. Es ist kein Gegenstand der Erkenntnis, weil diese als naturwissenschaftliche Erkenntnis nur das umfaßt, was klar und deutlich erkennbar und formulierbar ist. Durch Wittgensteins Begrenzung der Erkenntnis auf exakte (‚wissenschaftliche') Erkenntnis wird alles, was nicht exakt erkannt werden kann, zum absolut Unerkennbaren bzw. Irrationalen oder, wie er nun sagt, zum „Mystischen".

Auf dieses Mystische kommt Wittgenstein am Ende des *Tractatus* ausdrücklich zu sprechen. Da die Erkenntnis der Welt nur Abbildung von Tatsachen ist, vermag sie keine Antwort auf Sinn- oder Wertfragen zu geben. „Der Sinn der Welt muß außerhalb ihrer liegen. In der Welt ist alles wie es ist und geschieht alles wie es geschieht; es gibt *in* ihr keinen Wert – und wenn es ihn gäbe, so hätte er keinen Wert." (6.41) Folglich gehört z.B. die Ethik zum Unaussprechlichen. Aber auch die Existenz der Welt als solche kann nicht zum Thema einer sinnvollen, d.h. beantwortbaren Frage gemacht werden. Sie ist im Grunde ein Mysterium, um nicht zu sagen das Mysterium überhaupt. „Nicht *wie* die Welt ist, ist das Mystische, sondern *daß* sie ist." (6.44) So kommt Wittgenstein am Ende, wie andere primär wissenschaftsorientierte Philosophen auch, auf den Unterschied zwischen Wissenschaft und Leben. „Wir fühlen, daß selbst, wenn alle *möglichen* wissenschaftlichen Fragen beantwortet sind, unsere Lebensprobleme noch gar nicht berührt sind. Freilich bleibt dann eben keine Frage mehr; und eben dies ist die Antwort." (6.52) Mit diesem Salto entzieht sich Wittgenstein allen existenziellen, letztlich aber auch allen erkenntnistheoretischen und metaphysischen Problemen. Über Lebensprobleme läßt sich nicht sinnvoll reden, denn sie sind überhaupt keine exakten, d.h. wissenschaftlichen Probleme. „Die Lösung des Problems des Lebens merkt man am Verschwinden dieses Problems." (6.521) Damit ist das Mystische natürlich noch nicht verschwunden; es hat sich nur als wissenschaftlich oder logisch beantwortbares Problem aufgelöst. „Es gibt allerdings Unaussprechliches. Dies *zeigt* sich, es ist das Mystische." (6.522) Es kann nur sprachlos erfahren und durch Hindeuten angezeigt werden. Philosophie endet im sprachlosen Denken des Unaussprechlichen und hebt sich so selbst auf.

Zunächst aber ergibt sich aus den Grenzen der Sprache für die Philosophie eine selbstkritische oder selbsttherapeutische, letztlich sogar resignative Konsequenz. „Die richtige Methode der Philosophie wäre eigentlich die: Nichts zu sagen, als was sich sagen läßt, also Sätze der Naturwissenschaft – also etwas, was mit Philosophie nichts zu tun hat –, und dann immer, wenn ein anderer etwas Metaphysisches sagen wollte, ihm nachzuweisen, daß er gewissen Zeichen in seinen Sätzen keine Bedeutung gegeben hat. Diese Methode wäre für den anderen unbefriedigend – er hätte nicht das Gefühl, daß wir ihn Philosophie lehrten – aber *sie* wäre die einzig streng richtige." (6.53) Philosophie bestünde also wesentlich in ihrer ständigen Selbstaufhebung, nämlich in der Kritik dessen, was als Philosophie (Metaphysik) auftritt. Wittgenstein ist konsequent genug, diese Philosophie der Philosophie auch auf sich selbst anzuwenden, was ihn zu der verzweifelten Behauptung führen muß, selber Unsinn zu reden und doch die Wahrheit zu sagen. „Meine Sätze erläutern dadurch, daß sie der, welcher mich versteht, am Ende als unsinnig erkennt, wenn er durch sie – auf ihnen – über sie hinausgestiegen ist. (Er muß sozusagen die Leiter wegwerfen, nachdem er auf ihr hinaufgestiegen ist.) Er muß diese Sätze überwinden, dann sieht er die Welt richtig." (6.54) Ähnlich wie der religiöse Mystiker betrachtet auch Wittgenstein die Philosophie als eine Leiter, die man am Ende als überflüssig wegwerfen kann; ja er erklärt das, was er gesagt hat, im Sinne seiner eigenen Definition von Sinn als Unsinn. Im Grunde verzichtet er da, wo Philosophie vielleicht erst anfangen könnte, aufs Denken und versinkt so von vornherein ins ‚mystische' Schweigen. Der Schlußsatz des *Tractatus* lautet bekanntlich: „Wovon man nicht sprechen kann, darüber muß man schweigen" (7). Es fragt sich jedoch, ob das Philosophieren nicht gerade hier erst, nach dem wissenschaftlich Gewußten beginnt, ob also die Alternative *Naturwissenschaft oder Mystik* wirklich vollständig und zwingend ist. Es fragt sich, ob das, was man früher vielleicht als Schweigen angesichts des Absoluten bezeichnet hätte, schon am Beginn oder erst am Ende des Denkens stehen kann, also ob das, was ein mögliches legitimes Ende der Philosophie sein könnte, vor deren Anfang gesetzt nicht nur faule Vernunft (um nicht zu sagen: verbockten Verstand) kaschiert.

Nach der Vollendung seines *Tractatus* scheint Wittgenstein wirklich geglaubt zu haben, alle philosophischen Probleme gelöst bzw. als Scheinprobleme liquidiert zu haben. Er verordnete sich selbst ein philosophisches Schweigen und stürzte sich in eine philosophieferne praktische Lebensweise, die er allerdings nach wenigen Jahren wieder aufgab – teils weil seine Freunde ihn überreden konnten, teils weil er seine bisherige

Philosophie als Irrtum erkannt hatte. Wahrscheinlich also auch, weil er, entgegen seiner eigenen Theorie, das Philosophieren selber nicht lassen konnte. Jedenfalls beginnt er, sich selbst mehr indirekt als direkt kritisierend, mit der Entwicklung einer neuen, nunmehr wissenschaftsfernen Philosophie, die er allerdings nicht mehr zu einer umfassenden und klaren Darstellung bringen konnte. Sie intendiert zwar dem Anschein nach das genaue Gegenteil seines ersten Entwurfs, zeigt aber auch eine große Kontinuität in gewissen Grundgedanken.

Auch Wittgensteins *Philosophische Untersuchungen*, die, obwohl im 1. Teil bereits 1945, im 2. Teil 1949 abgeschlossen, erst posthum erschienen (engl. 1953, dt. 1958), kreisen um die Beziehung von Sprache und Welt. Aber sie haben die Orientierung an den Naturwissenschaften aufgegeben und gehen nicht von einer idealen und formalen, wissenschaftlichen und künstlichen bzw. von einer fiktiven idealen oder absoluten Sprache aus, sondern von der wirklichen, alltäglichen oder normalen Sprache, die von anderen geschichtlich gegebenen Umgangssprachen verschieden ist. In einer solchen Sprache ist ein sprachliches Zeichen nicht mehr ein einfacher Name für einen einfachen Gegenstand, der mit anderen Zeichen (Worten) durch rein logische Beziehungen verbunden ist. Vielmehr erhält das jeweilige Wort seine Bedeutung erst durch seinen Gebrauch im Rahmen einer bestimmten Sprache, also in einem sprachlichen Feld oder in einem umfassenden Bedeutungshorizont. Der Gebrauch eines Wortes aber geht nach Wittgenstein auf seine Funktion im Rahmen einer Tätigkeit, letztlich auf seine Rolle in einer bestimmten „Lebensform" (vgl. 300, 296ff.), zurück. Wittgenstein nennt eine so funktionierende Sprache ein „Sprachspiel", ohne jedoch diesen zentralen Terminus zureichend zu klären. „Wir können uns auch denken, daß der ganze Vorgang des Gebrauchs der Worte [...] eines jener Spiele ist, mittels welcher Kinder ihre Muttersprache erlernen. Ich will diese Spiele ‚*Sprachspiele*' nennen, und von einer primitiven Sprache manchmal als einem Sprachspiel reden. Und man könnte die Vorgänge des Benennens der Steine und des Nachsprechens des vorgesagten Wortes auch Sprachspiele nennen. [...] Ich werde auch das Ganze: der Sprache und der Tätigkeiten, mit denen sie verwoben ist, das ‚Sprachspiel' nennen" (292f.). Sprachspiele in diesem etwas unklaren, vor allem im letzten Sinn stehen quasi autonom nebeneinander, können aber auch unter Bezug auf gewisse gemeinsame Handlungen zumindest teilweise ineinander übersetzt werden, d.h. sie sind relativ vergleichbar (vgl. 346, 383). Doch gibt es keinen direkten Rückgriff, durch das Sprachspiel hindurch, auf die fundierende Tätigkeit oder Wirklichkeit, der das Sprachspiel funktional dient. Die Basis des Sprachspiels, die Lebensform, wird nur im Sprachspiel zugänglich. Insofern bleibt dieses „das Primäre", eine Art Urphänomen, durch das sich die Wirklichkeit für uns konstituiert (vgl. 478). Daher kann man von einem Sprachpositivismus oder Sprachnaturalismus des späten Wittgenstein sprechen. Hinzu kommt, daß es trotz aller Vergleichbarkeit der geschichtlichen Sprachen anscheinend kein über- oder umgreifendes, sozusagen absolutes Sprachspiel gibt, nicht einmal als regulative Idee. So stellt sich sofort die Frage, welchen Wahrheitsanspruch diese Theorie erheben kann und wie sie dem Relativismus entgehen kann. Welches Sprachspiel spielt Wittgenstein selbst?

Auf der Basis seiner Sprachspieltheorie kann Wittgenstein nun erneut die Nichtigkeit der Philosophie als Wirklichkeitserkenntnis einerseits und ihre mögliche positive Funktion als Sprachkritik oder Sprachtherapie andererseits feststellen. Normalerweise funktioniert ein Sprachspiel so wie ein gutes Werkzeug im Rahmen des Zweckes, zu dem es erfunden wurde. Erst wenn dies nicht der Fall ist, treten die sogenannten philosophischen Probleme auf, die dann auch durch die Philosophie gelöst bzw. wieder beseitigt werden müssen. „Ein philosophisches Problem hat die Form: ‚Ich kenne mich nicht aus'." (345) Der Ursprung der Philosophie liegt also in einer Störung des normalen Sprachbetriebes, in einer Art Sprachentgleisung. Doch kennt Wittgenstein anscheinend verschiedene Arten des Ursprunges von philosophischen Problemen, auch wenn diese von ihm nicht deutlich auseinandergehalten werden. (1.) Der wichtigste Grund für das Philosophieren scheint in einer gewissen Unübersichtlichkeit der Sprache zu liegen. „Es ist eine Hauptquelle unseres Unverständnisses, daß wir den Gebrauch unserer Wörter nicht *übersehen*. – Unserer Grammatik fehlt es an Übersichtlichkeit." (345) Offensichtlich ist die Sprache nicht nur ein für ihre Zwecke geeignetes Instrument oder eine bloße Technik, sondern auch ein „Labyrinth", das wir zwar selbst irgendwie erfunden haben, in dem wir uns aber auch selbst verirren (vgl. 381f., 460). Aufgabe der Philosophie ist es daher, einen klaren Überblick zu schaffen – wie immer dies im Rahmen unserer Sprache und mit welcher Sprache möglich sein mag. (2.) Das von uns selbst errichtete Labyrinth der Sprache ist eine Falle, die wir uns selbst gestellt haben; wir verfangen uns in unseren eigenen Stricken. „Die fundamentale Tatsache ist hier: daß wir Regeln, eine Technik, für ein Spiel festlegen, und daß es dann, wenn wir den Regeln folgen, nicht so geht, wie wir angenommen hatten. Daß wir uns also gleichsam in unsern eigenen Regeln verfangen. Dieses Verfangen in unsern Regeln ist, was wir verstehen, d.h. übersehen wollen." (345) Wittgenstein fragt hier nicht, warum die Regeln, die wir uns selbst gesetzt haben, nicht funktionieren. Er begnügt sich damit, Philosophie als Aufklärung einer sprachlichen Selbstverstrickung zu definieren. (3.) Da unsere Sprache nicht nur in sich unübersichtlich und voller selbstproduzierter Fallstricke, sondern auch begrenzt ist, hat jedes Sprachspiel einen bestimmten Sprach- oder Bedeutungshorizont, sonst wäre es gar kein bestimmtes Sprachspiel. Dieser Horizont scheint sich jedoch, obwohl die Sprache eigentlich eine Technik der Welterfassung ist, nicht ohne weiteres erkennen und erweitern zu lassen. Andererseits scheinen wir mit dieser Begrenzung unserer selbst durch uns selbst auch nicht zufrieden sein zu können. Daher rennen wir sozusagen von innen gegen die Grenzen unserer Sprache bzw. der Sprache überhaupt an. Damit erscheint wieder die Philosophie auf dem Plan. „Die Ergebnisse der Philosophie sind die Entdeckung irgendeines schlichten Unsinns und Beulen, die sich der Verstand beim Anrennen an die Grenze der Sprache geholt hat. Sie, die Beulen, lassen uns den Wert jener Entdeckung erkennen." (344) Philosophieren wird so zur Selbsterkenntnis, nämlich zur Erkenntnis der eigenen, individuellen oder gesellschaftlichen, letztlich sogar allgemeinmenschlichen Grenzen, insbesondere aber des in der Philosophie selbst erzeugten Unsinns. Die wahre Philosophie resultiert aus dem Leiden an der falschen.

Aufs Ganze gesehen wird man also sagen müssen, daß die Sprache uns verhext, nicht zuletzt in der Philosophie, daß die Philosophie aber dieser Verhexung Herr werden kann, indem sie die philosophischen Probleme selber wieder als schlichten Unsinn auflöst. „Diese sind freilich keine empirischen, sondern sie werden durch eine Einsicht in das Arbeiten unserer Sprache gelöst, und zwar so, daß dieses erkannt wird: *entgegen* einem Trieb, es mißzuverstehen. [...] Die Philosophie ist ein Kampf gegen die Verhexung unseres Verstandes durch die Mittel unserer Sprache." (342) Der Verstand verhext sich sozusagen selbst durch die Sprache und kämpft in der Sprache und mit der Sprache gegen diese Verhexung durch die Sprache. Philosophie ist Aufklärung, aber nicht als Wahrheits- oder Wirklichkeitserkenntnis, sondern nur als Aufklärung von Sprache bzw. von sprachlichen Mißverständnissen, nicht zuletzt in der Philosophie selbst. „Eine ganze Wolke von Philosophie kondensiert zu einem Tröpfchen Sprachlehre." (534) Philosophie ist daher – in der einen oder anderen Form – Sprachtherapie durch Sprachkritik. Als solche löst sie keine Probleme im Sinne einer Erklärung, sondern beseitigt sie nur als Mißverständnisse. „Der Philosoph behandelt eine Frage; wie eine Krankheit." (393) Die philosophischen Probleme sollen „*vollkommen* verschwinden" (vgl. 347). „Aber es sind nur Luftgebäude, die wir zerstören, und wir legen den Grund der Sprache frei, auf dem sie standen." (347) Philosophie erklärt nicht, sondern zeigt nur auf, und zwar nicht zuletzt ihre eigenen Fehler. Insofern ist sie Korrektur durch Kritik, nämlich Korrektur der Sprachfehler; aber sie beschreibt letztlich nur den Gebrauch der Sprache, wie er ist. „Die Philosophie darf den tatsächlichen Gebrauch der Sprache in keiner Weise antasten, sie kann ihn am Ende also nur beschreiben. Denn sie kann ihn auch nicht begründen. Sie läßt alles, wie es ist." (345) Insofern ist auch für Wittgenstein Philosophie Gelassenheit: die Dinge lassen, wie sie sind; sehen, was sich vollzieht; sagen, was ist – aber alles nur im Hinblick auf die Sprache.

Die Philosophie soll sich durch sich selbst als sprachliches Scheinproblem auflösen, damit sich das Selbstverständliche zeigen kann und das Philosophieren aufhört. „Die eigentliche Entdeckung ist die, die mich fähig macht, das Philosophieren abzubrechen, wann ich will." (347) Der „Philosophen-Unsinn" (533) muß also beendet werden – durch die Philosophie. Haben also alle Philosophen bisher Unsinn geredet? Es scheint, daß Wittgenstein diese Frage bejaht. Er will nicht die alte Philosophie durch eine neue eigene ersetzen; der „Philosophen-Unsinn" muß überhaupt verschwinden – durch Philosophie, die sich selbst aufhebt. Selbst diese Philosophie der Philosophie will keine Philosophie mehr sein. „Man könnte meinen: wenn die Philosophie vom Gebrauch des Wortes ‚Philosophie' redet, so müsse es eine Philosophie zweiter Ordnung geben. Aber es ist eben nicht so; sondern der Fall entspricht dem der Rechtschreibelehre, die es auch mit dem Wort ‚Rechtschreibelehre' zu tun hat, aber dann nicht eine solche zweiter Ordnung ist." (344)

Angesichts Wittgensteins Respekt für die Sprache wird man fragen müssen, ob sich seine Auflösung des philosophischen Problems *Philosophie* noch im Rahmen des gängigen Sprachspiels bewegt bzw. ob er die Philosophie wirklich als sprachliches Mißverständnis beseitigt hat. Deutlich ist jedenfalls ein linguistischer Relativismus, der zwar etwas Außersprachliches (Welt) voraussetzt, die Sprache aber als „das Primäre" betrachtet, als ein Urphänomen, hinter das nicht zurückgegangen werden kann. Nur in der (kontingenten) Sprache kann, wie über die Sprache selbst, auch über die außer- oder vorsprachliche Wirklichkeit und damit auch über die Beziehung von Sprache und Welt, die Erfassung bzw. Nichterfassung von Wirklichkeit durch Sprache gesprochen werden – wobei es zunächst unerheblich ist, ob diese irgendwie gewordene und weiter werdende Sprache eine bloße ‚Privatsprache' oder die Sprache einer geschichtlichen Gesellschaft ist. Dennoch hält Wittgenstein an der Möglichkeit einer Sprachkritik bzw. Sprachtherapie fest und damit an einem Wahrheitsanspruch. Bis zuletzt scheint er daran geglaubt zu haben, durch Sprachklärung und insofern durch Philosophie die philosophischen Probleme zum Verschwinden bringen zu können.

## 3. Popper: Kritische Methodologie und heuristische Metaphysik

Karl Raimund Popper (1902–1994) wurde in Wien als Sohn eines Rechtsanwalts geboren und studierte nach einer Ausbildung zum Lehrer und Möbeltischler dort Philosophie und Physik, u.a. bei Moritz Schlick. Durch diesen hatte er Kontakt zum Wiener Kreis, stand allerdings von Anfang an in einer gewissen Opposition zum Logischen Empirismus. 1934 veröffentlichte er sein Hauptwerk *Logik der Forschung*, eine Kurzfassung einer seinerzeit unveröffentlichten Schrift, die den Titel *Die beiden Grundprobleme der Erkenntnistheorie* trug. Nach Vorlesungen in England ging er 1936 nach Neuseeland, wo er zwei Bücher gegen den Totalitarismus und dessen ‚holistische' Geschichtsphilosophie schrieb (*Das Elend des Historismus*, engl. 1944/45, dt. 1960; *Die offene Gesellschaft und ihre Feinde*, engl. 1945, dt. 1957). Nach dem Kriege kehrte er nach England zurück, wo er seinen sogenannten Kritischen Rationalismus zu präzisieren versuchte und die sprachphilosophische Wende („linguistic turn") in der angelsächsischen Philosophie bekämpfte. In seiner Spätphase befaßte er sich vor allem mit dem Problem des Geistes und entwickelte eine sogenannte Drei-Welten-Theorie (Dingwelt, Ich, Geisteswelt).

Popper war nach eigenen Angaben durch die Diskussion über die Relativitätstheorie zur Wissenschaftstheorie gekommen, sachlicher und methodischer Ausgangspunkt seiner Wissenschafts- bzw. Forschungstheorie ist jedoch das Induktionsproblem. Auch er definiert die Philosophie im Ausgang und in der Absetzung von der Wissenschaft. Da er wissenschaftliche

Aussagen als Allsätze betrachtet, die aus Induktionsschlüssen abgeleitet, folglich höchstens wahrscheinlich sind („Alles Kupfer leitet Elektrizität"), können wissenschaftliche Theorien nach seiner Ansicht nicht verifiziert, sondern nur falsifiziert werden. Mit anderen Worten, alle wissenschaftliche Wahrheit ist vorläufig, im Grunde nur eine bisher bewährte Hypothese, die vom Forscher selbst und der Gemeinschaft der Forscher immer wieder überprüft werden muß (Fallibilismus). Aus dieser Position, die alle Letztbegründungen zu vermeiden versucht, folgt allerdings in der *Logik der Forschung*, die Popper mehrfach mit erklärenden Vorwörtern und Zusätzen herausgegeben hat, kein Relativismus oder Skeptizismus. Unser Wissen ist, wie es in einem späteren Vorwort heißt, zwar nur ein „Gewebe von Vermutungen" oder ein „kritisches Raten", aber eine „Annäherung an die Wahrheit" ist möglich (vgl. XXV), nämlich durch *trial and error* oder *conjecture and refutation*. Wissenschaft ist zwar nur hypothetisches, aber immerhin potentiell falsifizierbares Wissen und insofern sich selbst möglicherweise als Nichtwissen erkennendes Wissen – so kann sie sich durch weitere Vermutungen möglicherweise einem echten Wissen nähern. Demgegenüber sind philosophische bzw. metaphysische Aussagen, weil grundsätzlich nicht empirisch überprüfbar, weder verifizierbar noch falsifizierbar; sie sind, soweit sie nicht trivial sind, spekulativ, jedenfalls unwissenschaftlich. Dennoch möchte Popper die kühnen Vermutungen der Metaphysik nicht als Unsinn (Pseudo-Sätze) verwerfen, sondern ihnen vor allem eine historische und heuristische Funktion zugute halten – auch pure Spekulation kann sich für die (empirische) Wissenschaft als nützlich erweisen. Bei dieser Einschätzung werden allerdings alle ‚unwissenschaftlichen' Aussagen sozusagen über einen Kamm geschoren; die Frage, ob sie alle gleichermaßen unkritisch oder spekulativ, also unbegründet oder unvernünftig sind, wird noch nicht gestellt.

Poppers Konzept eines Kritischen Rationalismus, der sich ursprünglich nur als Wissenschaftstheorie, genauer gesagt als „Logik der Forschung" oder „Erkenntnislogik" verstand, ließ sich in verschiedenen Hinsichten erweitern. So ließ sich z.B.

die biologische Evolution durch Mutation und Selektion als Fortschritt des Lebens durch Versuch und Irrtum, also Leben als (unbewußtes) Problemlösungsverhalten erklären – weshalb dann die sogenannte Evolutionäre Erkenntnistheorie das wissenschaftliche Problemlösungsverhalten der Menschen als höchsten Ausdruck eines durch Mutation und Selektion herausgebildeten Erkenntnisapparates deuten kann. Außerdem ließ sich die politische Praxis quasi-epistemologisch als praktischer Problemlösungsversuch bestimmen, der analog zum kritischen Raten der Wissenschaft immer nur Stückwerktechnik („piecemeal engineering") sein kann – wodurch die Politik allerdings von vornherein nicht nur einen reformistischen, sondern auch einen experimentellen Charakter bekommt. Aber natürlich impliziert der auf den ersten Blick sehr plausible Kritische Rationalismus auch als Erkenntnistheorie eine Reihe grundsätzlicher Probleme. So stellt sich z.B. die Frage, ob nicht jede Falsifikation, um etwas als unwahr zu erweisen, unvermeidlich selber einen Wahrheitsanspruch gelten machen muß, insofern also doch eine Art Verifikation behauptet werden muß. Außerdem stellt sich die vieldiskutierte Frage nach der Grundlage des Kritischen Rationalismus, nämlich ob dieser sich selbst kritisch-rational im Sinne seiner eigenen Theorie begründen kann oder ob er auf einer irrationalen (‚dogmatischen') Entscheidung für die Ratio beruht, die ebenso willkürlich ist wie die entgegengesetzte.

Popper hat sein philosophisches Selbstverständnis mehrfach zu artikulieren versucht und dabei unterschiedliche Begriffe von Philosophie entwickelt. Die *Logik der Forschung*, die fast nichts zu diesem Problem enthält, scheint die Philosophie eher implizit als Wissenschaftstheorie, diese aber weder als Wissenschaft noch als Metaphysik zu verstehen – irgendwie scheint eine solche Metatheorie unvermeidlich zu sein. „Die Erfahrungswissenschaften sind Theoriensysteme. Man könnte die Erkenntnislogik die Theorie der Theorien nennen" (31). Zwar wird schon im Vorwort durch die Falsifizierbarkeit als Abgrenzungskriterium für Wissenschaft die Philosophie bzw. Metaphysik – mehr indirekt als direkt – als eine prinzipiell nicht falsifizierbare, also rein spekulative Theorie hingestellt, aber diese wird nicht als solche zum Thema. Wohl wird gelegentlich der mögliche heuristische Wert metaphysischer Spekulationen für die Entwicklung der Wissenschaft hervorgehoben (13). Erst nachdem Popper später an verschiedenen Stellen auf das Problem der Philosophie direkt eingegangen war, wurde es auch in den Vorworten und Zusätzen der *Logik der Forschung* etwas detaillierter angesprochen.

In dem 1958 geschriebenen Vorwort setzt sich Popper vor allem gegen die sprachanalytische Auffassung der Philosophie ab. „Die Sprachanalytiker glauben, daß es keine echten philosophischen Probleme gibt, oder daß die Probleme der Philosophie, wenn es solche überhaupt gibt, Probleme des Sprachgebrauchs und Fragen über den Sinn oder die Bedeutung von Wörtern sind. Ich glaube jedoch, daß es zumindest *ein* philosophisches Problem gibt, das alle denkenden Menschen interessiert. Es ist das Problem der Kosmologie: das Problem, die Welt zu verstehen – auch uns selbst, die wir ja zu dieser Welt gehören, und unser Wissen. Alle Wissenschaft ist Kosmologie in diesem Sinn, glaube ich; und für mich ist die Philosophie, ebenso wie die Naturwissenschaft, ausschließlich wegen ihres Beitrages zur Kosmologie interessant." (XIV) Als Kosmologie (in einem fast vorsokratisch weiten Sinn) scheint die Philosophie wieder – ähnlich wie die Wissenschaft – einen direkten Zugang zu der Wirklichkeit im Ganzen zu gewinnen, nämlich als Objekt- und nicht nur Satztheorie. Die Sprachanalyse hingegen hat aus dieser Sicht zu einer „Selbstverstümmelung" der Philosophie geführt, zu der (philosophischen) Behauptung, daß diese *per definitionem* nichts zu unserem Wissen über die Welt beitragen könne (XVIII). Popper lehnt ein solches Verständnis von Philosophie als Erkenntnisbehinderung ab. So wichtig es ist, unsere Sprache und ihre Funktion zu verstehen, es kann in der Philosophie nicht darum gehen, „unsere Probleme als bloße sprachliche Mißverständnisse wegzuerklären" (XIV). Nicht die Sprachanalyse ist die einzig wahre Methode der Philosophie, sondern die universale Diskussion – eine Methode, an der man allerdings gegen Popper bezweifeln kann, ob sie überhaupt eine echte Methode ist. Dieser scheint jedenfalls lange Zeit auf einen echten Erkenntnisfortschritt durch eine kritische oder rationale Diskussion gehofft zu haben.

In dem Aufsatz *Über die Möglichkeit der Erfahrungswissenschaft und der Metaphysik* (1957/58) artikuliert sich Poppers Philosophie- und Wissenschaftsverständnis allerdings ziemlich pessimistisch. Im ersten Teil wird zunächst das Problem der Erfahrung bzw. der Erfahrungswissenschaft diskutiert. Laut Popper müssen wir heute davon ausgehen, daß Newtons Physik nicht aus Beobachtungen (Beobachtungssätzen) abgeleitet worden ist und auch nicht daraus ableitbar ist; auch sie ist jetzt nur noch eine mögliche, also relative Interpretation der Natur. „Also ist unser Verstand nicht nur einer, sondern mehrerer Interpretationen fähig. Auch hat er nicht die Macht, der Natur jede seiner Interpretationen ein für allemal aufzudrängen. Vielmehr arbeitet er versuchsweise. Wir erschauen unsere Mythen, unsere Theorien und versuchen, was wir mit ihnen ausrichten können. Und wir verbessern unsere Theorien, wenn immer wir dazu fähig sind [...]. Die Theorien werden damit zu unseren freien Schöpfungen, zu einem fast dichterischen Nachfühlen der Gesetze der Natur." (8) Damit wird Newtons Physik, die bisher das Paradebeispiel exakter und allgemeingültiger Wissenschaft war, etwas unvermutet in die Nähe von Mythen und Dichtungen gerückt. Die Möglichkeit der Verbesserung von Theorien und damit das Problem der Annäherung an die Wahrheit oder Wirklichkeit – bei Popper ohnehin nicht ganz klar – wird dadurch keineswegs klarer. Die Idee einer indirekten Annäherung an die Wahrheit durch Falsifikation, die ihrerseits die Idee einer direkten Verifikation ersetzt hatte, scheint nun auch noch durch die Idee einer zumindest relativ freien Interpretation der Wirklichkeit ersetzt zu werden. Damit wäre die Tür zum Relativismus offen.

Andererseits hält Popper an der Falsifizierbarkeit wissenschaftlicher Theorien fest. Im zweiten Teil seiner Ausführungen diskutiert er nämlich die Nichtwiderlegbarkeit philosophischer Theorien. Daraus resultiert nun ein Problem. „*Wenn philosophische Theorien unwiderlegbar sind, wie können wir dann zwischen wahren und falschen philosophischen Theorien unterscheiden?*" (13) Im Grunde genommen gar nicht, da wir überhaupt keine Theorie verifizieren können. Immerhin sind logisch-mathematische und empirisch-wissenschaftliche Theorien einer rationalen Überprüfung durch „kritisches Denken" zugänglich, also falsifizierbar. Wie aber können wir „nichtwiderlegbare philosophische Theorien *kritisch* [...] diskutieren?" (14) Poppers Antwort auf die von ihm selbst gestellte Frage geht jetzt von der Voraussetzung aus, daß eine „vernünftige Theorie", ob wissenschaftlich oder nicht, keine bloße blinde Behauptung darstellt, sondern in einer bestimmten Problemsituation ein bestimmtes Problem lösen will. Dann aber können wir auch fragen: „Löst die Theorie ihr Problem? Löst sie es besser als andere Theorien?" (15) Insofern (vorausgesetzt, daß Problemlösungen und ihre Qualität als solche erkannt werden können) scheint also auch in der Philosophie eine vernünftige oder kritische Diskussion möglich zu sein, deren Eigenart allerdings nur vage umrissen wird – Kants „fundamentale Idee eines kritischen, eines selbstkritischen Rationalismus weist auch hier den Weg" (16). Aus dieser Perspektive wird aber auch verständlich, daß Popper die Entdekkung eines philosophischen Problems fast für wichtiger hält als dessen sogenannte Lösung.

In dem Aufsatz *Wie ich die Philosophie sehe* (engl. 1975, dt. 1978) setzt sich Popper zunächst von einer Reihe von Philosophiekonzeptionen ab; einerseits wendet er sich gegen das Philosophieverständnis neuzeitlicher Systemphilosophien, andererseits aber auch gegen das Philosophieverständnis ihm ursprünglich nahestehender Richtungen (Wiener Kreis, Wittgenstein). Er geht jetzt von einem sehr weiten Begriff von Philosophie aus. „Alle Menschen sind Philosophen. Auch wenn sie sich nicht bewußt sind, philosophische Probleme zu haben, so haben sie doch jedenfalls philosophische Vorurteile." (201) Vorurteile werden hier (im Unterschied zur Hermeneutik) rein negativ verstanden, außerdem scheint Popper an die Möglichkeit ihrer Aufklärung zu glauben. Die dazu nötige Kritik erwartet er von den professionellen Philosophen, obwohl diese doch auch nach seiner Ansicht die Haupturheber der schlimmsten (philosophischen) Vorurteile sind. „Jede Philosophie muß mit den unsicheren und oft verderblichen Ansichten des unkritischen Alltagsverstandes anfangen. Ziel ist der aufgeklärte, kritische Alltagsverstand, die Erreichung eines Standpunktes, der der Wahrheit näher ist und der einen weniger schlimmen Einfluß auf das menschliche Leben hat.“ (202) Darüber hinaus versteht Popper die Philosophie vor allem als Erkenntnistheorie. „Die Probleme der Erkenntnistheorie bilden meiner Meinung nach das Kernstück der Philosophie, und zwar der unkritischen populären Philosophie des Alltagsverstandes wie auch der akademischen Philosophie.“ (204) In beiden Formen der Philosophie gibt es allerdings einen unkritischen Erkenntnisoptimismus, der abzulehnen ist. Insofern nähert sich Popper jetzt einem „erkenntnistheoretischen Pessimismus“, den er auch „pluralistischen Realismus“ nennt (vgl. 205). Im übrigen plädiert er verstärkt für eine enge Zusammenarbeit zwischen Philosophie und Einzelwissenschaften. Ein Gebäude sicheren Wissens, wie es sich der naive Alltagsverstand und die davon ausgehenden Positivisten erhoffen, ist allerdings unmöglich – alle Wissenschaft ist hypothetisch.

Aber Popper erwartet noch mehr vom Philosophen als Erkenntnistheorie. Der Philosoph braucht wie der Wissenschaftler „intellektuellen Wagemut“; er muß es wagen, „ein Revolutionär auf dem Gebiete des Denkens zu sein“ (200). Natürlich muß er offen sein für eine rationale oder kritische Diskussion; aber gerade weil die „kritische Einstellung [...] das Herzblut der Philosophie“ (209) ist, warnt Popper nun vor einer kleinlichen Kritik, nämlich vor der Haarspalterei der „minute philosophers“ der *ordinary language philosophy*. Im Hinblick auf dieses falsche Philosophieverständnis kommt er auf seine weite Definition von Philosophie als Kosmologie zurück und erweitert sie nochmals. „Im Gegensatz zu den minuziösen Philosophen mit ihren kleinlichen Problemen sehe ich die Hauptaufgabe der Philosophie darin, kritisch über das Universum und unseren Platz darin nachzudenken sowie über die gefährliche

Macht unseres Wissens und unsere Kraft zum Guten und zum Bösen." (210) So stößt Popper am Ende sogar auf das Problem, mit dem die Existenzphilosophie in gewisser Weise begonnen hatte. „Alle Menschen sind Philosophen, weil sie die eine oder andere Einstellung oder Haltung gegenüber dem Leben und dem Tod einnehmen." (210) Die Philosophie hat also ihre eigenen, nämlich existenziellen Probleme, sie ist nicht nur die Magd der Wissenschaft.

Philosophie ist für Popper hier – wie die Wissenschaft – in ihren besten Intentionen wesentlich Kosmologie, und zwar im weitesten Sinne des Wortes, nämlich rationale Erkenntnis oder kritische Erörterung der Wirklichkeit im Ganzen und unserer Stellung darin, und zwar aus existenziellen Interessen an Wert- und Sinnfragen. Vor allem aber, ursprünglich und in ihrem Kern, ist sie die kritische Diskussion der Möglichkeit der Erkenntnis der Natur, also Wissenschaftstheorie, und zwar Erkenntnislogik oder Logik der Forschung. Im Grunde ist allerdings alle sogenannte Erkenntnis – auch die der Wissenschaft – nur nicht verifizierbare Vermutung, hypothetische Theorie oder sogar poetischer Mythos. Auf diese Weise wird jedoch nicht nur die Rationalität der Philosophie, sondern auch die Rationalität der Wissenschaft problematisch. In der Konsequenz wird sogar die scharfe Unterscheidung zwischen Philosophie und Wissenschaft, die auch bei Popper am Anfang seiner wissenschaftsorientierten Philosophie gestanden hatte, unterminiert: Wissenschaft und Philosophie unterscheiden sich fast nur noch wie falsifizierbare und nicht falsifizierbare Mythen – wobei unausgewiesen vorausgesetzt wird, daß in der Falsifikation noch ein Minimum von Verifikation geschieht, also ein Minimum von Wahrheit über die Wirklichkeit möglich ist.

Im Anschluß an Popper, aber auch gegen dessen ursprüngliche Intentionen, wurde sein erkenntnistheoretischer Pessimismus oder pluralistischer Realismus schon bald weiter entwickelt. Thomas Kuhn (1922–1996) hat die Geschichte der Wissenschaft statt als Fortschritt als irrationalen Paradigmenwechsel interpretiert und so mit der Wissenschaftsgeschichte auch die Wissenschaft selbst an den Rand des Irrationalismus gebracht. Paul Feyerabend (1924–1994) hat daraus die systematische Konsequenz einer „anarchistischen Erkenntnistheorie" gezogen, für die an sich alle Theorien gleichwertig sind („anything goes"); für die „tapferen Empiristen" bleibt am Ende nur noch Spott. Damit ist die wissenschaftsorientierte Philosophie durch Selbstzerstörung in ihr Gegenteil umgeschlagen: von der Glorifikation der Wissenschaft zu ihrer Demystifikation, von der Verwissenschaftlichung der Philosophie zur Entwissenschaftlichung der Wissenschaft selber. Die Verherrlichung der Wissenschaft als Vorbild für alle rationale Erkenntnis hatte zur Verachtung der Philosophie als Metaphysik geführt oder aber zur Forderung nach einer neuartigen wissenschaftlichen Philosophie, am Ende aber erweist sich die Wissenschaft selbst als irrational und damit im Hinblick auf ihr Idealbild als unwissenschaftlich. Philosophie und Wissenschaft sind nur unterschiedliche Wirklichkeitsinterpretationen, deren Wirklichkeitsbezug letztlich unklar bleibt.

## 4. Grenzen der Wissenschaft

Die betont wissenschaftsorientierte Philosophie des 20. Jahrhunderts, die vor allem in Wien in den dreißiger Jahren entwickelt worden war und nach dem Zweiten Weltkrieg als Reimport wirksam wurde, war davon ausgegangen, daß die exakten Wissenschaften die einzigen echten Erkenntnisse liefern und daß folglich die Philosophie, zumindest in ihrer bisherigen Form, obsolet geworden sei. Die mathematischen Naturwissenschaften waren für diesen Positivismus das normative Faktum schlechthin: Wissenschaft als ein wahres, daher allgemeingültiges und übergeschichtliches System von Sätzen. Die traditionelle Philosophie hingegen war für sie in ihrem Kern Metaphysik – im Grunde bloßer Unsinn, nämlich eine chaotische Ansammlung von Scheinproblemen und Pseudosätzen. Die Analyse der Bedingungen der Möglichkeit wissenschaftlicher Erkenntnis sollte daher wieder einmal den Unterschied von

Philosophie und Wissenschaft erklären. Da aber die wissenschaftsbegeisterten und philosophiekritischen Philosophen unvermeidlich noch Philosophen blieben, wollten sie wenigstens die Naturwissenschaften zum zentralen Thema der Philosophie machen und die Philosophie als Hilfswissenschaft in deren Dienst stellen. Dabei wollten sie die Naturwissenschaften soweit wie möglich als Vorbild betrachten und die Philosophie soweit wie möglich im Sinne der modernen Wissenschaft verwissenschaftlichen; Philosophie sollte zur Wissenschaft werden oder sich auf eine Wissenschaftsphilosophie, wenn nicht Wissenschaftswissenschaft reduzieren. Allerdings gab es von Anfang an auch gewisse Bedenken gegen die globale Verachtung der überlieferten Philosophie, und dies führte zusammen mit der Entwicklung der Wissenschaftstheorie zu Ergebnissen, die der ursprünglichen Intention geradewegs zuwiderliefen, d.h. sich gegen die Reduktion aller philosophischen Probleme auf Probleme der Wissenschaft bzw. gegen ihre Darstellung als Unsinn richteten. Die Grenzen der Wissenschaft wie der Wissenschaftstheorie wurden durch ihre eigenen Ausgrenzungen deutlich, nämlich durch ihre Abwehr der Metaphysik, der Geschichte und der sogenannten Lebensprobleme.

So ließ sich offenbar von Anfang an die Frage nach dem Anderen von Wissenschaft oder dem möglichen Mehr als Wissenschaft nicht ganz zum Verschwinden bringen, sie blieb schon aus wissenschaftstheoretischen Gründen unabweisbar. Denn die wissenschaftlichen Aussagen, vor allem die in ihnen vorausgesetzten Grundbegriffe, also die Wissenschaftssprache, bedurften einer Interpretation; der „Sinn" wissenschaftlicher Sätze, ihre Wahrheit und Bewahrheitung, bedurfte einer weitergehenden bzw. vorhergehenden „Feststellung". Außerdem bedurften die Grundbegriffe der Wissenschaft einer eigenen Klärung oder gar Konstruktion bzw. Konstitution – sei es in Form einer Kategorienlehre oder Protowissenschaft. Zwar ließ sich solche Philosophie notfalls noch als Wissenschaftstheorie (Wissenschaftslogik) verstehen und alle Philosophie, die darüber hinausgeht, als Poesie (Lyrik) abqualifizieren; dennoch war nicht zu leugnen, daß die geschmähte Metaphysik geschichtlich zumindest heuristische Funktionen gehabt hatte und möglicherweise noch heute hat, daß also selbst für die Wissenschaft eine bloße Logistik oder Logik der Forschung nicht genügte. Außerdem blieben von der Wissenschaft nicht sinnvoll diskutierbare, aber vorausgesetzte Fakten (wie die Existenz der Welt oder der Zusammenhang von Sein und Denken im Erkennen) als offene Probleme erhalten. Aber aus der Sicht des Logischen Empirismus, der sich aller Mittel zu ihrer Erörterung entledigt hatte, konnten solche rätselhaften Tatsachen fast nur noch als das ‚Mystische' erscheinen – die Logistik (Mathematik) tendierte dazu, sich unmittelbar durch Mystik zu ergänzen. Auch der Analyse der Umgangssprache gelang es nicht, alle alten Probleme als Unsinn zu eliminieren.

Mindestens genauso wichtig wie das oftmals nur halbherzige Wiederaufnehmen alter philosophischer Probleme wurde für die Entwicklung der wissenschaftsorientierten Philosophie die sozusagen interne Entwicklung der Wissenschaftstheorie. Ihr ursprünglicher Ansatz, Wissenschaft als ein bloßes System verifizierbarer Sätze (nicht etwa als Prozeß) zu interpretieren, erwies sich bald als unzureichend und undurchführbar. Schon das Problem der Verifikation konnte nicht überzeugend gelöst werden und wurde daher durch eine Theorie der Falsifikation ersetzt. Diese aber implizierte als solche – außer einem neuen Verifikationsproblem – eine ganz andere Konzeption von Wissenschaft, nämlich Wissenschaft als ein sich selbst permanent revidierender Forschungsprozeß. Wissenschaft war nicht länger mehr ein unerschütterliches, letztbegründetes System von Sätzen, sie wurde zu einer bloß vorläufigen, d.h. vorläufig bewährten (rein pragmatischen oder gar konventionellen) Theorie. Selbst die Wissenschaftssprache, der logische Kalkül, der ursprünglich als die einzig wahre Form der Wahrheit galt, degenerierte zu einem „Sprachspiel" unter anderen, ja alle exakten Kunstsprachen schienen noch der Interpretation durch die unexakte und immer wieder kritisierte Alltagssprache (ebenfalls ein Sprachspiel) zu bedürfen. So oder so wurde die anscheinend übergeschichtliche Wahrheit der Wissenschaftswissenschaft von der Geschichte wieder eingeholt. Letztlich konnte daher der gesamte Prozeß der wissenschaftlichen Erkenntnis als außerwissenschaftlich (z.B. gesellschaftlich) gesteuerter Paradigmenwechsel, als mehr oder weniger willkürliches Spiel mit irrationalen Interpretationsexperimenten erscheinen.

Dies aber bedeutete im Ergebnis, daß die ursprüngliche philosophiekritische Unterscheidung von Wissenschaft und Metaphysik in ihrer anfänglichen Form nicht mehr zu halten war; die Relativierung der Wissenschaft implizierte eine Aufwertung der (nicht-letztbegründeten) Philosophie. Die Grenzen zwischen Philosophie und Wissenschaft wurden wieder fließend. Wenn die Wissenschaft sich selbst als eine Art Philosophie erweist, dann kann die Philosophie auch als eine Art Wissenschaft verstanden werden, nämlich als Wissenschaft im alten und weitesten Sinne. Und natürlich wurde auf diese Weise auch die aus dem 19. Jahrhundert stammende Unterscheidung zwischen Natur- und Geisteswissenschaften von beiden Seiten her problematisch. Einerseits konnte die Übertragung naturwissenschaftlicher Methoden auf die Geisteswissenschaften nicht mehr tabu bleiben, andererseits wurden die Naturwissenschaften zu bloß geschichtlichen Phänomenen. Vor allem aber wurden Philosophie und Wissenschaft durch diese Entwicklung gemeinsam in einen Strudel sachlicher wie historischer Relativierung hineingerissen – alle Hoffnung auf Wahrheit schien einer allgemeinen Verzweiflung an der Möglichkeit von Erkenntnis zu weichen. Damit war der forcierte optimistische Rationalismus der wissenschaftsorientierten Philosophie praktisch in sein Gegenteil, einen skeptizistischen und pessimistischen Irrationalismus, umgeschlagen, das Kind wieder einmal mit dem Bade ausgeschüttet oder die Vernunft nun zum anderen Fenster hinausgeworfen.

Hinzu kamen die Fragen der sogenannten Lebensprobleme, also Fragen der Wertung, der Welt- und Existenzorientierung. Die Unmöglichkeit, sie wissenschaftlich (im Sinne der mathematischen Naturwissenschaft) zu lösen, hatte zunächst zu ihrer Ausgrenzung aus der möchtegern-wissenschaftlichen Philosophie geführt. Aber es erwies sich auf Dauer als unmöglich, sie der bloßen, willkürlichen (vernunftlosen) Subjektivität zu überlassen und aus der Philosophie grundsätzlich auszuschließen. So wurden sie nun unter dem Namen *Kosmologie* rehabilitiert oder wie in der sprachanalytischen Philosophie allmählich wieder direkt thematisiert. Damit war dann auch – in der Ethik wie in der Metaphysik – der Weg von den Sprachproblemen zu den alten Sachproblemen möglich geworden.

# VI. Wissenschaft und Heilsgewißheit

## Metamorphosen der Philosophie

Die pauschale Rede von der deutschen Philosophie des 20. Jahrhunderts setzt nicht voraus, daß es diese als festumrissene Größe gebe; sie versteht sich nicht als verkappte Einheitsthese, sondern als Problemtitel. Gegeben sind zunächst nur verschiedene Philosophien bzw. Philosophen, die ihre Selbstbestimmung in verschiedenen Philosophiebegriffen mehr oder weniger deutlich artikulieren. Daß es auch im 20. Jahrhundert keine einheitliche Philosophie und Auffassung von Philosophie gegeben hat, ist ein triviales Faktum; insofern sind die Differenzen und Diskrepanzen gerade kein Problem, ihre Feststellung steht am Anfang, nicht als intendiertes Ergebnis. Wohl aber wäre es interessant zu fragen, ob nicht über alle Parteien hinweg und trotz des Bemühens dieser Parteien, sich deutlich voneinander zu unterscheiden, gewisse gemeinsame Strukturen und damit eine größere Einheit als vielleicht vorab vermutet sichtbar werden könnten.

Philosophieren ist freies Denken in einer konkreten Situation. Als freies Denken bestimmt es sich immer wieder selbst aus sich selbst heraus, es revidiert und transformiert sich selbst; als situationsbedingtes Denken ist es geschichtliches Denken, das auf die Probleme einer bestimmten Situation so oder so antwortet, das Vorgegebene so oder so als Aufgabe aufnimmt. So hält sich das philosophische Denken zwar nicht an Landesgrenzen, erst recht nicht an Jahrhundertgrenzen; dennoch gibt es, unter den Bedingungen der Existenz von Völkern und Staaten und im Zusammenhang mit den Ereignissen der Zeit, immer wieder relativ typische Formationen: zeit- und landestypische, nicht zuletzt auch religiös bedingte Formationen (Französische Aufklärung, Englischer Empirismus, Deutscher

Idealismus usw.). Es bilden sich – bei ständiger, teils kontinuierlicher, teils revolutionärer Veränderung der Philosophie – gewisse Strukturähnlichkeiten und Strukturganzheiten. In diesem Sinne läßt sich vermuten, daß – trotz der Vielzahl der Philosophen und der Vielfalt der Philosophien – doch so etwas wie eine zusammenfassende Charakteristik der Philosophie des 20. Jahrhunderts im deutschsprachigen Raum möglich ist, daß es also bei aller Zufälligkeit der konventionellen Zeitrechnung und politischen Geographie doch eine gewisse Problem- oder Gestalteinheit der Philosophie in dieser Zeit und an diesem Ort gegeben hat. Auch in der Philosophie könnte es – trotz ihres grundsätzlichen Universalismus und trotz einer neuen Internationalität nach 1945 – im 20. Jahrhundert noch eine Art ‚Nationalcharakter' gegeben haben. Die Gründe dafür dürften dann nicht zuletzt in der gemeinsamen Geschichte und Situation liegen, also z.B. in der religiösen Spaltung und der späten Entstehung des deutschen Nationalstaates, sowie in der immer noch weiterwirkenden Vorgeschichte der heutigen deutschen Philosophie seit dem Zeitalter der Aufklärung. Ein gemeinsamer Fundus von geistigen und gesellschaftlichen Erfahrungen und Vorstellungen könnte auch eine ähnliche Denkweise mit ähnlichen Sensibilitäten und Intentionen veranlaßt haben.

## 1. Positionen und Entwicklungen

Die Philosophie des 20. Jahrhunderts in Deutschland läßt sich – wenn man die Abkömmlinge des 19. Jahrhunderts (also Neukantianismus, hermeneutische Philosophie und Phänomenologie) zunächst einmal beiseite läßt – relativ leicht in drei Gruppen einteilen: (1.) existenz- und transzendenzorientierte Philosophie, (2.) gesellschaftsorientierte Philosophie und (3.) wissenschaftsorientierte Philosophie. Aber auch wenn man die schon im 19. Jahrhundert entwickelten Erkenntnistheorien und Bemühungen um eine wissenschaftliche Philosophie wegen ihrer Weiterbildungen zumindest zum Teil dem 20. Jahrhundert zurechnen will, ändert sich an dieser Einteilung im

Prinzip nichts, da die früheren und späteren Formen der Wissenschaftstheorien und der Verwissenschaftlichungsversuche, trotz aller Unterschiede, in ihrer ursprünglichen Orientierung an der mathematischen Naturwissenschaft als Norm alles Erkennens fast nahtlos übereinkommen. Insofern bleibt es im wesentlichen bei drei grundsätzlich verschiedenen Denkansätzen. Diese drei Positionen bilden sozusagen die Eckpunkte der deutschen Philosophie im 20. Jahrhundert. In der primär existenz- und transzendenzorientierten Philosophie geht es um die sogenannte eigentliche Existenz der Menschen, und zwar in ihrem Verhältnis zu einer letztlich unerkennbaren Transzendenz, kurz, um das wahre Ich und das wahre Sein. In der primär gesellschaftlich orientierten Philosophie geht es um die Möglichkeit einer gerechten und nicht-entfremdeten Gesellschaft, kurz, um die wahre Gemeinschaft, und zwar aller Menschen. In der wissenschaftsorientierten Philosophie geht es primär um das Wesen des wissenschaftlichen Erkennens, kurz, um die wahre Wissenschaft und deren Gegenstand. So ist – nicht zuletzt wegen der permanenten Auseinandersetzungen nach allen Seiten – zunächst der Eindruck der Divergenz dominierend. Übrigens bis in die hier zusammengestellten Gruppierungen hinein: Heidegger und Jaspers z.B. wollen nach kurzer Freundschaft nichts mehr voneinander wissen, Bloch und die Frankfurter Schule bleiben auf Distanz, Popper bekämpft Wittgenstein und die ganze sprachanalytische Philosophie.

Aber natürlich haben alle drei Positionen bei näherem Hinsehen auch ihre Implikationen, durch die sie sachlich miteinander verknüpft bleiben. Die existenz- und transzendenzorientierte Philosophie, die auf den ersten Blick nur eine radikalisierte und geradezu privatistische Subjektphilosophie ist, entwickelt nicht nur ein wenn auch z.T. abstraktes Interesse an einer wahren, nämlich existenziellen Gemeinschaft, sondern fast unmittelbar nach ihrer Grundlegung auch ein politisches Interesse an einem wahren Staat, das allerdings in unterschiedlichen Situationen zu einem unterschiedlichen Engagement führt: bei Heidegger zu einem existenzialontologisch und seinsgeschichtlich begründeten Nationalsozialismus, bei Jaspers zu einem bürgerlichen Liberalismus verbunden mit moralischem Rigorismus. Die gesellschaftlich orientierte Philosophie, die auf den ersten Blick nur eine neomarxistische Kritik der modernen Gesellschaft zu sein scheint, will die gerechte und nicht-entfremdete Gesellschaft natürlich um des Einzelnen willen und fragt daher nach der Möglichkeit eines authentischen Ich oder eines unverschandelten Bewußtseins. Beide Richtungen sind übrigens mehr oder weniger wissenschaftskritisch, nämlich gegen szientistischen Positivismus („Wissenschaftsaberglauben") gerichtet. Aber umgekehrt ist natürlich auch für die betont wissenschaftsorientierte Philosophie der Mensch und seine Gemeinschaft nicht gleichgültig. Wittgenstein mag ein Monomane gewesen sein, aber zumindest Popper hat gewisse Vorstellungen von einer offenen Gesellschaft und damit von einer wahren Gemeinschaft entwickelt. Und natürlich haben auch die wissenschaftsorientierten Philosophen ihre jeweilige mehr oder weniger entfaltete Metaphysik bzw. Vorstellung von einer möglichen Metaphysik. Zwar sind alle auf die eine oder andere Weise offiziell metaphysikfeindlich, stellen aber gelegentlich auch schon wieder Überlegungen an, ob und wie Metaphysik wenigstens partiell zu rechtfertigen sei; auch wenn sie die klassische Metaphysik – wie so oft seit dem Beginn der Neuzeit – verwerfen, die Vorstellung einer ganz anderen Wirklichkeit als die von der Wissenschaft erkannte möchten sie im Grunde nicht aufgeben.

Selbstverständlich stellt die Zuordnung der wichtigsten Philosophen des 20. Jahrhunderts zu drei philosophischen Richtungen eine starke Vereinfachung dar. Aber selbst diese schematische Reduktion läßt sich mit guten Gründen noch weiter treiben, denn die existenz- und transzendenzorientierte Philosophie einerseits und die gesellschaftsorientierte Philosophie andererseits lassen sich beide als Heilsphilosophien im weitesten Sinne des Wortes verstehen, nämlich als ich-betonte und als wir-betonte Heilsphilosophien. Beide fragen, auf dem Wege der Analyse des Unheils (Entfremdung bzw. Uneigentlichkeit), mit Vorrang nach dem richtigen Leben und den Bedingungen seines Gelingens, also wie schon die antike Philosophie nach dem Glück. Daher lassen sich die zahlreichen Richtungen der Philosophie im 20. Jahrhundert (ganz grob gesprochen) auch in zwei große Gruppen einteilen: in die eher wissenschaftsorientierte und die in irgendeiner Form mehr am Heil des Menschen interessierte. Und dahinter stehen natürlich zwei ganz unterschiedliche Menschenbilder oder Weltanschauungen (empiristische Konzeption einerseits, metaempiristische Konzeption andererseits). Insofern wäre ein uralter Gegensatz in der Philosophie auch für die Philosophie des 20. Jahrhunderts konstitutiv, nämlich der Gegensatz zwischen einer mehr szientifischen und einer mehr existenziellen Philosophiekonzeption. Und so wie die ich-betonten und die wir-betonten Heilsphilosophien eine Art Einheit der Gegensätze bilden, so könnten auch die wissenschaftsorientierten und die heilsorientierten Philosophien als Gegensätze zusammengehören. Zumal sich die Heilsphilosophien selbst mehr oder weniger als wissenschaftliche Philosophien verstehen und die primär wissenschaftsinteressierten Philosophien letztlich auch irgendeine Art von Heil, nämlich richtiges Denken, intendieren.

Zuordnungen von Philosophen zu unterschiedlichen Richtungen bleiben, so nützlich solche Überblicke als Einstieg sein mögen, unvermeidbar äußerlich. Daher muß sich der Blick von den Positionen auf die Probleme richten, die in den jeweiligen Philosophien zentral sind, die von ihnen so oder so exponiert und dann gelöst werden (oder auch nicht). Manche Epochen scheinen jedenfalls typische Fragestellungen zu haben, ihr Denken scheint sich mit Vorrang auf diese oder jene Gegenstände zu richten: bei den Vorsokratikern z.B. auf die Natur oder den Kosmos, im Mittelalter auf Gott, in der Aufklärung auf den Menschen. Auch im 20. Jahrhundert lassen sich, wenn man den Blick einmal von den skizzierten Denkrichtungen aus auf die sachlichen Probleme richtet, einige typische Problemfelder ausmachen. Im 20. Jahrhundert (und nicht nur im 20. Jahrhundert) sind dies – im Ausgang von den Hauptpositionen – vor allem drei Probleme: das wahre Menschsein, der wahre Staat und die wahre Wissenschaft. Und diese implizieren drei weitere Probleme, nämlich die Frage nach der wahren Religion, der wahren Politik und der wahren Wissenschaft. Was hat die Philosophie im 20. Jahrhundert zur Beantwortung dieser alten Fragen beigetragen?

*(1.) Das wahre Menschsein und das Problem der Religion*
Die Frage, wie der Mensch leben soll, um wahrhaft Mensch zu sein, ist uralt; sie wurde im allgemeinen durch die Ethik, letztlich meist durch die Religion beantwortet. Im 20. Jahrhundert wurde in diesem Sinne z. B. eine eigentliche Existenz oder ein unentfremdetes Ich als wahre Lebensform gefordert. Damit wurde, während auf eine philosophische Ethik ausdrücklich verzichtet wurde, *de facto* eine Norm gesetzt und von deren Erfüllung eine Art Heil der Seele erwartet, das allerdings als nicht allein in meiner Macht stehend betrachtet wurde. Insofern war die Fragestellung, meist wider Willen, als solche nicht nur normativ, sondern religiös. Dennoch bleibt in der Philosophie des 20. Jahrhunderts die direkte Frage nach Gott eher die Ausnahme.

Seit es die Philosophie gibt, hat sie sich mit dem Problem des Absoluten oder eines höchsten Seienden beschäftigt, und zwar meist in Auseinandersetzung mit der jeweils herrschenden Religion, am längsten also im Rahmen des Christentums. Am deutlichsten war das im Mittelalter, aber auch nach der Reduktion der Religion in der Aufklärung und ihrer gescheiterten Restitution im Deutschen Idealismus bleibt das Christentum noch präsent: sei es als Strohhalm für die Verzweiflung wie bei Kierkegaard, sei es als politisches oder metaphysisches Ärgernis wie bei Marx und Nietzsche. Letzte Reste dieses Problems finden sich dann in der Religionsphilosophie des Neukantianismus, wo die Religion als Kulturgestalt noch eine Art Geisterleben führt. Die Fachphilosophie des 20. Jahrhunderts hingegen scheint mit diesem Problem endgültig Schluß gemacht zu haben. Nicht daß sie sich generell zu einem dezidierten Atheismus bekennen würde – das Problem scheint sich eher mangels Interesse erledigt zu haben. Nur bei Jaspers (und natürlich bei Scheler) gibt es noch eine ausführliche Auseinandersetzung mit der überlieferten Religion und ein ausdrückliches Bekenntnis zu einem philosophischen Glauben, ansonsten nur die vagen Ideen eines alles beherrschenden transzendenten Seins bei Heidegger, einer quasi-göttlichen Weltmaterie bei Bloch oder den Bezug auf ein unnennbares Nicht-Identisches bei Horkheimer und Adorno. Für die neuere wissenschaftsorientierte Philosophie mit ihrer Antipathie gegen alle Metaphysik und jegliche ‚Letztbegründung' fällt das religiöse Problem *per definitionem* aus einer wissenschaftsorientierten Philosophie, die wesentlich Wissenschaftsphilosophie ist, heraus – es erscheint, wie bei Wittgenstein, bestenfalls am Rande als das „Mystische". Gott ist in der Philosophie des 20. Jahrhunderts so gut wie kein Thema mehr.

*(2.) Die wahre Gemeinschaft und das Problem der Politik*
Obwohl die Philosophen im allgemeinen eine tiefsitzende Abneigung gegen die alltägliche Politik haben, gehört Politik – genauer gesagt: das Wesen der politischen Gemeinschaft und der wahre Staat als normative Idee – seit der Antike zu den klassischen Themen der Philosophie. Dabei gab es schon früh zwei grundsätzlich verschiedene Optionen: die Vorstellung von einem wesentlich religiös begründeten und geprägten Staat und die Vorstellung von einem betont weltlichen, religiös abstinenten oder sogar areligiösen Staat – Hegel und Marx haben in diesem unterschiedlichen Sinne im 19. Jahrhundert bedeutende Staatstheorien entworfen. Allerdings war die praktische Politik immer auch die Achillesferse der Philosophie. Wenn die Philosophen nämlich nicht nur alles besser verstehen wollten, sondern auch selbst als Weltverbesserer aktiv wurden – dann kam es nicht selten zu einem eher unphilosophischen und unpolitischen Kurzschluß, nämlich zum Umschlag praxisferner Theorie in eine theoretisch überfrachtete Praxis (was sich bekanntlich schon an Platons Politikversuchen paradigmatisch studieren läßt).

Auch die Philosophen des 20. Jahrhunderts haben auf diesem Feld meist eine schlechte Figur gemacht, weil sie als politische Ideologen, wie kaum anders zu erwarten, in den Strudel der geschichtlichen Ereignisse geraten mußten; statt durch Besinnung und Begriffe die Völker oder gar die Menschheit zu führen, durch politische Philosophie eine möglichst philosophische Politik zu ermöglichen, haben sie nicht selten sich selbst instrumentalisiert. Heideggers Engagement für den Nationalsozialismus, Blochs Propaganda für Stalin muten nachträglich geradezu grotesk an – selbst Jaspers' Plädoyer für eine hochmoralische und zugleich militante Politik der Freiheit blieb politisch wie philosophisch problematisch. Vor allem aber fällt auf, daß alle diese politischen Eskapaden nicht auf der Basis einer zuvor entwickelten Staatsphilosophie stattfanden, sondern sich mit politisch relativ unergiebigen Allgemeinbegriffen artikulierten. Die Gesellschaftstheoretiker der Frankfurter Schule hingegen, die sich doch ausdrücklich auf die Analyse der Gesellschaft konzentrierten, vermieden im allgemeinen das persönliche politische Engagement, sie verblieben weitgehend im Banne einer pessimistischen Kulturphilosophie. Und natürlich finden sich auch in der Wissenschaftsphilosophie kaum konkrete Ansätze zu einer entwickelten Staatsphilosophie, viel weniger ein konkretes politisches Engagement; Poppers Kritik des Totalitarismus z.B. artikuliert, ebenso wie seine Vorstellung von einer experimentellen Politik, kaum mehr als einen liberalen *common sense*. Insofern ist die Philosophie auf dem Gebiet der Politik bzw. die Staatsphilosophie im 20. Jahrhundert zumindest in Deutschland ohne bedeutende Leistung geblieben.

*(3.) Die wahre Wissenschaft und das Problem der Metaphysik*
Die Philosophie hat sich seit ihren Anfängen in der einen oder anderen Weise einerseits als Wissen oder Wissenschaft, als Erkenntnis oder Weisheit, andererseits als das Suchen oder Streben danach verstanden – daran hat sich bis zum Beginn der Neuzeit grundsätzlich nichts geändert, auch wenn das Wesen des Wissens, der Wissenschaft und der Weisheit immer wieder kontrovers diskutiert wurde. Erst mit dem Aufkommen der modernen Naturwissenschaften zu Beginn der Neuzeit entstand eine neue Diskussionsbasis. Die Philosophie, bisher nur durch die Behauptung eines übernatürlichen Offenbarungswissens von seiten der mit Kirchenmacht bewehrten Theologie bedrängt, sieht sich nun einer neuen und immer mächtiger werdenden Wissenskonkurrenz gegenüber; denn Wissenschaft wird zur exakten und allgemeingültigen Einzelwissenschaft, die sich oft-

mals sogar praktisch (technisch) anwenden läßt. Darauf hat die Philosophie gelegentlich mit Selbstbeschränkung, im allgemeinen aber mit dem Versuch einer Überbietung der Einzelwissenschaften reagiert, indem sie sich z.B. als Meta- oder Basiswissenschaft, als Erkenntnistheorie (Wissenschaftsphilosophie, Wissenschaftswissenschaft) oder als absolutes Wissen definierte.

Diese Versuche setzen sich zum Teil bis ins 20. Jahrhundert fort, z.B. in der Phänomenologie, die wenigstens ursprünglich Universal- und Fundamentalwissenschaft und exakte Wissenschaft zugleich sein wollte; auch in den Anfängen der neueren wissenschaftsorientierten Philosophie, z.B. bei Carnap, gibt es noch ähnliche Leitvorstellungen. Maßgeblich aber wird – neben vereinzelten Hoffnungen auf eine wissenschaftliche Wissenschaftssynthese, also eine Superwissenschaft – mehr und mehr die Vorstellung von der Philosophie als einer ametaphysischen, ‚wissenschaftlichen' Wissenschaftstheorie. Letztlich scheitert aber auch dieses Programm einer Verwissenschaftlichung der Philosophie wie schon zuvor das frühere bei Husserl, Dilthey und den Neukantianern. Die Wissenschaft, das einzige, fast allen Philosophien des 20. Jahrhunderts so oder so gemeinsame Thema, wird selber mehr und mehr entthront; in modernen Philosophien ist sie fast nur noch ein Mythos, eine Erzählung (Legende) unter anderen, und früher heißdiskutierte Methodenfragen tendieren zu nostalgischen Liebhabereien. Das Problem der Erkenntnis wird fast nur noch skeptisch bzw. pessimistisch (unter Verzicht auf Letztbegründungen) angegangen. Gleichzeitig aber schleppt die wissenschaftsorientierte Philosophie die als Metaphysik ausgegrenzte Frage nach dem, was mehr ist als die wissenschaftlich erkennbare Wirklichkeit, wie eine Erblast mit. Sie weiß, daß es außer der Wissenschaft und den Lebensproblemen „das Mystische", die Sinnfrage (auch nach dem Sinn von Wissenschaft) usw. gibt, aber sie will sich darauf nicht einlassen, weil keine ‚wissenschaftlichen' Resultate zu erwarten sind. Die Frage nach der wahren Wirklichkeit wird weitgehend ausgeklammert oder als unproblematisch durch eine Vorentscheidung, nämlich den Hinweis auf die Gegenstände möglicher Erfahrung beantwortet. So scheint sich also auch die neueste Philosophie immer noch mit alten Problemen zu plagen, auch wenn diese in ihrer modernen Fassung oftmals kaum noch erkennbar sind.

Damit ist der Rahmen, in dem sich das deutschsprachige Philosophieren im 20. Jahrhundert bewegt hat, skizziert. Allerdings muß die quasi-statische Betrachtung der philosophischen Positionen und Problemstellungen wenigstens andeutungsweise noch durch einen Blick auf die Entwicklungen und damit durch eine andere Gewichtung ergänzt werden. Alle wirkungsmächtigen Positionen der Philosophie sind im wesentlichen in der ersten Hälfte des 20. Jahrhunderts entstanden. Während die wissenschaftsorientierte Philosophie des 20. Jahrhunderts noch deutlich mit der wissenschaftstheoretischen Diskussion des 19. Jahrhunderts zusammenhängt, sind die beiden anderen Richtungen unverkennbar durch die neue geistige und gesellschaftliche Situation seit dem Beginn des 20. Jahrhunderts, also durch die Reaktion auf den Zusammenbruch bzw. die Demontage der alten idealistischen Metaphysik wie durch die Reaktion auf den Ersten, dann aber auch auf den Zweiten Weltkrieg geprägt. Da jedoch der Nationalsozialismus eine freie Diskussion über die neuen Philosophien unmöglich machte, fielen die großen Auseinandersetzungen in die Nachkriegszeit; sie dauerten bis in die siebziger Jahre, dann waren die wesentlichen Entscheidungen über Akzeptanz und Nichtakzeptanz gefallen.

Zunächst war es die zeitweise in die innere Emigration gegangene Existenzphilosophie, die allgemein, wohl nicht zuletzt wegen der Erschütterung durch den Krieg, aber auch unterstützt durch das Bekanntwerden des französischen Existentialismus, großen Anklang fand. Doch das Pathos, das sich mit der Forderung nach einer eigentlichen Existenz verband, war nicht lange durchzuhalten – alle Erweckungspredigten oder Aufschwungsermahnungen ermüden auf die Dauer. Hinzu kam, daß schon bald die gesellschafts- und wissenschaftsorientierten Reimporte und damit die Hoffnungen auf eine neue kritische Philosophie wirksam wurden. Deren meist jüngere Anhänger ließen die existenz- und transzendenzorientierte

Philosophie als allzu emotional oder irrational bzw. allzu metaphysisch fallen, z.T. mit kritischen Bemerkungen, oft fast kommentarlos. So kam es in den sechziger Jahren plötzlich zu einer ganz anderen Diskussionslage, nämlich zum Streit zwischen zwei neuen Paradigmen, zu einer Polarisierung zwischen Wissenschaftstheorie und Gesellschaftstheorie, zwischen sogenanntem Positivismus und sogenannter Dialektischer Philosophie, zwischen Kritischem Rationalismus und Kritischer Theorie. (Übrigens mit dem Nebeneffekt, daß plötzlich Begriffe wie *Kritik, Aufklärung* und *Mündigkeit* beliebte Schlagwörter beider Parteien wurden.) In diesem Streit schien zwar zunächst die bei der Jugend beliebtere Heils- bzw. Unheilsphilosophie des Neomarxismus zu siegen, aber eine neue Wirtschaftslage, die die Grenzen des Wachstums und damit des Utopismus sichtbar machte, und der aktionistische Terrorismus, der sich auf die linke Gesellschaftskritik berief, änderten schon um 1970 die Grundstimmung der z.T. wissenschaftlich hochtheoretischen, z.T. politisch hochemotionalen Auseinandersetzungen. Seitdem scheint auch in der Philosophie eine pragmatischere oder analytischere, kurz ‚wissenschaftlichere' Betrachtungsweise Platz zu greifen.

Allerdings bedeutet dies nicht, daß nun in der Philosophie prinzipiell eine neue Orientierung am Faktum der Wissenschaft erfolgt sei und damit eine neue breite Tendenz zur Verwissenschaftlichung eingesetzt habe (auch wenn z.B. durch die Evolutionstheorie neue provokante Anstöße erfolgt sind). Im Gegenteil, schon Wittgenstein und Popper haben gerade die Grenzen der Wissenschaft sichtbar gemacht, um so mehr dann Kuhn und Feyerabend, so daß nun eher die Gefahr besteht, daß der ursprünglich kritische Rationalismus allerorts in einen unkritischen Irrationalismus umschlägt, zumal die moderne französische, wesentlich auf deutsche Philosophen wie Nietzsche und Heidegger zurückgehende Reaktion gegen den alten französischen Rationalismus in die gleiche Richtung wirkt (Poststrukturalismus).

Wie immer man diese Entwicklung von der Glorifikation der Wissenschaft am Beginn des Jahrhunderts zu ihrer Demystifikation am Ende des Jahrhunderts auch beurteilen mag, offensichtlich gibt es in Deutschland eine besonders ausgeprägte ‚Dialektik' von Wissenschaft und Heilshoffnung. Die Neigung zur Heilsphilosophie mag einerseits damit zusammenhängen, daß es hier eine starke metaphysische Denktradition gibt, andererseits aber auch damit, daß die Erfahrung von Krisen in Deutschland besonders tiefgehend sein mußte. Die beiden Weltkriege in der ersten Hälfte des Jahrhunderts gingen nicht nur von Deutschland aus, sie schlugen auch mit aller Macht auf Deutschland zurück und erzwangen zweimal einen gesellschaftlichen und geistigen ‚Neubeginn'. Aber es ist auch verständlich, daß dann, angesichts so vieler Krisen und Krisenphilosophien, besonders bei der jungen Generation auch eine gewisse Krisenmüdigkeit entstehen konnte und damit eine Neigung zu einer rein ‚wissenschaftlichen' Philosophie, zum Pragmatismus und Positivismus – bis die Grundlagen dieser Philosophie selbst wieder erkennbar fraglich werden mußten. Daher hat sich am Ende des Jahrhunderts, nicht zuletzt durch die Arbeit eifriger Vermittler, eine Art eklektische Durchschnittsphilosophie mit wechselnden Schwerpunkten herausgebildet, in der Elemente verschiedener Herkunft manchmal merkwürdige Allianzen oder Amalgame bilden können, wenn auch mit unterschiedlichen Schwerpunkten. Vor allem aber hat sich, nicht zuletzt wegen der großen philosophischen Tradition in Deutschland, eine Art historische Interpretationsphilosophie entwickelt, die das eigene bescheidene Philosophieren in Form von Interpretationen vergangener Philosophen darstellt.

Im übrigen ist daran zu erinnern, daß der hier herausgestellte Gegensatz von wissenschaftsorientierter Philosophie und Heilsphilosophie natürlich nicht neu ist, ebensowenig wie die zugehörigen Vermittlungsversuche. Die Aufhebung des Gegensatzes von mehr szientifischer und mehr existenzieller Philosophie im Deutschen Idealismus, wo das absolute Wissen mit der absoluten Religion im Grunde zusammenfiel, brach zwar schnell wieder auseinander, aber jeder der verselbständigten Gegensätze versuchte auch, die andere Position irgendwie einzubinden. Denn selbstverständlich wollten auch die meisten

Heilsphilosophien, zumindest ursprünglich, mehr oder weniger ‚wissenschaftlich' sein; und selbstverständlich glaubten auch nicht wenige der wissenschaftsorientierten Philosophen, eine wahre (exakte) Philosophie würde auch eine wahre (korrekte) Praxis ermöglichen. Dennoch scheint es unter den Philosophen des 20. Jahrhunderts einen besonders stark ausgeprägten Grundgegensatz zu geben, der sich auch als zwei unterschiedliche Formen von Gewißheit beschreiben läßt. Die von einer Heilshoffnung getragenen Philosophen gehen im Grunde von der Gewißheit aus, daß das wissenschaftlich Wißbare nicht alles ist, daß es eine außerwissenschaftliche Wirklichkeit gibt, die wichtiger ist als die wissenschaftlich gegebene oder erkennbare. Ihre Heilshoffnung beruht im Grunde auf einer Heilsgewißheit; sie setzt die Möglichkeit von so etwas wie Heil als gewiß voraus, d.h. daß es überhaupt so etwas wie Heil gibt – problematisch ist nur die Verwirklichung. Natürlich ist eine solche ‚metaphysische' Heilsgewißheit von grundsätzlich anderer Art als die logische oder empirische Gewißheit des wissenschaftlichen Wissens. Aber die vorgängige Gewißheit, daß das wissenschaftliche Wissen die einzig legitime Form von Gewißheit sei, ist selbst auch kein wissenschaftliches Wissen.

## 2. Erwartungen und Enttäuschungen

Die Philosophie des 20. Jahrhunderts in Deutschland hinterläßt einen zwiespältigen Eindruck: einerseits interessante Theorien und Gedankengebäude, großartige Analysen und akribische Untersuchungen, andererseits monomanische Begriffsbasteleien und fixe Ideen, absurde Programme und abstruse Visionen – bis hin zur Personalunion von Scharfsinn und Schwachsinn. Vieles, was viele Gemüter jahrzehntelang bewegt hat, bewirkt heute nur noch Kopfschütteln. Ohne die Menschen, die ihr Leben dem Denken geopfert haben, lächerlich machen zu wollen, muß man sich doch nach allem fragen: Was hat die Philosophie des 20. Jahrhunderts – auch im Vergleich mit anderen Epochen – eigentlich gebracht? Wieviel Intelligenz wurde in den Philosophien des 20. Jahrhunderts – aber natürlich nicht nur hier – verschwendet? Jedenfalls sind immer wieder große Erwartungen geweckt und immer wieder große Enttäuschungen produziert worden. Das Sein hat sich nicht geoffenbart, selbst die Vorbereitung auf seinen Zuspruch scheint mißlungen zu sein (Heidegger), Entschlossenheit oder Gelassenheit scheinen sogar weniger als je zuvor die Menschen zu bestimmen; auch die Wiedergeburt des Menschen durch existenzielle Besinnung in der finalen Krise hat nicht stattgefunden (Jaspers), statt dessen hat die globale Vermassung nebst geistiger Verödung (durch die technischen Möglichkeiten der Verführung zur Besinnungslosigkeit) ungeahnte Ausmaße angenommen. Der Marxismus hat sich nicht durch einen sogenannten Wärmestrom korrigieren lassen, sondern diesen militant abgestoßen, bevor er dann selbst scheiterte (Bloch); auch die Einsicht in den universalen Verblendungszusammenhang mit Ausblick auf das Absolute blieb elitär und esoterisch (Horkheimer, Adorno), während die aktionistisch instrumentalisierte Ideologiekritik an sich selbst und dem Widerstand der Gesellschaft zugrunde ging. Und schließlich ist die Philosophie weder zur Wissenschaft noch zur bloßen Wissenschaftstheorie geworden, noch hat sie sich angesichts der Wissenschaft aufgelöst (Wiener Kreis); vielmehr sind die alten Probleme immer noch vorhanden, das Denken holt sich immer noch seine Beulen, und dies vermutlich nicht nur an der Sprache – am Ende ist die Wissenschaft selber sogar fraglicher als je zuvor geworden (Wittgenstein, Popper). Kurz, die Verwissenschaftlichung der Philosophie ist ebenso gescheitert wie die existenzielle Erwekkung des Menschen – von den politischen Ambitionen der Philosophen, als geistige Führer der Menschheit oder wenigstens ihres eigenen Volkes tätig zu werden, gar nicht erst zu sprechen. So bleibt von der Philosophie des 20. Jahrhunderts zunächst einmal der Eindruck allgemeinen Scheiterns, also eine negative Bilanz. Welches Problem wurde wirklich gelöst?

Doch muß ein Rückblick auf die Philosophie des 20. Jahrhunderts, um nicht ungerecht zu sein, auch auf mögliche Gewinne hinweisen. Wer bereit war, fand begriffliche Anleitungen zur existenziellen Selbstbesinnung wie zur Klärung unseres Verständnisses von Wissenschaft, wurde wacher für die Geschichtlichkeit des Denkens, hellhöriger für die gesellschaftlichen Dimensionen unserer ganzen Existenz, für die Ungenauigkeit unserer Sprache und unseres Sprechens. Zumindest hat die Philosophie des 20. Jahrhunderts unseren Horizont erweitert, selbst ihre Irrtümer waren im allgemeinen nützlich (gelegentlich allerdings auch gemeingefährlich). Es kann also nicht darum gehen, die Philosophie des 20. Jahrhunderts in Deutschland, d.h. die eigene Denkgeschichte, leichtfertig zu verachten – auch heute sind wir in unserem Denken noch vielfach von unseren Vordenkern abhängig. Wenn trotzdem der Eindruck einer gewissen Inkompetenz oder Impotenz der Philosophie unserer jüngsten Vergangenheit nicht ganz falsch sein sollte, müßte man dringend nach den Gründen dieser philosophischen Hilflosigkeit fragen.

Zunächst läßt sich jedoch mit gutem Grund der prinzipielle Einwand erheben, daß bisher noch alle Philosophie (an ihren eigenen Ansprüchen gemessen) gescheitert ist, ja, daß Philosophie immer scheitern muß, da sie die Wahrheit, die sie sucht, niemals finden wird. Allerdings gibt es verschiedene Formen des Scheiterns. Die allgemeine und nahezu unvermeidliche Hoffnung, auf dem richtigen Weg zur Wahrheit zu sein, und dann die Erfahrung, damit doch nicht zum Ziele zu kommen, ist etwas anderes, als im Namen einer bestimmten ‚erkannten' oder ‚erschauten' Wahrheit, die vernünftigerweise schon vorab als abwegig erkannt werden könnte, bei sich und anderen Erwartungen zu entwickeln und zu erwecken, die sich dann als illusorisch erweisen müssen. Hat die Philosophie des 20. Jahrhunderts zuviel versprochen, weil sie vielleicht zuviel von sich selbst erwartet hat? Darf eine Philosophie überhaupt Versprechungen machen, d.h. programmatisch Hoffnungen erwecken? Und umgekehrt, kann eine Philosophie überhaupt vermeiden, ständig wachsende Erwartungen für sich und bei anderen zu entwickeln? In der Tat sind die Dinge nicht selten so gelaufen, daß, während das Publikum sich allmählich frustriert abwandte, weil es an entscheidenden Punkten keine weiterführenden

Antworten gab, die Philosophen selber, obwohl erkennbar ratlos, weiter als Wissende bzw. Besserwissende auftraten, d.h. ihre Hilflosigkeit, Resignation oder Verzweiflung zumindest nicht kundtaten. Schon das Eingeständnis von Irrtümern fällt den meisten Denkern offenbar äußerst schwer, notfalls können sie ihre eigenen frühen Theorien (bei faktischer Widerrufung) immer noch als Vorstufe deklarieren oder für das eigene große Denken ein Recht auf großen Irrtum reklamieren.

Ein Grund des Unbehagens angesichts der jüngsten deutschen Philosophie dürfte jedenfalls in dem gespannten Verhältnis von Erwartungen und Enttäuschungen zu suchen sein, d.h. (unangemessen ökonomisch geredet) in dem Mißverhältnis von Anspruch und Leistung. Was versprechen sich die Philosophen eigentlich von der Philosophie, und was versprechen sie ihrem Publikum? Offensichtlich haben die Philosophen immer gehofft, der Wahrheit mehr als alle anderen Menschen, mehr auch als alle bisherigen Philosophen näherzukommen. Aber seit dem Beginn der Neuzeit hat sich eine Art Programmphilosophie entwickelt, die mit der Vergangenheit immer wieder, mehr oder weniger radikal, zu brechen versuchte und alle Wahrheit von der zukünftigen Philosophie, d.h. von der nunmehr initiierten Philosophie der Zukunft erwartete. An die Stelle der Frage nach dem, was ist und wie das, was ist, zu verstehen ist, tritt die Forderung nach einer ganz neuen Philosophie, die dann alles in ganz neuem Licht erscheinen lassen soll, und damit das oftmals ziemlich vage Versprechen, diesem ganz neuen Denken durch das eigene den Weg zu bahnen. Die Philosophie setzt mehr denn je alle Hoffnung auf sich selbst, d.h. auf eine so oder so vorgestellte zukünftige Philosophie. Damit erheben die Philosophen einen erhöhten Anspruch, setzen sich selbst unter Erfolgszwang und erwecken Erwartungen, an denen sie sich selbst irgendwann messen lassen müssen. Gesucht wird die neue, wahre, endgültige Philosophie – Philosophie als absolute Wissenschaft soll absolute Sicherheit bieten, nicht zuletzt Ersatz für die verlorene Glaubenssicherheit. So muß es zu enttäuschten Erwartungen, zu Frustration und Überdruß kommen.

Damit stellt sich die Frage: Wie wird es mit der Philosophie weitergehen? Wird es mit der Philosophie überhaupt irgendwie weitergehen? Was steht uns nun bevor, das Ende der Philosophie oder Philosophie ohne Ende? Die Frage nach der Zukunft der Philosophie läßt sich jedenfalls sehr prinzipiell stellen, und dabei läßt sich auch nach dem möglichen Ende der Philosophie fragen.

Hat die Philosophie überhaupt noch eine Zukunft? Diese grundsätzliche Frage ist nicht unberechtigt angesichts der Triumphe des rechnenden, technischen Denkens einerseits sowie der Macht der Denkverbote und Denkverführungen andererseits. Vielleicht, so mag mancher fürchten, wird die offene oder versteckte Konditionierung allen Denkens das freie Denken über das Ganze der Wirklichkeit endgültig unmöglich machen. Zwar war das freie Denken immer bedroht, insbesonders seitens der Staaten und Kirchen – eigentlich war es sogar immer eine Ausnahmeerscheinung. Heute aber ist an die Stelle der offenen Gewalt weitgehend schon die unmerkliche Überlistung, z.B. durch die Werbung, getreten. Vielleicht kommen wir eines Tages nicht mehr zum Denken, weil alles schon abrufbar vorgedacht ist. Vielleicht wird Philosophieren sogar sachlich überflüssig, weil die Wissenschaften irgendwann das ganze mögliche Terrain des Denkens besetzt haben werden. Vielleicht, so mag mancher sogar unwillkürlich wieder hoffen, gibt es demnächst doch die komplette und endgültige wissenschaftliche Welterklärung, die alles philosophische Nachdenken über das Ganze und dessen Grund, über Sein und Erkennen, Sein und Sollen usw. überflüssig macht. Allerdings wäre eine solche (gerade im 20. Jahrhundert wieder gescheiterte) Erwartung, wenn sie nicht auf unbegründetem Glauben, sondern auf rationaler Argumentation beruht, im Augenblick selbst noch Ausdruck einer sehr spekulativen philosophischen Überlegung. Sollte sie sich jedoch wider Erwarten als wahr erweisen, d.h. die unbestreitbare, alles erklärende wissenschaftliche Weltformel dereinst gefunden werden, so würde die Philosophie vermutlich wirklich überflüssig werden – aber dann wäre es auch nicht schade um sie. Solange dies jedoch nicht der

Fall und sogar höchst unwahrscheinlich ist, werden die Menschen noch eines anderen Denkens, z.B. der Besinnung auf Sinn, bedürfen. Denn was wäre die Alternative, außer der Flucht in Glauben oder Gedankenlosigkeit? Die vorhandene Philosophie mag so schlecht sein, wie sie will, die wahre Alternative wäre nur wieder eine bessere Philosophie. Vielleicht ist Philosophieren heute so nötig wie nie zuvor.

Wenn also die Menschen voraussichtlich auch in Zukunft das Philosophieren nicht aufgeben und auf grundsätzliche Fragen grundsätzliche Antworten suchen werden, wie könnte dann die Philosophie der Zukunft aussehen? Kann sie überhaupt anders als die bisherige aussehen, da doch alle Fragen längst gestellt und alle Antworten längst versucht worden sind, und zwar mit dem Ergebnis allgemeiner Ratlosigkeit? Rein theoretisch und formal lassen sich beide Fragen leicht beantworten. Philosophieren war immer auch ein Denken angesichts von Ausweglosigkeiten, Philosophieren besteht geradezu darin, Auswege zu suchen – nur deshalb ist sie notwendig. Aber als freies Denken ist Philosophie auch unberechenbar, d.h. unvorhersehbar, weil Philosophieren ein Denken ist, das sich selbst immer noch bestimmt, und zwar in seiner jeweiligen geschichtlichen Situation, die ebenfalls nicht vorausberechnet werden kann. Daher nutzt es auch wenig, wiederum Forderungen aufzustellen, wie es mit der Philosophie weitergehen soll, und damit neue Erwartungen zu wecken (obwohl die Vorstellung einer wahren Philosophie und damit auch ein normatives Philosophieverständnis wahrscheinlich unvermeidbar sind). Der Fortgang der Dinge und des Denkens ist offen – die Philosophie wird sein, was sie kann und will. Aber vielleicht wird das Philosophieren in Anbetracht seiner vielen Irrwege und Illusionen von selbst irgendwann ein wenig ‚realistischer', vielleicht werden die Philosophen demnächst – die Aussicht ist gering – (objektiv) vorsichtiger und (subjektiv) bescheidener. Auch wenn ein solches Denken, das sich auf das Wesentliche konzentriert, nur noch oder vorerst nur eine Minimalphilosophie sein könnte.

# Literaturverzeichnis

Das Literaturverzeichnis enthält im Teil A die im Text genannte Primärliteratur, im Teil B einige Gesamtdarstellungen der jüngeren Philosophie. Wegen der unterschiedlichen Textlage werden die diskutierten Autoren teils nach Einzelveröffentlichungen, teils nach Wiederveröffentlichungen in Werkausgaben, in einigen Fällen nur nach Bänden von Werkausgaben zitiert. Jahreszahlen in Klammern nennen die Erstausgabe, wenn diese von der zitierten Ausgabe abweicht, bei Texten, die ursprünglich englisch oder französisch erschienen sind, auch das Erscheinungsjahr des Originaltextes. Die im Text ausgewiesenen Zitate konzentrieren sich gemäß der Absicht der vorliegenden Abhandlung auf das Philosophieverständnis der Autoren. Dabei werden die Seiten in der Regel nur mit ihren arabischen Ziffern, Vorwörter gegebenenfalls mit ihren römischen Ziffern zitiert. Bände von Werkausgaben werden ebenfalls mit römischen Ziffern angeführt. Wittgensteins *Tractatus* wird wie üblich nach dessen Satzzählung zitiert.

## A. Primärliteratur


Adorno, Theodor W.:
- (zusammen mit Max Horkheimer) Dialektik der Aufklärung. Philosophische Fragmente (1944). Gesammelte Schriften. Bd. III. Frankfurt/Main 1981.
- Minima moralia. Reflexionen aus dem beschädigten Leben (1951). Gesammelte Schriften. Bd. IV. Frankfurt/Main 1980.
- Wozu noch Philosophie (1962). In: Gesammelte Schriften. Bd. X/2. Frankfurt/Main 1977.
- Negative Dialektik (1966). Gesammelte Schriften. Bd. VI. 3. Aufl. Frankfurt/Main 1984.
- Philosophische Terminologie. Bd. I. Frankfurt/Main 1973.

Bloch, Ernst:
- Subjekt-Objekt. Erläuterungen zu Hegel (1951). Gesamtausgabe. Bd. VII. Frankfurt/Main 1962.
- Über den Begriff Weisheit (1953). In: Gesamtausgabe. Bd. X. Frankfurt/Main 1969.
- Was ist Philosophie, als suchend und versucherisch? (1955) In: Gesamtausgabe. Bd. X. Frankfurt/Main 1969.
- Das Prinzip Hoffnung (1959). Gesamtausgabe. Bd. V. Frankfurt/Main 1959.

– Tübinger Einleitung in die Philosophie (1963/64). Gesamtausgabe. Bd. XIII. Frankfurt/Main 1970.
Brentano, Franz:
– Von der mannigfachen Bedeutung des Seienden nach Aristoteles. Freiburg 1862.
Carnap, Rudolf:
– Der logische Aufbau der Welt (1928). 5. Aufl. Frankfurt/Main, Berlin und Wien 1979.
– Logische Syntax der Sprache (1934). 2. Aufl. Wien und New York 1968.
Cohen, Hermann:
– System der Philosophie. 1. Teil: Logik der reinen Erkenntnis (1902). 2. Aufl. Berlin 1914.
– Die Religion der Vernunft aus den Quellen des Judentums (1911). 2. Aufl. Köln 1959.
– Die Geisteswissenschaften und die Philosophie (1913). In: Schriften zur Philosophie und Zeitgeschichte. Bd. I. Berlin 1928.
Dilthey, Wilhelm:
– Das Wesen der Philosophie (1907). In: Gesammelte Schriften. Bd. V. Stuttgart 1957.
Engels, Friedrich:
– Herrn Eugen Dühring's Umwälzung der Wissenschaft (1877/78). In: Karl Marx, Friedrich Engels: Werke. Bd. XX. Berlin 1973.
Feuerbach, Ludwig:
– Vorläufige Thesen zur Reform der Philosophie (1842). In: Gesammelte Werke. Bd. IX. 2. Aufl. Berlin 1982.
– Grundsätze der Philosophie der Zukunft (1843). In: Gesammelte Werke. Bd. IX. 2. Aufl. Berlin 1982.
Feyerabend, Paul K.:
– Wider den Methodenzwang. Skizze einer anarchistischen Erkenntnistheorie (engl. 1975). Frankfurt/Main 1976.
Frege, Gottlob:
– Begriffsschrift (1879). In: Begriffsschrift und andere Aufsätze. 2. Aufl. Hildesheim 1964.
Hegel, Georg Friedrich Wilhelm:
– Werke in zwanzig Bänden. Frankfurt/Main. 1970 ff.
Heidegger, Martin:
– Sein und Zeit (1927). Gesamtausgabe. Bd. II. Frankfurt/Main 1977.
– Grundprobleme der Phänomenologie (1927). In: Gesamtausgabe. Bd. XXIV. Frankfurt/Main 1975.
– Die Selbstbehauptung der deutschen Universität. Breslau 1933.
– Deutsche Studenten (3. 11. 1933). In: Guido Schneeberger: Nachlese zu Heidegger. Dokumente zu seinem Leben und Denken. Bern 1962.
– Grundfragen der Philosophie (1937/38). Gesamtausgabe. Bd. XLV. Frankfurt/Main 1984.

– Brief über den Humanismus (1949). In: Gesamtausgabe. Bd. IX. Frankfurt/Main 1976.
– Was heißt Denken? (1952). In: Vorträge und Aufsätze. Pfullingen 1954.
– Einführung in die Metaphysik (1953). Gesamtausgabe. Bd. XL. Frankfurt/Main 1983.
– Wissenschaft und Besinnung. In: Vorträge und Aufsätze. Pfullingen 1954.
– Was ist das – die Philosophie? (1956). 5. Aufl. Pfullingen 1972.
– Das Ende der Philosophie und die Aufgabe des Denkens (1964). In: Zur Sache des Denkens. Tübingen 1969.
– Phänomenologie und Theologie (1969). In: Gesamtausgabe. Bd. IX. Frankfurt/Main 1976.
– Vom Wesen der menschlichen Freiheit. Gesamtausgabe. Bd. XXXI. Frankfurt/Main 1982.

Horkheimer, Max:
– Traditionelle und kritische Theorie (1937). In: Gesammelte Schriften. Bd. IV. Frankfurt/Main 1988.
– Die gesellschaftliche Funktion der Philosophie (1940). In: Gesammelte Schriften. Bd. IV. Frankfurt/Main 1988.
– (zusammen mit Theodor W. Adorno) Dialektik der Aufklärung (1944). In: Gesammelte Schriften. Bd. V. Frankfurt/Main 1987.
– Zur Kritik der instrumentellen Vernunft (1967). In: Gesammelte Schriften. Bd. VI. Frankfurt/Main 1991.

Husserl, Edmund:
– Philosophie der Arithmetik (1891). Husserliana. Bd. XII. Den Haag 1970.
– Logische Untersuchungen (1900/1901). Husserliana. Bd. XVIII–XIX/2. 2. Aufl. Den Haag 1975.
– Die Idee der Phänomenologie (1907). Husserliana. Bd. II. 2. Aufl. Den Haag 1973.
– Philosophie als strenge Wissenschaft (1911) In: Husserliana. Bd. XXV. Dordrecht, Boston, Lancaster 1987.
– Ideen zu einer reinen Phänomenologie (1913). Husserliana. Bd. III/1 und III/2. 3. Aufl. Den Haag 1976.
– Formale und transzendentale Logik (1929). Husserliana. Bd. XVII. Den Haag 1974.
– Cartesianische Meditationen (frz. 1931, dt. 1950). Husserliana. Bd. I. Den Haag 1950.
– Die Krisis des europäischen Menschentums und die Philosophie (1935) In: Husserliana. Bd. VI. 2. Aufl. Den Haag 1962.
– Die Krisis der europäischen Wissenschaften und die transzendentale Phänomenologie (Teildruck 1936). Husserliana. Bd. VI. 2. Aufl. Den Haag 1962.

Jaspers, Karl:
– Allgemeine Psychopathologie (1905). 5. Aufl. Berlin 1948.
– Psychologie der Weltanschauungen (1919). 5. Aufl. Berlin 1960.
– Philosophie (1931). 2. Aufl. Berlin, Göttingen und Heidelberg 1948.

– Die geistige Situation der Zeit (1931). 5. Aufl. Berlin 1949.
– Vernunft und Existenz (1935). 4. Aufl. München 1960.
– Existenzphilosophie (1938). 2. Aufl. Berlin 1956.
– Von der Wahrheit. München 1947.
– Einführung in die Philosophie (1950). 10. Aufl. München 1969.

Kierkegaard, Sören:
– Werke in 36 Abteilungen. Düsseldorf 1950 ff.

Kuhn, Thomas:
– Die Struktur wissenschaftlicher Revolutionen (engl. 1962, dt. 1973).

Marx, Karl:
– Aus den Vorarbeiten zur Dissertation. In: Frühe Schriften. Bd. I. 2. Aufl. Darmstadt 1971.
– Einleitung zur Kritik der Hegelschen Rechtsphilosophie (1843/44). In: Frühe Schriften. Bd. I. 2. Aufl. Darmstadt 1971.
– Thesen über Feuerbach. In: Frühe Schriften. Bd. II. Darmstadt 1971.
– Zur Judenfrage (1843). In: Frühe Schriften. Bd. I. 2. Aufl. Darmstadt 1971.

Natorp, Paul:
– Philosophische Propädeutik. Allgemeine Einleitung in die Philosophie und Anfangsgründe der Logik, Ethik und Psychologie. Marburg 1903.
– Philosophie. Ihr Problem und ihre Probleme. Einführung in den kritischen Idealismus. Göttingen 1911.
– Deutscher Weltberuf. Geschichtsphilosophische Richtlinien. Bd. II: Die Seele des Deutschen. Jena 1918.
– Philosophische Systematik. Hamburg 1958.

Nietzsche, Friedrich:
– Vom Nutzen und Nachteil der Historie für das Leben (1874). In: Werke. Bd. I. München 1954.
– Schopenhauer als Erzieher (1874). In: Werke. Bd. I. München 1954.
– Die fröhliche Wissenschaft (1882/86). In: Werke. Bd. II. München 1955.
– Jenseits von Gut und Böse (1886). In: Werke Bd. II. München 1955.

Popper, Karl:
– Logik der Forschung (1934). 4. Aufl. Tübingen 1971.
– Das Elend des Historizismus (engl. 1944/45, dt. 1965). Tübingen 1965.
– Die offene Gesellschaft und ihre Feinde (engl. 1945, dt. 1957). 7. Aufl. Tübingen 1992.
– Über die Möglichkeit der Erfahrungswissenschaft und der Metaphysik. In: Ratio. Heft 2. Frankfurt/Main 1957/58.
– Wie ich die Philosophie sehe (gestohlen von Fritz Waismann und von einem der ersten Mondfahrer) (1978). In: Auf der Suche nach einer besseren Welt. Vorträge und Aufsätze aus dreißig Jahren. München und Zürich 1984.

Rickert, Heinrich:
– System der Philosophie. Teil 1: Allgemeine Grundlegung der Philosophie. Tübingen 1921.

– Grundprobleme der Philosophie. Methodologie, Ontologie, Anthropologie. Tübingen 1934.
Scheler, Max:
– Der Formalismus in der Ethik und die materiale Wertethik (1913/16). Gesammelte Werke. Bd. II. 5. Aufl. Bern und München 1966.
– Vom Ewigen im Menschen (1921). Gesammelte Werke. Bd. V. 4. Aufl. Bern 1954.
– Philosophische Weltanschauung (1928). In: Gesammelte Werke. Bd. IX. Bern und München 1976.
Schlick, Moritz:
– Die Wende der Philosophie. In: Erkenntnis. Bd. 1: 1930–1931. Leipzig 1931.
Schopenhauer, Arthur:
– Die Welt als Wille und Vorstellung (Bd. I 1819, Bd. II 1844). Sämtliche Werke. Bd. I und II. München 1911.
– Parerga und Paralipomena I und II (1851). In: Sämtliche Werke. Bd. IV und V. München 1913.
Windelband, Wilhelm:
– Was ist Philosophie? (1884). In: Präludien. Aufsätze und Reden zur Einführung in die Philosophie. Bd. I. 4. Aufl. Tübingen 1911.
Wittgenstein, Ludwig:
– Tractatus logico-philosophicus (1921). In: Schriften. Bd. I. Frankfurt/Main 1960.
– Philosophische Untersuchungen (1958). In: Schriften. Bd. I. Frankfurt/Main 1960.

## B. Sekundärliteratur

Coreth, Emerich u. a.: Philosophie des 20. Jahrhunderts. Stuttgart 1986.
Fellmann, Ferdinand (Hg.): Geschichte der Philosophie im 19. Jahrhundert. Reinbek 1996.
Fleischer, Margot (Hg.): Philosophen des 20. Jahrhunderts (1990). Eine Einführung. 2. Aufl. 1992.
Hügli, Anton und Paul Lübcke (Hg.): Philosophie im 20. Jahrhundert. 2 Bände. Hamburg 1992.
Lehmann, Gerhard: Die deutsche Philosophie der Gegenwart. Stuttgart 1943.
– Geschichte der Philosophie VIII u. IX. Die Philosophie des neunzehnten Jahrhunderts I u. II. Berlin 1953.
– Geschichte der Philosophie X u. XI. Die Philosophie im ersten Drittel des zwanzigsten Jahrhunderts I u. II. Berlin 1953 u. 1960.
Nida-Rümelin, Julian (Hg.): Philosophie der Gegenwart. In Einzeldarstellungen. Von Adorno bis v. Wright. Stuttgart 1991.
Noack, Hermann: Die Philosophie Westeuropas. Darmstadt 1962.

Plümacher, Martina: Philosophie nach 1945 in der Bundesrepublik Deutschland. Reinbek 1996.
Schnädelbach, Herbert: Philosophie in Deutschland 1831–1933. Frankfurt/Main 1983.
Speck, Josef: Grundprobleme der großen Philosophen. Philosophie der Gegenwart I–VI. Göttingen 1972–84.
Stegmüller, Wolfgang: Hauptströmungen der Gegenwartsphilosophie. Stuttgart 1960.